甲骨文数字与时序
——殷商时期数学知识应用状况之观察

张图云 著

陕西新华出版传媒集团
三秦出版社

图书在版编目(CIP)数据

甲骨文数字与时序 / 张图云著. -- 西安：三秦出版社, 2022.12
ISBN 978-7-5518-2832-1

Ⅰ.①甲… Ⅱ.①张… Ⅲ.①甲骨文—数字—研究 Ⅳ.①K877.14

中国版本图书馆CIP数据核字(2022)第257486号

甲骨文数字与时序
——殷商时期数学知识应用状况之观察

张图云 著

责任编辑	高　峰
出版发行	陕西新华出版传媒集团　三秦出版社
社　　址	西安市雁塔区曲江新区登高路1388号
电　　话	（029）81205236
邮政编码	710061
印　　刷	陕西隆昌印刷有限公司
开　　本	787mm×1092mm　1/16
印　　张	15
插　　页	4
字　　数	270千字
版　　次	2022年12月第1版
印　　次	2022年12月第1次印刷
印　　数	1—1000
标准书号	ISBN 978-7-5518-2832-1
定　　价	68.00元
网　　址	http://www.sqcbs.cn

谨以此书纪念我的母亲黄绛珠

我的母亲黄绛珠（1919.11.29—2015.12.29），籍在浙江余姚，乃江夏五桂楼黄氏[注]族裔。母亲自幼家学严谨，对中国古代的历史和传统文化有所了解，笔者忆其迩时吟诵诗词文赋，至今余音犹在。及长学习西医，于是西学亦佳。因专攻医学微生物学，母亲在贵阳医学院（即现在的贵州医科大学）任教时，曾首先分离鉴定并报告了1957年发生于世界多国的流行性感冒的病毒变异株H_2N_2，相关论文刊载于《微生物学报》1958年第6卷第4期第433页。这在当年甚为不易，是流感研究史上值得一提的成果。对于本书的内容，母亲生前多有关注，虽然寿入九秩有加，但思绪清晰，曾与我作过不少讨论，提出了一些颇有见地的想法和建议。然而初稿甫就，母亲仙逝，我心伤悲，莫知我哀。转眼数年，经过反复增删修改，书稿始定，哀叹母亲未能亲睹新梓，是为憾事，故于本书刊行之时，志以纪念之情。

时值癸卯清明　　张图云　　于贵阳

母亲黄绛珠遗照　时年九十有三

注：

　　《三字经》有"香九龄，能温席。"文中的"香"，指东汉时期以孝悌传名的江夏黄香，即母亲所属的黄氏先祖(汉和帝永元六年，公元95年，黄香官居太史令)。南宋高宗时，黄开、黄园、黄阁、黄闾(yín)、黄闻兄弟五人同科折桂，以进士入仕朝廷。逢还乡省亲，高宗所赐《送五子还乡诗》有"仙籍桂枝香"等语，遂建"五桂楼"以为宗祠(今已不存)，这支后嗣姓氏便叫作"江夏五桂楼黄"。在因避乱而迁居浙江余姚的子孙中，以明末大儒黄宗羲素有盛名。现存位于余姚市梁弄镇的五桂楼则是一座藏书楼，在浙东书楼中，名声仅次于宁波范氏天一阁。该楼由黄澄亮(字式荃，号石泉)建于清嘉庆十二年(1807年)，缘于追慕宋代祖先，亦以"五桂"为名。石泉祖孙悉心守护，选汰整理，递藏增益，使五桂楼藏书曾多至近二千种，六万余册。1930年清点时尚存三十大橱，四万五千余卷。后来，五桂楼所藏的大部分书籍转至浙江省图书馆，遗下的房屋渐为民居围困，仅有曲折小巷相通。1989年12月12日，浙江省政府将五桂楼公布为省级文物保护单位，是为国有资产。

　　五桂楼隐于余姚远郊，地处四明山区，得以躲避兵火。有"兵燹后浙东论藏书之富，首推黄氏，虽天一阁范氏不及"之说。黄澄亮的曾孙黄安澜(字承乙，号芝生，我母亲的爷爷)于光绪间先官上海同知，随后又官台湾府台湾县知县，进阶道员加二品衔，升任江南盐巡道，"气节才略，所至有声"。他于光绪二十一年(1895年)刊印五桂楼书目，供人检索查询。宁波天一阁在藏书楼中非常有名，但其书管理苛严，外人难得一见，而余姚五桂楼则向读书人开放，有求者皆可阅读，这种举措，历来广受赞誉。

　　2008年，余姚五桂楼逾二百岁矣，深秋十月，我曾前往探访。经文物管理所领导同意，由文管人员引领，迂绕而至。院门启处，但见桂枝几树，随风摇曳以迎远亲。楼前石阶，久不承履，苔痕斑驳。抬头仰望，栏槛色败，雕砖尚存。厅堂宽敞，悬匾"七十二峰草堂"，应是往昔阅读研讨的场所，只是徒有四壁而桌椅全无。上得二楼，书橱多空，散页弃案，残留的几柜经史和数箱印版，皆尘灰满布杂乱无章。开窗远眺，山影寥寥渐匿雾霭，不经意间，秋风入室轻掀书页，此景此情使人不禁唏嘘。叩揖而出依依回望，已然楼门紧锁书声不再。

《甲骨文合集》24440

《甲骨文合集》36481

图4—1 干支构成模式下的花朵形图案（一）

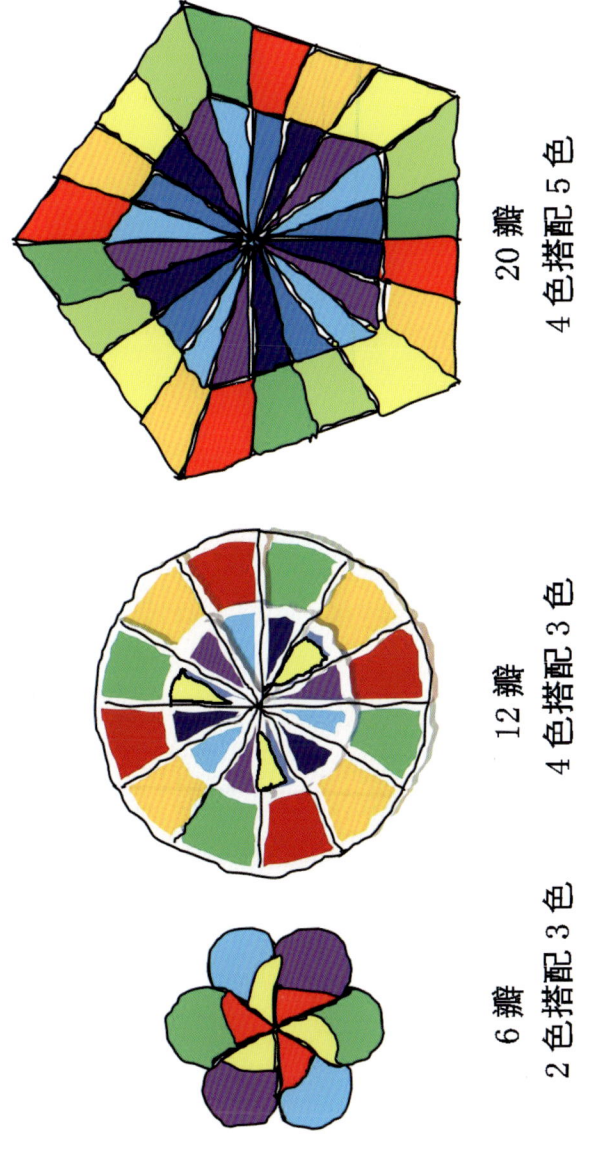

图4—2 干支构成模式下的花朵形图案(二)

桌旁小憩　一晃七十有五矣

张图云平素芳夫妇近照　甘苦相伴五十载

前 言

始自1899年（清光绪二十五年），一些出土于河南安阳殷墟的契刻着文字符号的龟甲骨板引起了学者们的关注。考证研究的结果表明，这些用于占问人事吉凶的卜甲卜骨属于商王盘庚将都城迁殷之后武丁至帝辛（纣）时期的文化遗存，距今已有三千多年的历史。

在古代，面对纷繁复杂变幻莫测的自然界和社会环境，人们希望避祸祈福于天地神祇及祖先亡灵，发明了占卜、占筮、占星、占梦等多种用于占测吉凶预知来事的方法。盛行于殷商时期的占卜，便是一种依据甲骨卜材上因炙灼坼裂而成的纹理兆象，判断人事吉凶的占测法。除了裁切修整和钻凿炙灼留下的痕迹，在不少卜甲卜骨上还刻有文字，学者们将这类文字叫作甲骨文。殷墟甲骨文的内容与占卜事宜及殷人在社会生活中遇到的一些事物密切相关。殷商先民完全意料不到，他们以甲骨文形式留下的记录，为后人了解殷商文化提供了极其宝贵的文献材料。一百二十多年以来，学者们在陆续发现的数万片有字甲骨上辨识出一千多个字符（未能识读的字符多与地域、宗族、人名及特殊符号相关），解读了大量辞文，他们的研究成果揭示了殷商时期社会生活的诸多方面，为我们学习和使用甲骨文创造了条件。

在殷墟甲骨文中，一些涉及数字和时序的内容与数学知识的应用有着密切的关联。通过对辞文中表数与表时用字的辨识解读，可以找到不少反映数学知识积累发展和具体应用的例证。由于其他文献材料相对匮乏，刻辞中这类与数学有关的内容显得尤为珍贵，成为后人研究殷商时期数学发展及应用状况的重要依据。在各种探讨或介绍中国古代数学史的著作中，只要论及商代的数学发展及应用状况，呈现于殷墟甲骨文中的证据材料通常是不可或缺的部分。

数学存在于多姿多彩、无比优美又千变万化的大自然之中。为了解决社会生活中出现的数算问题，人们对数的认识及进行计算的能力逐步完善，与数学有关的思考和应用日益推进，其成果闪耀着人类智慧的光芒。若与各种不断地被更新换代的研究门类和技术手段相比较，数学特有的思维方式的抽象性和具体应用的普适性，决定了数学是一门历经生发累积，不断延拓扩展，至今未见终极的学问。另一方面，我们也很难确定数学的开端。由于年代久远，古代先民最初的数学意识及应用细节是什么模样，时至今日已难于描述，但是可以肯定，数学知识的积累和数学思考的深入，对于人类文明的发展演化具有不容忽视的推动作用。

不了解数学史就不可能全面了解人类的文明史，我们对华夏文明的认识和了解也是如此。把学者们关于甲骨文数字与时序的研究成果概括起来，从殷商时期数学知识应用状况的角度，以选读辞文的形式作具体的观察，是笔者的一种尝试。就普及中国古代数学发展史方面的知识，使读者得以较为直观地了解中国传统数学的早期形态来说，这是一件有意义的事情，做好这件事情便是这本小书希望达到的目的。

当然，由于已有的甲骨文材料并非专门的数学或历算文献，不能全面地反映殷商时期的数学发展及应用状况，使得本书对殷商时期数学知识应用状况的观察具有一定的局限性。尽管如此，我们仍然能够通过殷商时期的甲骨文以及一些青铜器、石器和陶器上的金石文字打开的窗口，接收到不少已经失佚的古代数算信息。

本书的内容以介绍学者们对甲骨文数字与时序的研究结果为主，兼有些许讨论。借助于尽量通俗的叙述，对于有兴趣的读者，辅以一些基本的数学知识和简单的甲骨学知识，并无阅读理解上的困难。在阅读过程中，我们不仅可以对殷商时期数学知识的应用状况有所了解，感受到殷商先民独具的数学智慧，也许还可以发现值得探讨的问题，或者得到一些乐趣。

本书共设五章，前三章分别述及记数方法、表数形态和计数方式，得以窥见一般情况下殷商时期数学知识的发展水平和应用状况。在它们的引领之下，我们有可能将中国古代传统数学的源头从周秦追溯到殷商。后两章则述及学者们对殷历和周祭两种时序的研究成果，在这两个专题中既可以观察到殷商时期的序时状况，又可以通过干支纪日法和干支纪旬法的广泛使用，观察到数学知识的应用形态。

出现于甲骨文中的数字从多个方面反映了殷商时期的社会发展程度，展现了许多令人惊叹的场面。例如：祭祀活动极其隆重，杀牲献祭的数量从"一牛""一人"，可达"千牛千人"的规模；出征时动员的人数成千上万，最多的记录有"一万"甚至"二万"之众；在某次征战中，有杀敌"二千六百五十六人"的翔实记载；捕猎犀牛这样的巨兽，少则一头，多至六、七头，一十一头，甚至四十头，而渔获的数量可以多达"三万"；筮数的发现证明占筮已流行于王室和民间。在殷商历史的研究中，这些数字有着十分重要的意义。

从数学史的角度来看，作为主要的文献来源，甲骨金石文字中与表数和时序安排有关的内容，为我们对殷商时期数学发展与应用状况的了解提供了依据，可以得到下述认识：

其一，由基本数字、进位数字和缺位（空缺的数位）构成的多位数数字，在商代有着广泛的使用，展现了一种独特的十进制记数法。这套记数方法有严整的逻辑结构和自洽的表数形式，但因不用数字 0，以及缺乏统一的书写规范，故不宜用于笔算记数。

其二，关于求数计算的能力，殷人已能完成十万以内正整数的四则运算，除了点数和心算，他们极有可能用筹策算具完成计算。进而推测，殷人在筹算中表出多位数时，用空格与语言文字中表数的缺位相对应，性质上是在筹符数域中引入了一种操作型的数字 0。

其三，干支序列（六十甲子）的发明是商代甚至更早时期一项重要的数学成果，反映了古代先民在组合构成方面的思考，呈现于殷商甲金文献中的殷历干支纪日法和周祭干支纪旬法的应用显示出数学成果的专用化特点。

其四，甲骨金石文献中的筮数表明，占筮活动在殷商时期已广为流行，殷商占筮使用的筮算（具体方法已经失传）哪怕还处于简单粗糙的阶段，也属于专用的算法设计或算法创制。占筮的流行反映了殷人数字崇拜与神秘文化之间的紧密关联。周易占筮用于起卦的揲扐算法定型于西周时期，是目前所知创制时期最早的程序化的专用算法，极可能与殷商筮算有着渊源关联。

　　历史文献表明：中国古代出现了许多数学家，他们有自己独特的思维路径和表达方式，所得成果解决了不少社会生活中遇到的数学问题；历代数学家们沿用并演进了殷商时期的表数方式，常用经验归纳或实例举证的方式，一题一法地创制专用算法；传统数学采用的演算形式主要是筹算（宋代还完善和推广了珠算）而非笔算；对于具体的数学成果，一些数学家往往归之为源自周易占筮的易数及易学。从商周到明清，传统数学历经了漫长的独立发展过程，最终融入现代数学。

　　即使本书搜集的甲骨文材料堪言有限，也能发现西周及后世语言文字中的表数形态与记数方法直接承续于殷商。不仅如此，西周及后世社会生活中使用的操作型数算方式，以及存在专用算法的创制倾向，甚至传统数学的形成，都与殷商时期的数学架构脉绪相连。

　　几点说明：

　　1. 本书所选甲骨文材料以已发表的拓本文献为主，摹本或照片很少。拓本图片主要下载于《甲骨文合集》的网络文本。截图下方的编号为原书编号，编号前的"合"是《甲骨文合集》的简称。一些单个字符取自摘引的截图。为便于编排及观看，许多图面做了裁剪，图幅比例也有所调整，不是甲骨原件的大小。因为甲骨片材上的沟纹及残损痕迹会随契刻字符一并拓下，读者辨识图中字符时，难免受到影响。对于字数不多的辞例，其释文附于图片及编号的下方，字数较多时则按图片编号分别列写释文。释文中用□表示尚不认识或难于辨识的字符，补入的文字则填在［　］中。在选用的辞文中，由于有的刻辞存在残缺或省略，以及有不少释文只摘录了部分相关的内容，为使行文显得紧凑一些，将释文中所用的省略符号由"……"统一改写为"…"。

　　2. 本书选用辞例的释文，相关内容的解读，以及一些研究成果的介绍，都源自较为主要的或新近的资料与著述文本，具有一定的成熟度。另一方面，由于部分学者对一些字符的识读，以及对一些辞文的解释存在不同看法，本书在采用某种见解时，并没有给出定论的意思。此外，一些辨识解读和研判中存在的问题还有待获得新的考古证据或进行深入的研究才能解决，书中有关的内容及笔者所作的讨论或推断仅供参考。个别文字因表述需要使用了繁体字。

关于字符 ▌，考虑数学规范性，用于事物数量时释为"一十"，例如 ▓（合3941）释为"**牛一十一，羊一十二**"。缘于习惯，用于时序、兆序时则释为"**十**"，比如，并不将"**十祀**"释为"**一十祀**"，也不将"**十二月**"释为"**一十二月**"。

3. 甲骨文的行文方式、契写风格及习惯，会因时期的变化或契者的不同而有差异，由于这些差异对本书的阅读理解影响不大，故未做相应的说明。大致说来，在殷墟甲骨文涵盖的两百多年的历史时期中，数学知识肯定处于积累与发展的过程之中，但已有甲骨刻辞及金石材料反映出来的演进幅度并不是很明显，这是本书没有强调辞文的分期，也没有对此展开深入讨论（比如没有详研数学演进程度的差异以佐证辞文分期）的主要原因。

4. 考虑到篇幅有限，更兼笔者所知欠详，本书未能述及甲骨文研究的历史沿革，也没有介绍具体学者的成果与贡献。这些未能纳入或者忍痛割舍的内容蕴含着不少极具可读性的故事，透显着甲骨文研究进程中的艰辛与喜悦，需要参阅相关的文献著作才能弥补。

对于书中的不足和错误，敬请批评指正，以期改进。

张图云

2023 年 4 月 15 日于贵阳

目　录

第1章　独创的十进制记数法 ……………………………………………… 1

　1·1　甲骨文中的表数字符 ……………………………………………… 1
　1·2　甲骨文数字的应用概况 …………………………………………… 4
　1·3　甲骨文记数方式的主要特点 ……………………………………… 8
　　1·3·1　较为规范的记数方式 ………………………………………… 8
　　1·3·2　几种有失规范的记数方式 …………………………………… 10
　1·4　一些数字的识别与解读 …………………………………………… 21
　　1·4·1　一些甲骨文数字的识别 ……………………………………… 21
　　1·4·2　几种甲骨文数字的解读 ……………………………………… 32
　1·5　延伸阅读：与古代数字相关的一些材料 ………………………… 38
　　1·5·1　早期文献中的"数""算""筭"和"计" ………………… 38
　　1·5·2　甲骨文数字与其他几种古代文明所用数字的比较 ………… 40

第2章　甲骨文数字的分类 ………………………………………………… 44

　2·1　表示事物数量的数字 ……………………………………………… 44
　　2·1·1　与祭祀有关的数字 …………………………………………… 44
　　2·1·2　与渔猎有关的数字 …………………………………………… 54
　　2·1·3　与征战有关的数字 …………………………………………… 57
　　2·1·4　与纳贡有关的数字 …………………………………………… 63
　2·2　用于排序的数字 …………………………………………………… 65
　　2·2·1　兆序用数 ……………………………………………………… 66
　　2·2·2　月序用数 ……………………………………………………… 73
　2·3　与占筮有关的数字 ………………………………………………… 74
　　2·3·1　已有从事占筮之人 …………………………………………… 75

1

  2·3·2 刻辞中有涉及占筮的内容 ……………………………… 76
  2·3·3 筮数是筮算结果的记录 ………………………………… 78
 2·4 延伸阅读：源自殷商占筮的周易占筮 ………………………… 81
  2·4·1 传世的周易揲算 ………………………………………… 82
  2·4·2 从数学的角度观察周易占筮 …………………………… 83
  2·4·3 周易揲算的一般表达式的构建 ………………………… 85

第3章 甲骨文中的计量单位和数量计算 ……………………………… 93

 3·1 甲骨文中的计量单位 …………………………………………… 93
  3·1·1 军队的计量单位 ………………………………………… 94
  3·1·2 贝的计量单位 …………………………………………… 96
  3·1·3 鬯的计量单位 …………………………………………… 98
 3·2 计时单位及用数 ………………………………………………… 102
  3·2·1 "日"是殷商时期最基本的计时单位 ………………… 102
  3·2·2 殷人对一日之内的时段划分 …………………………… 106
  3·2·3 殷历的"月" …………………………………………… 108
  3·2·4 殷商时期的"年""岁""祀" ……………………… 110
 3·3 四则运算 ………………………………………………………… 116
  3·3·1 正整数的四则运算 ……………………………………… 117
  3·3·2 加法与乘法的混合运算 ………………………………… 120
 3·4 殷商时期可能出现了早期筹算 ………………………………… 121
  3·4·1 殷商时期没有采用笔算 ………………………………… 121
  3·4·2 殷商时期可能出现了早期筹算 ………………………… 122
 3·5 延伸阅读：一些涉及计量单位及量器衡器的早期材料 …… 124
  3·5·1 商周青铜器铭文中的计量单位举例 …………………… 124
  3·5·2 春秋战国与秦代的量器和衡器举例 …………………… 128

第4章 甲骨文中的殷历时序 ……………………………………………… 131

 4·1 甲骨文中的干支序列——干支纪日法 ……………………… 131
 4·2 殷历的日序与刻辞中的日数 ………………………………… 135
  4·2·1 殷历的干支日序及日名 ………………………………… 135
  4·2·2 刻辞中的日数记录 ……………………………………… 137
 4·3 殷历月的时长 ………………………………………………… 144

  4·3·1 殷历的月长日数 …………………………………… 144

  4·3·2 殷历各月的时长尚无定值 ……………………… 151

 4·4 殷历年的时长 ………………………………………………… 153

  4·4·1 殷历的年始及年长月数 ………………………… 153

  4·4·2 殷历中的重月 …………………………………… 157

 4·5 殷商时期有可能采用的置历方式 …………………………… 161

 4·6 延伸阅读：干支组合数是干支两数的最小公倍数 ………… 163

第5章 甲骨文中的周祭时序 ……………………………………… 166

 5·1 周祭时序——干支纪旬法 …………………………………… 166

  5·1·1 周祭时序中用祀仪表时的情形 ………………… 166

  5·1·2 周祭时序中的"旬" …………………………… 169

 5·2 周祭入祀者的考定 …………………………………………… 173

  5·2·1 入祀周祭的先公先王及旬序 …………………… 173

  5·2·2 入祀周祭的先妣及旬序 ………………………… 182

 5·3 重新构建的周祭 ……………………………………………… 192

  5·3·1 五种祀仪运行状况的重构 ……………………… 192

  5·3·2 周祭用时的重构 ………………………………… 205

  5·3·3 周祭祀谱的推排举例 …………………………… 206

 5·4 一种特殊的混合时序 ………………………………………… 215

  5·4·1 甲骨文中的混合时序 …………………………… 216

  5·4·2 殷商金文中的混合时序 ………………………… 220

 5·5 延伸阅读：西周金文历纪的一些特点 ……………………… 221

参考文献 ………………………………………………………………… 226

后记 ……………………………………………………………………… 227

第 1 章　独创的十进制记数法

安阳殷墟出土的甲骨文契刻于商王武丁至帝辛（纣）时期，若按2000年11月公布的夏商周断代工程阶段成果，契刻年代在公元前1250年至公元前1046年之间。学者们从甲骨辞文中辨识出大量的数字，研究表明，这些数字遵循的表数规则具有严谨及自洽的逻辑结构，属于位值制下十进制记数法的类型。甲骨文数字及表数方法的发明展现了华夏先民的数学智慧。

与发现于世界各地古代文献中的数字不同，甲骨文数字是华夏先民独立创制的一种记数文字，使用这套数字殷人可以无歧义地表出十万以内的任何一个正整数。西周及后世所用数字与表数方式便是从殷商时期的数字和表数方式演进而成。

1·1　甲骨文中的表数字符

从殷墟甲骨文中辨识出的数字有相对稳定的字形及确切的表数含义，但当时的读音不详。作为甲骨文中用于表数的元素，一共有13种单个的数字符号，字形举例如下：

合6648（所在拓本见本书2·2·1节）

一　二　三　四　五　六　七　八　九

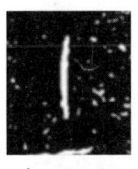   

合10308　　合559　　合7330　　合8715

十（一十）　百（一百）　千（一千）　万（一万）

这13种表数字符或单独使用，或组合搭配，可以无歧义地用来表出十万以内的任何一个正整数。从这些字符的表数含义和组合表出多位数的逻辑结构来分析，可以推定这是一套使用十进制记数法的数字，并且可以将它们分成"基本数字"和"进位数字"两种类型。关于尚未发现进位数字之间用乘法进行组合搭配的例证，以及一些对应的讨论，不妨参看本书1·4·2节中的相关内容。

基本数字共有9个字符，即一、二、三、四、五、六、七、八、九，它们是最基本的表数元素，可以在不同的进位层次上反复使用。单独地用于表数的基本数字便是个位数。

出现于甲骨文中的进位数字只有4个，即十、百、千、万。表数结构是以"一"为基数，依次的进位倍率为10。即10个"一"为"十"、10个"十"为"百"、10个"百"为"千"、10个"千"为"万"。

进位数字与基本数字组成的多位数显示出这种表数结构属于位值制类型。进位数字不仅用来明确进位的位置，同时也用于表数。比如"百"，既有进位层次为"百位"的含义，又表示事物数的量值为"一百"。

印度人在公元4—7世纪创制的阿拉伯数字由从0到9共计10个字符构成，用于位值制下的十进制记数。两相比较，除了构形不同，以及读音也应有异，甲骨文数字中不仅没有表示数0的字符，还设置了进位数字。就记数规则而言，它们是位值制下两种不同的十进制记数方法。

甲骨文中是否存在涉及数0概念的内容，有详加考察的必要。

殷人有时用"无"和"不"来表示"没有"。比如"无灾""不雨"便可以表达"没有灾祸"和"没有下雨"的含义。尽管未见将"无"或"不"明确地用于数量描述的情形，仍能通过一些相关的记录做具体的观察，例如：

合 27919　　　　　　　合 28815

合 27919 释文:

(1) 乙未卜。在盂（地名）。犬（人名）告:"有鹿。"
(2) 乙未卜。王往田（田猎）?
(3) 弗擒。

合 28815 释文:

(1) 戊午卜。王其呼?
(2) …勿呼?
(3) …射。弗擒。

若将这两组契文中的辞（3）都界定为验辞（事后的验证记录，通常是记事辞），则**"弗擒"**即"没有擒获"，其中"弗"便涉及鹿或猎物可数数量的"没有"。这类辞例显示出殷人在认识及描述事物的可数数量时，存在"没有"的概念，可以将这样的"弗"或"没有"视为语言文字中关于数 0 的一种表达形态。

虽然未设专门用于表示数 0 的词语及字符，但是并不妨碍殷人能够无歧义地表数，观察下述数字:

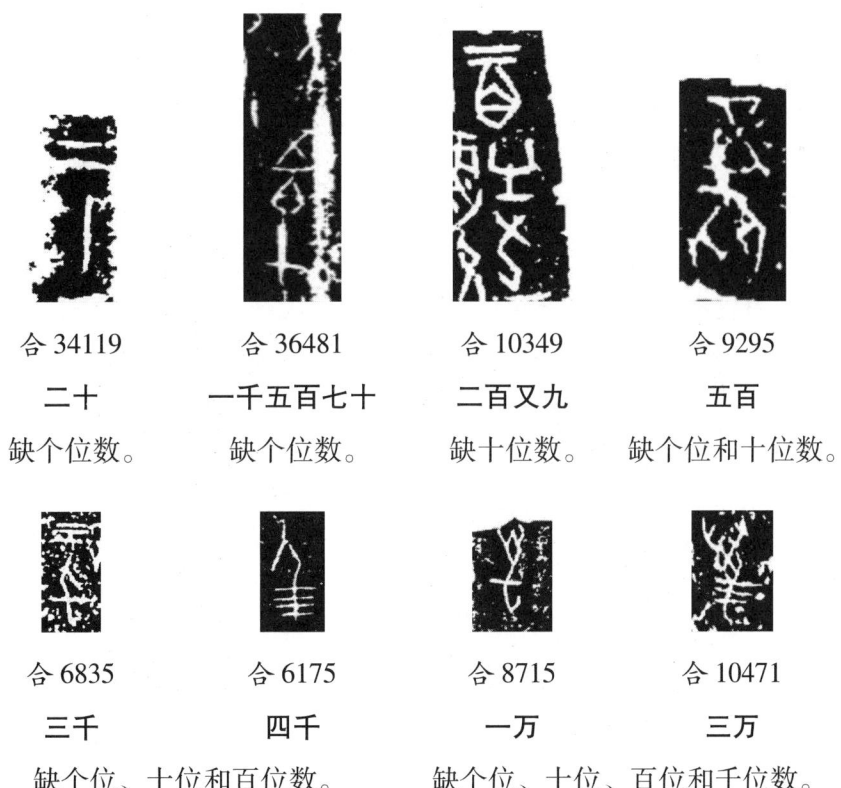

合 34119	合 36481	合 10349	合 9295
二十	一千五百七十	二百又九	五百
缺个位数。	缺个位数。	缺十位数。	缺个位和十位数。

合 6835	合 6175	合 8715	合 10471
三千	四千	一万	三万
缺个位、十位和百位数。		缺个位、十位、百位和千位数。	

3

在表出多位数时，除了直接用进位数字表数，甲骨文中严格地采取了用基本数字与进位数字依进位顺序自高位向低位组合搭配的方式，具有位值制记数法的逻辑结构。观察出现于甲骨文中的多位数数字，不同量级的数位用进位数字表示，各个数位上的数值以倍率的形式用基本数字标出，相邻的进位层次之间用加法组合。需要特别强调的是，多位数数字串中用缺位（空缺的数位）表示的"没有"，等价于相关进位位置处的数值为0。通常，殷人可能用单音节的形式将具体数字顺序读出，而缺位处不设相关的字符，也无对应的读音。

使用基本数字，配设进位数字和采用缺位形式是位值制下表出多位数的一种办法。另一方面，多位数数字串中进位数字和缺位的应用，使数字0的设置并非必须，对应于具体的进位层次，可以用这种方法无歧义地表出其中的任何一个正整数。甲骨文数字的广泛使用证明，这种正整数下进位量级在十万以内的十进制记数法，是形成时期不晚于商代的数学成就。自商以降，古代文献都用这样的模式记数。直至今日，现代汉语中仍然沿用着这种类型的记数法。

因进位量级只到万的层次，故甲骨文数字的表数局限于十万以内的正整数。要想表出更大的正整数，需要配置对应的进位数字。到了西周时期，出现了表示"十万"的进位数字"亿"（三国韦昭注《国语·楚语》云："十万曰亿，古数也，今以万万为亿"），使周人的表数范围扩大到了百万以内的正整数。比如：

　　…遂尹亿疆…　　（摘录自牆盘铭文）

　　…祈无疆至于万亿年…　　（摘录自命瓜君壶铭文）

　　…公其以予万亿年敬天之休…　　（摘录自《尚书·洛诰》）

　　…时万时亿…　　（摘录自《诗·楚茨》）

　　…有实其积万亿及秭…　　（摘录自《诗·载芟》）

　　…馘磨亿有十万七千七百七十有九，俘人三亿万有二百三十…（摘录自《逸周书·世俘》）。其中的"十万"依章太炎之说校改为"七万"。释文是"…杀敌一十七万七千七百七十又九，俘人三十一万又二百三十…"或者释为"…杀敌一七七七七九，俘人三一〇二三〇…"。

这些"亿"所表示的数量都应解读为"十万"，也就是10^5（10的5次方），是当时被认知及使用的量级最大的进位数字。在现代汉语中，"亿"的表数字义是10^8（10的8次方），一些学者认为这种以万万为亿的约定大致形成于秦汉时期。

1·2　甲骨文数字的应用概况

见于殷墟甲骨文的数字都是正整数，最小的数为"一"，最大的数为"三万"（合 10471，涉及渔获的数量）。未见分数或小数，也未见负数。

关于数字使用的频度，已知刻辞中个位数的使用不下数千例，随着进位量级的增加，数字的应用渐次减少，数量上万的情形只有寥寥可数的四五个。

已有辞文中没有表示"大约"的用语，也无足以确证用"一""二"表示"少"，或者用"三""五"表示"多"的辞例。从辞文中的用数状况来看，一百以内的数量记录频次较高，计算也不复杂，在通常的情况下，可以将刻辞中一百以内的数字都视为确数。一百以上的确数有多例，见于用牲、战俘、战利品、猎获物及日数等事物数量的记录。但量级在一千以上的确数目前所知仅有两例：

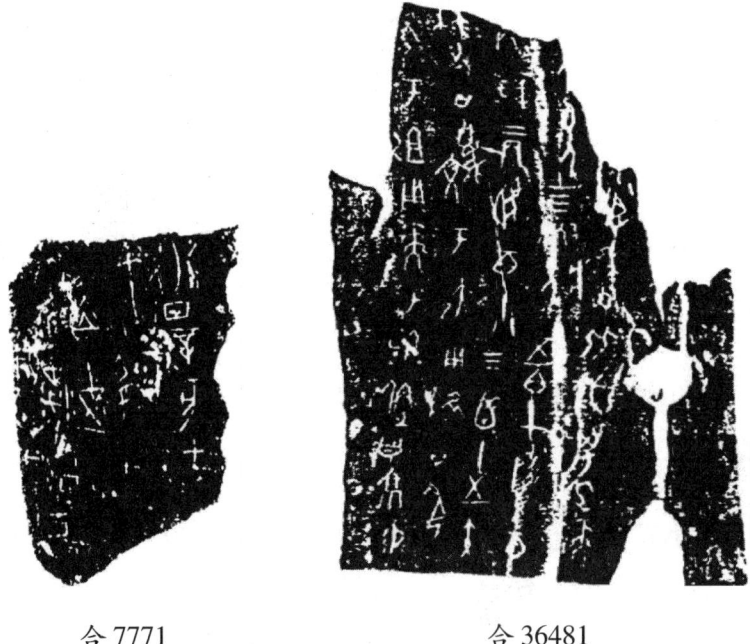

合 7771　　　　　　　　　合 36481

合 7771 释文（摘录）：**八日辛亥。允。戈伐二千六百五十六人。在**…

合 36481 释文（摘录）：…**擒危美**（部族名）**人二十人四**…**而**（部族名）**一千五百七十**…**车二丙、盾一百八十三**…

这两条记事辞中与杀伐或征战结果相关的统计记录十分珍贵。

概数的应用出现于量级为百、千或万，而后续数位为缺位的数字记录，例如：▨（"八百"，合6070）、▨（"五千"，合6540）、▨（"三万"，合10471），与实际数量的差异或许受制于对应量级上的基本数字。以"八百"为例，表数范围似在七百和九百之间，可理解为八百左右。这一判断与通常不将

"百""千"或"万"解读为"非常多"甚至"无穷多"是相容的。

泛指数量的情形见于 ▯（众）、▯（多）、▯（少）、▯（小）、▯（大）等字符，量值都十分有限。如 ▯"众人"（合1，众多之人）、▯"多公"（合33692，诸位先公）、▯"多兄"（合32769，诸位先兄）、▯"多妣"（合2522，诸位先妣）、▯"多妇"（合2826，诸位先妇）、"大示"（合14847，诸多先祖的神主牌位），便是泛指众多而没有给出具体数量的辞例。一些辞例用"小"或"少"表示数量较少。如 ▯"小示"（合34117，少量先祖的神主牌位）、▯"小母"（合22238，少量的母辈）便是如此。而 ▯"小雨"（合38169）、▯"少雨"（合20960）表示雨量较小或下雨天数较少，对应词语即 ▯"大雨"（合38172）。至于雨量，甲骨文中尚无测计定量的描述。

殷墟甲骨文数字鲜有延伸字义的情况。若释"于一人"（合557）或"余一人"（合36966）中的"一人"为商王的指称，则这里的"一"便有"天下第一"或者"独一无二"的意思，即少有的辞例。

甲骨文中出现了具有指代含义的数字。比如"四方"（合30394）、"四土"（合21091）的字面意思是"四个方向"和"四块土地"，其中的"四"可能指代东南西北四个方位。又如"三匚"（合32349），是匚乙、匚丙、匚丁三位先公的合称。而卜辞"…亥卜。贞。三示。御大乙、大甲、祖乙。五牢？"（合14867）中的"三示"指代的是大乙、大甲、祖乙三位先王的神主。

合 557　　　　合 36966　　　合 30394　　　合 21091　　　合 32349

贞其于一人祸　　余一人　　　四方　　　　四土　　　　三亡

合 14867　　　　　　合 36975　　　　　　合 14294

观察下述辞文：

合 36975 释文：

己巳王卜。贞…岁商受…王占曰："吉。"东土受年？南土受年？吉。

西土受年？吉。北土受年？吉。

合 14294 释文：东，方曰析，风曰协。 南，方曰因，风曰微。 西，方曰□，风曰彝。 [北，方曰]夗，风曰役。

可知殷人已有地理及天象方位的概念，但就已知材料来看，未能证实殷人已经构建了涉及方位的坐标系，也不能证实殷人使用了相应的角度单位。

1·3 甲骨文记数方式的主要特点

甲骨文数字的构成具有严格的逻辑结构，通常不会引起歧义，然而辞文中的记数方式缺乏统一的书写规范。

1·3·1 较为规范的记数方式

甲骨文数字有析书和合书两种构形。将前述 13 种数字符号单个写出的记数形式属于析书数字。将两个或多个单体数字合写成一个字符的情形则属于合书数字。比如，"三十"的析书形式是（合 26907），合书时契作（合 886），后者便是由三个（十）合写而成。一般情况下，析书形式的记数方式较为规范，合书数字则较为流行。

合 4977	合 11107	合 11192	合 11149	合 8396	合 22557
一人	一牛	二羊 一豕	牝三	四戈	五人

合 32328	合 11452	合 22356	合 32427	合 5932	合 16223	合 360
六牛	六车	七豕	七牛	八人	八羊	九羌九牛

刻辞中的个位数一般用析书契出，在记录事物的数量时，常与名词联用，但不附量词。

而如像 "入（纳贡）五"（合 9260）、 "获（猎获）六"（合 16523）的情形，则属于动词与数字的组合，作为宾语，通常只有数字而无量词，有时不记贡品或猎物的名称。

对于多位数，自高位向低位用析书形式列写是比较规范的记数方式，例如：

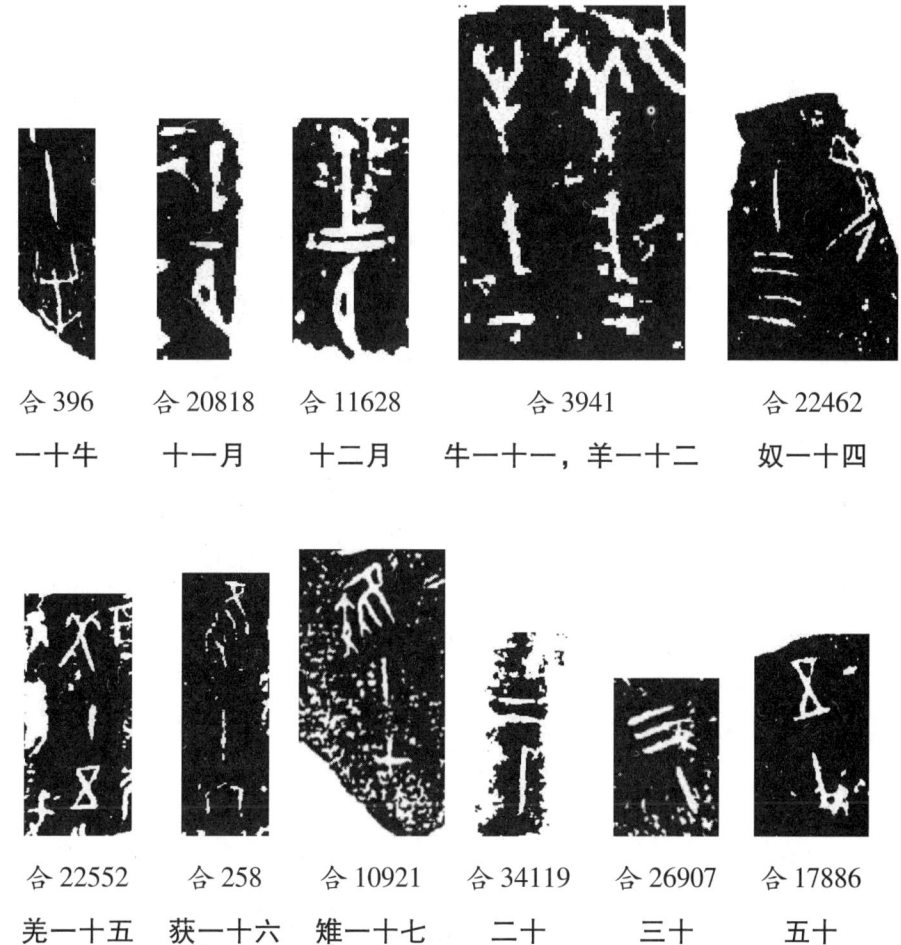

合 396　　合 20818　　合 11628　　合 3941　　　　　合 22462
一十牛　　十一月　　　十二月　　　牛一十一，羊一十二　奴一十四

合 22552　合 258　　合 10921　合 34119　合 26907　合 17886
羌一十五　获一十六　雉一十七　二十　　三十　　　五十

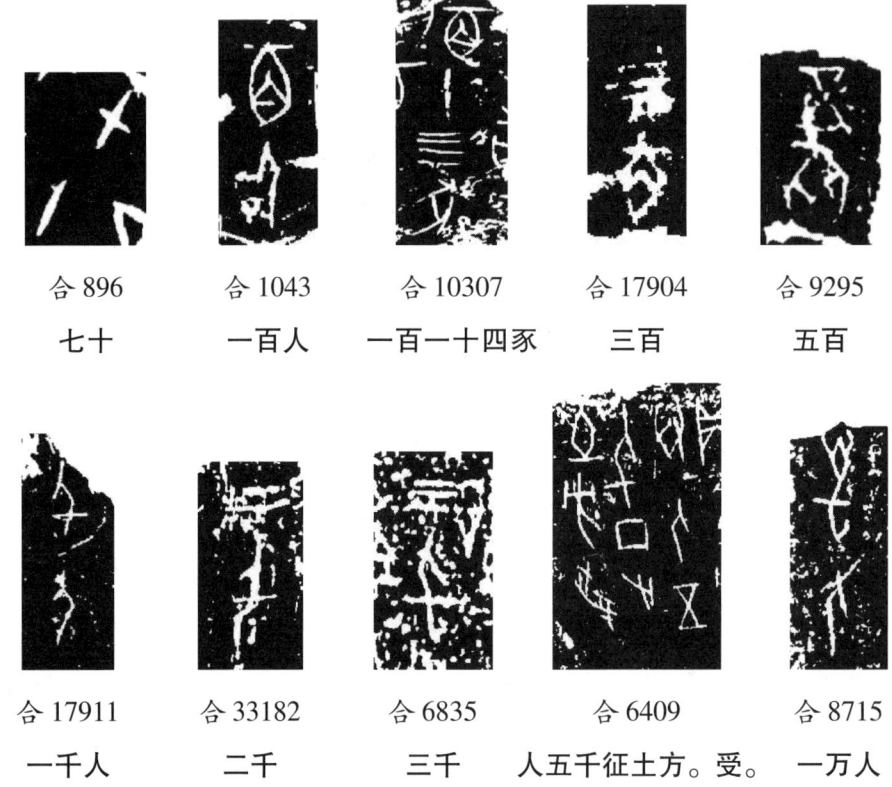

合896	合1043	合10307	合17904	合9295
七十	一百八	一百一十四豕	三百	五百

合17911	合33182	合6835	合6409	合8715
一千人	二千	三千	人五千征土方。受。	一万人

按照竖向列写逐字读出的方式，可将诸如"一十二"与"二十"，"一十五"与"五十"，"一十七"与"七十"之类的数字做出区分。观察多位数的组合结构，以"一百一十四"为例，位置相邻的数依次按加法进行组合，其数值是一百加一十再加四。再看"二十""五十""五百""三千"诸数，它们具有用基本数字与进位数字相乘的意义，分别表示十位、百位和千位上的数值。这样的组合结构符合位值制的记数规则，同时体现了殷人的计算能力。

此外，形如 "六千"（合17913），以及 "八千"（合31997）这样的数字，一般视为合书，但从纵向列置，且完整保留了进位数字"一千"的构形来看，亦可视为析书。

1·3·2 几种有失规范的记数方式

虽然甲骨文多位数的析书表出形式具有较规范的组合结构，但用例并不多。在已有辞文中，下述几种常见的记数类型则有失规范。

第一种：数字与数字合书

对于形如 、 、 这几个表示二、三、四的数字，虽有重复使用数字![字符]累加合成的构形，但作为单个字符均视为析书。在多位数的组合构成中，合书数字的使用十分普遍，不论是单独使用，还是数字串中含有合书数字，都非常多见。观察下述合书数字：

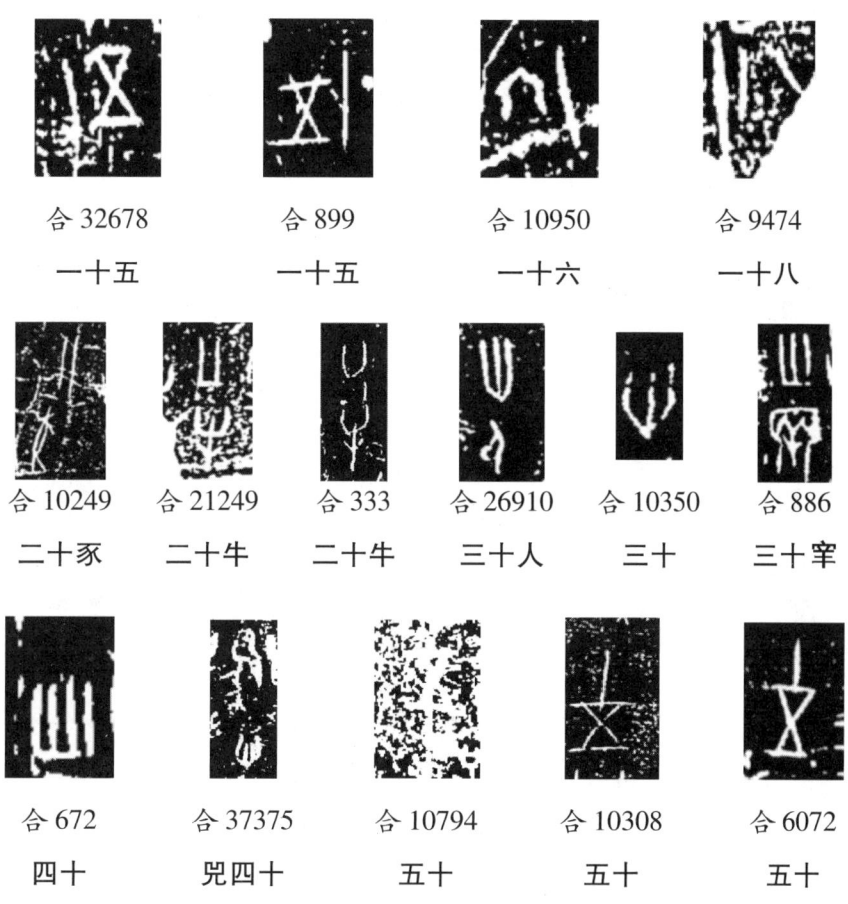

联系合写时数字之间左右和上下的位置关系，小于五十时用加法组合，自五十起则用乘法组合。比如，十与五的左右（横向）合书表示一十五，用加法构成。而十与五的上下（竖向）合书表示五十，则用乘法构成。虽有横竖之别，但这种既有加法又有乘法，且或左或右、或上或下的合书构成反映出缺乏统一的合书规则。这些各有约定的表数做法，相对析书数字有失规范。

再来观察合书数字[字符]、[字符]和[字符]，它们为横向组合，按加法释为二十、三十和四十，量值都小于五十。由于并非竖向组合，不能用乘法将它们释为一百、一千和一万。在现代汉语中，廿（niàn）、卅（sà）、卌（xì）是古代合书数字的演化遗存，其源头至少可以上溯到殷商。然而，殷人在读取这几个合书数字时,是否会有不同于析书时的读音,目前尚不清楚。对于数字与数字的合书,按析书形式的字符顺序识读应该是较为规范的做法。尤其是在多位数的数字串中,宜将 、 和 释读为二十、三十和四十,比如,可以将 (合28314)释为"三十又七",通常并不释作"卅又七"。

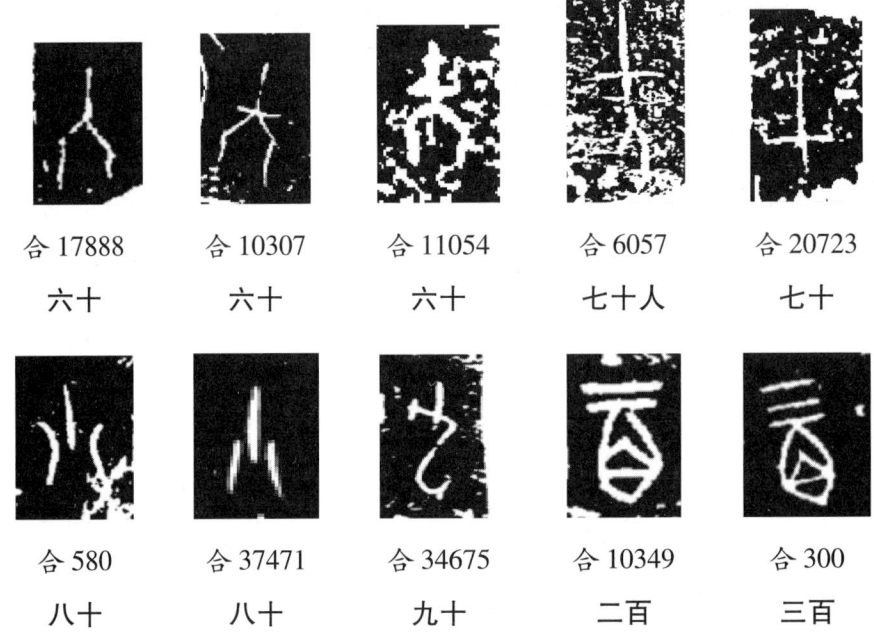

在合10794中,合书的"五十"作五在上十在下连接相合的构形(分开则为析书),是刻辞中非常少见的情形。这种写法还见于西周大盂鼎铭文。应当说,这样的构形更符合由上向下的读数顺序。与之不同,常用的五十,以及六十、七十、八十和九十这五种合书数字的合写方式虽然都是 (十)与五、六、七、八、九搭接或者穿插构成,但 (十)位于上方,而位于下方的五、六、七、八、九则具有表示累加次数或倍率的功能。

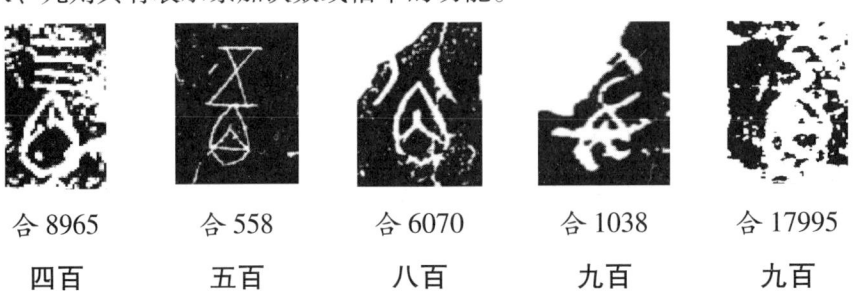

百位上的合书数字既可以视为基本数字与 （合1115）的合书，又可以看作是将 （合306）中的数字"一"用基本数字置换的结果，其数量关系可以用乘法来解释。

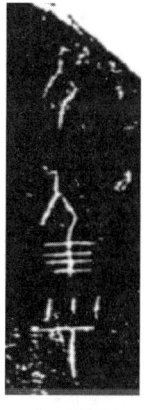

合6642　　　合7326　　　合6175　　　合6540

登三千　　　人三千呼…　人四千呼…　人五千呼

合6541　　　合18397　　　合10471

登人五千　　二万呼…　　　三万

观察 ，形式上是 （三）与 （人）的合书，然而其逻辑结构是用 置换 （合7330）的"一"而成。类似地， 和 分别是用

和 置换 中的"一"的结果。甲骨文中最大的两个数字是 （二万，参看1·4·2节）和 （三万），它们是将 （一万，合8715）的"一"用

"二"和"三"置换而成的合书数字。其构成可以用乘法来解释。

第二种：数字与名词合书

刻辞中还有一些将数字与名词合书的情形，常见用数不超过二十。

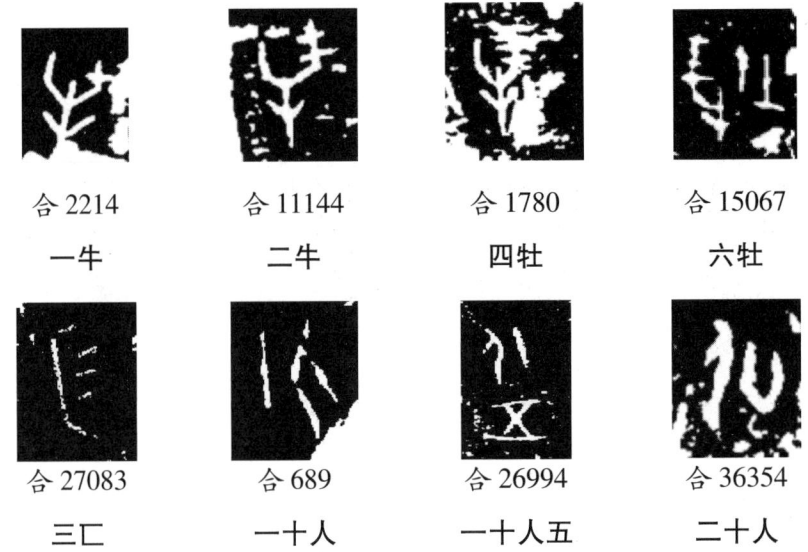

见于刻辞中的"一牛""二牛"之属通常均契作析书，而合2214与合11144的写法表明将数字合书于名词具有一定的随意性，是一种缺乏规范的记数方式。合15067中的"六牡"涉及用六头公牛作为献祭的牛牲。其中表示数字六的6条短横画（左边4画，右边2画）合书于牡字，显示出殷人积画表数的做法曾多至数六。积画表数是最原始也最直观的办法，数字 、 、 、 便保持着积画表数的形态，甚至用 （合15662，拓本见2·1·1节）来表示五也是可行的，但是当数量继续增大时就很不方便了。创制出专用的表数字符以取代积画数字，算得上是一项非常适用的发明。至于古人为何约定用形如 的字符来表示数五，用形如 的字符来表示数六，等等，学者们通常是从文字学的角度做出各自的解释，目前尚无定论。

殷历所用的月名来源于数字月序，由数字和名词"月"组成，用数止于十四。一月、二月、三月和四月通常契作析书，从五月起则常用合书，然而并无统一的合写格式。

合 26303　　合 22466　　合 8039　　合 12596

五月　　　　六月　　　　六月　　　七月

 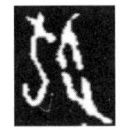  

合 7358　　　合 12617　　合 11606　　合 16748

八月　　　　九月　　　　十月　　　十月

合 16754　　合 26335　　合 11609　　合 11616

十一月　　　十一月　　　十一月　　十一月

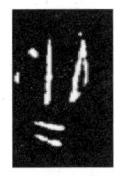   

合 33083　　合 11627　　合 11620　　合 20516

十二月　　　十二月　　　十二月　　十二月

合 11635　　合 4857　　　合 33082　　合 11632

十三月　　　十三月　　　十三月　　十三月

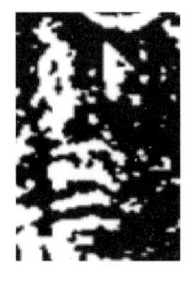  

合 21897　　　合 22847　　　合 33634

十四月　　　　十四月　　　　一十三牢

尽管写法不一的月名不会造成误读，比如不会将 释为"三十月"。然而，将合 33634 的"一十三牢"释为"三十牢"却并无不可，这种歧义的产生与契写数字时缺乏书写规范有关。学者们认为"牢"是圈养起来用于献祭的牛牲。

一般而论，即使没有歧义，合书形态的表数方式仍有失规范。

第三种：在数字组合中插入非数字符的情形

甲骨文多位数的数字串中有时会被插入副词或名词类的非数字符，这种情形虽然不会引起歧义，而且使表数方式显得活泼多彩，却有失规范。这类并非单纯数字组合的表数方式应当与殷人日常的语言习惯有关，显示出甲骨辞文中的表数有时具有口头用语的特征。可见，与表数文字相类似，只要能够约定俗成地顺利表达，殷人的表数语言也存在并不追求规范的倾向。

〔1〕**在数字组合中插入副词"又"的情形**

可能缘于语言习惯，或有意强调进位层次的不同，殷人经常在组成多位数的数字中间插入字符 或者 ，释为"又"或"有"。一般情况下"又"或"有"用作副词，但在数字结构中有"加上"的意思，可视为动词。下面是一些辞例：

合 37364　　　合 37473　　　合 32067

第 1 章 独创的十进制记数法

合 37364 释文：象一十。雉一十又一。

合 37473 释文：…狐一十又三。

合 32067 释文：一十又五羌。

合 32057　　　合 22550　　　合 28314　　　合 10308

合 32057 释文：…岁（祭名）三牢。羌一十又五。

合 22550 释文：…伐羌一十又八。

合 28314 释文：…三十又七。

合 10308 释文：…擒鹿五十又六。

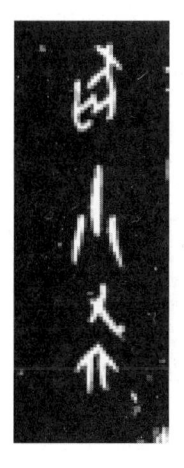   

合 37471　　　合 34674　　　合 33374　　　合 10407

合 37471 释文：…狐八十又六。

合 34674 释文：…百又五。

合 33374 释文：…一百又六。

合 10407 释文：…一百又九十又九。

合 10349　　　　合 33371　　　　屯南① 663

合 10349 释文：…二百又九。

合 33371 释文：…擒三百又四十八。

屯南 663 释文：…三百又四十又八。

〔2〕在数字组合中插进名词的情形

殷人在记录多位数时，常将相关的名词从数字后面移至数字串列的中间，比如，将"一十九宰"契写为"一十宰九"（合 7026，学者们认为"宰"是圈养起来用于祭祀的羊牲，但读音不明），从而形成了在数字组合中插进名词的情形。下面是一些辞例：

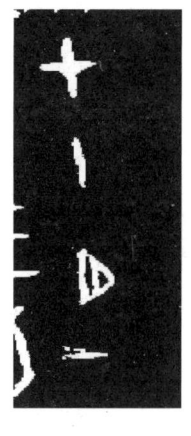 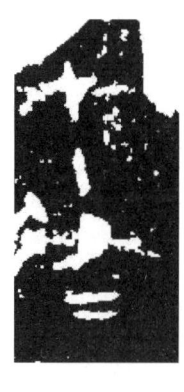 

合 37966　　　合 37985　　　合 21897

在十月一　　在十月二　　终十月三

---

① "屯南"是《小屯南地甲骨》的简称，片号为原书编号。

  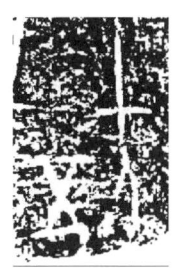

合 7026　　　　合 26994　　　　合 6057

一十宰九　　　用一十人五　　　七十人五

有时，多位数的数字组合中不仅插入了副词"又"，还插入名词。例如：

合 137　　　合 24610　　　合 32066　　　合 897

合 137 释文：…一十人又二。

合 24610 释文：…十年又五。

合 32066 释文：…一十羌又五。

合 897 释文：…一十伐又五。

合 33582　　　　合 33583　　　　合 366

合 33582 释文：…一十牛又五。…

合 33583 释文：…一十牛又五。

合 366 释文：…一十宰又九。羌五。

合 32775　　　　　合 37861　　　　　合 32501

合 32775 释文：…一十犬又五犬。

合 37861 释文：惟王十祀又九。

合 32501 释文：…二十牢又七。

 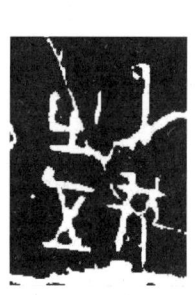  

合 321　　　　合 898　　　　合 34　　　　合 34123

合 321 释文：贞。三十羌？卯一十牢又五？

合 898 释文：…一十伐又五。

合 34117 释文：…一十示又三。

合 34123 释文：…二十示又三。

第 1 章 独创的十进制记数法

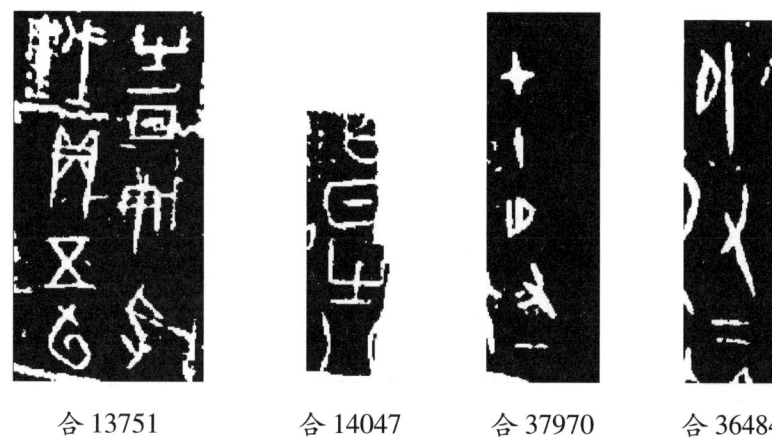

合 13751　　　合 14047　　　合 37970　　　合 36484

合 13751 释文：…五旬又一日。

合 14047 释文：…百日又八。

合 37970 释文：在十月又一。

合 36484 释文：十月又二。

此外，甲骨文多位数的契列方向虽以自上而下为主，偶尔也有转折及横向的写法。这些书写和组合方式存在各种差异的数字，从不同的方面体现了甲骨文表数形态的多样性和对严谨性的忽视。

能够无歧义地表数，却缺乏统一的书写规范，以及缺乏数学上的严谨性，显示出与实用习惯相关的多样化倾向，是甲骨文表数方式的重要特点。这种状况表明甲骨文数字不宜用于有规范性要求的笔算，结合已有考古材料中未见使用笔算的证据，进而得出殷人不用笔算方式进行数量计算的推测或判断（见 3·3 和 3·4 节）。

1·4　一些数字的识别与解读

许多甲骨文字符在一般情况下具有相对稳定的字义，殷人可以用它们构成的辞文表达某种具体的意思，许多辞文显示出具有基本的语法逻辑结构，而且能顺应口头的语言表达。然而，在字符数量有限、语法规则不够完善的状况下，加上辞文本身常有省略漏缺或残损，在释读甲骨文字符及辞文时生出不同的见解，是难以避免的事情。类似地，在识别和解读甲骨文数字时，也会遇到困难，从而存在着一些可以讨论的问题。

1·4·1　一些甲骨文数字的识别

刻辞中存在一字多义的情形，甲骨文数字也不例外。大体上，识读多义字符时，可以依据已经掌握的辞文或句式资料（包括具有承继关联的后世材料），结合使用惯例或辞文语义做出判断。下面的字例涉及甲骨文数字的识别。

字例一：十

形如十的字符在秦汉以后的字义为"十"，然而在殷墟甲骨文中有"七"和"甲"两种含义，需要根据它在辞文中的使用惯例及语义环境才能加以区别。

如果辞文内容与事物的数量相关，通常将字符十释为数字"七"。比如：

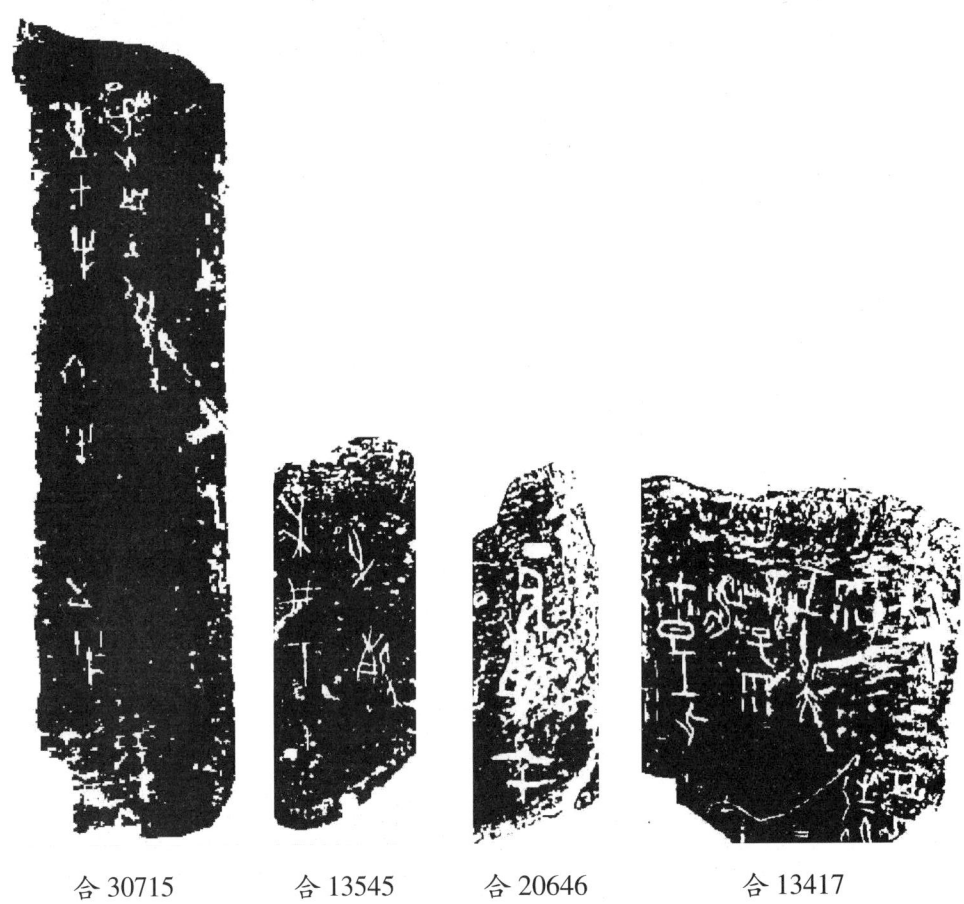

合 30715　　　合 13545　　　合 20646　　　合 13417

合 30715 释文：**四牛？五牛？六牛？叀（惟）七牛（选牲），王受侑。**

合 13545 释文：**妇井（人名）示（入贡）七屯（七对甲骨卜材）。殻（契者名）。**

合 20646 释文：**丁丑。▨（人名）入（入贡）七。**

合 13417 释文：

（1）乙丑…生一月…其雨？

(2) 七日壬申,雷。

(3) 辛巳,雨。

(4) 壬午,亦雨。

这组契文的第一辞为卜问辞,后三辞为验辞。从乙丑的次日起算,按干支日序到壬申正好七日,故释作"七日",不能释作"甲日"。刻辞中从次日起算日数的辞例并不少见。

第二种含义出现于将与子、寅、辰、午、申、戌六个地支字符搭配,以及用于先王先妣或父兄名号的情形,此时应释为"甲"。例如:

"甲子"(合5546)、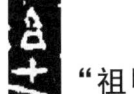"甲午"(合7838)等,属于干支日名。而"大甲"(合1416)、"祖甲"(合1658)、"于羌甲"(合6144)、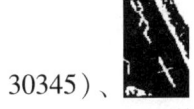"戋甲"、"妣甲"(合36251)、"父甲"(合30345)、"兄甲"(合31993)等等,都是先王、先妣或父兄的名号。

合6144　　　　　合22911　　　　　合22885

合6144释文:

(1) 贞。侑(祭名)于羌甲?

(2) 贞。于大甲?告工……

在刻辞中，与"羌"的组合会有不同的词义。"羌"在前，在后，或两字合书时，通常用作先王名号，释为"羌甲"。在已有辞文中尚未发现应当释为"羌七"的辞例。例如合书的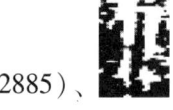（合 22911）与析书的（合 22885）、（合 37867）都释为"羌甲"。

合 22885 释文：

（1）**癸未卜。王贞。无祸？在八月。甲申。彡**（祭名）**戋甲。**

（2）**…祸…甲…羌甲。**

合 22911 释文：**己丑卜。大**（贞人名）**贞。于五示？告丁。祖乙。祖丁。羌甲。祖辛。**

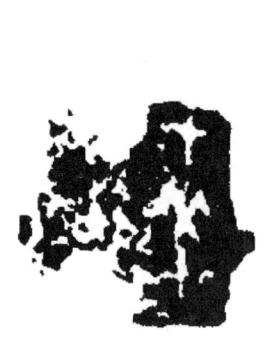  

合 361　　　　　合 369　　　　　合 358

在前，"羌"在后时，释为"七羌"，例如合 361 的残辞释作"…七羌"，辞义与某次祭祀时使用羌牲（殷人常将掳获的羌族人作为人牲用于祭祀）的数量有关。这是参照类似下述的例证之后做出的判断：

合 369 释文：**戊申卜。**殻（贞人名）**贞。五羌？卯**（用牲法或祭名）**五牛？**

合 358 释文：**…贞。九羌？卯九牛？**

合 333 释文：**庚辰…于庚宗，一十羌？卯二十牛？**

再看下面的辞例：

第 1 章 独创的十进制记数法

合 333　　　　　　　　　　合 32501

合 32501 释文：**甲寅。有岁（祭名）？戋甲三牢。羌甲二十牢又七。暘日？兹用。**

甲寅这天为岁祭两位甲名先王，商王举行占卜。辞中形如 ![十] 的字符有四个，前三个都释为"甲"，分别构成干支日名"甲寅"，以及先王名号"戋甲"和"羌甲"，第四个则是数字"七"。不难看出，若将其中的"羌甲二十牢又七"释为"羌甲二十牢又甲"，或"羌七二十牢又七"，或"羌七二十牢又甲"，其语义或表数逻辑都会陷于混乱，均不可取。

25

字例二：

甲骨文中形如的字符通常用作数字"十"。地支字符中的"午"有三种字形，一是契作（合143）、二是契作 （合34521）、三是契作（合37986）。其中第三种与数字十相同，需根据所在辞文的语义和使用惯例才能加以识别。

合143　　　　　合34521　　　　　　合37986

合143释文：庚午卜。宾（贞人名）贞…

合34521释文：庚午。贞。

合37986释文：…丙申丁酉戊戌……丙午丁未戊申…
　　　　　　…丙辰丁巳戊午…

合896　　　　　　　　　合38545

合896释文：

（1）丁未卜。宾（贞人名）…甲寅，酒？七十伐又五？卯一十宰？

（2）八日甲寅。不酒。雨。

辞（1）中的 ▨ 可识别为数字"七十"。如果释为"七午"或"甲午"都与辞义不合。因龟片残断，有的资料将"酒（祭名）七十伐又五"释为"酒〔大〕甲一十伐又五"，似无不可。

合38545 释文：**甲午卜。贞。王宾岁**（祭名）。**无尤？**

这条卜辞中的 ▨ 应识别为"甲午"。如果释为"七午""七十"或者"甲十"都与辞文语义和与字符"卜"组合成辞的使用惯例不合。

字例三：▨

甲骨文数字"二十"通常契作合书，结构主体是两条并列的竖画，取两个十相加的意思。下部用横画或折画相连时，其表数含义比较稳定没有歧义。可是下部并不相连，形如‖的字符却有人名、地名和数字三种字义，需要结合辞文惯例和语义环境才能识别。

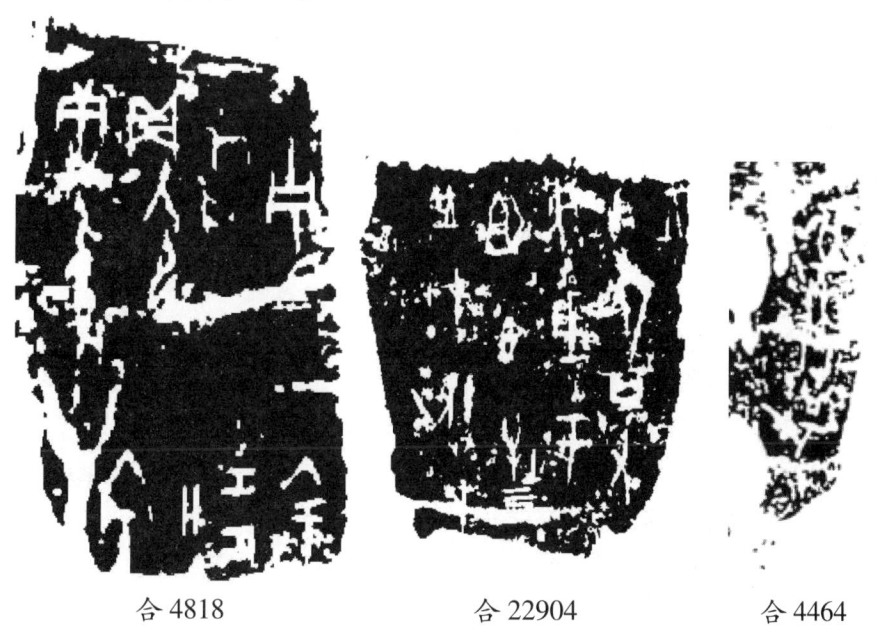

合4818　　　　合22904　　　　合4464

合4818 释文：**庚申卜。宾贞。命** ▨（人名）…□。**多…宁。入于**…

合22904 释文：**…其有□？岁于祖乙白牡三？王在** ▨（地名）**卜。**

作为人名或地名，形如 ∥ 的字符是否读为"二十"，目前尚不清楚。

合 4464 释文：**奠**（人名）**来二十**。**在宁**（地名）。

这条辞文漫漶不请，释文是学者辨识的结果。其中的"二十"形如 ∥，是纳贡某物的数量记录。

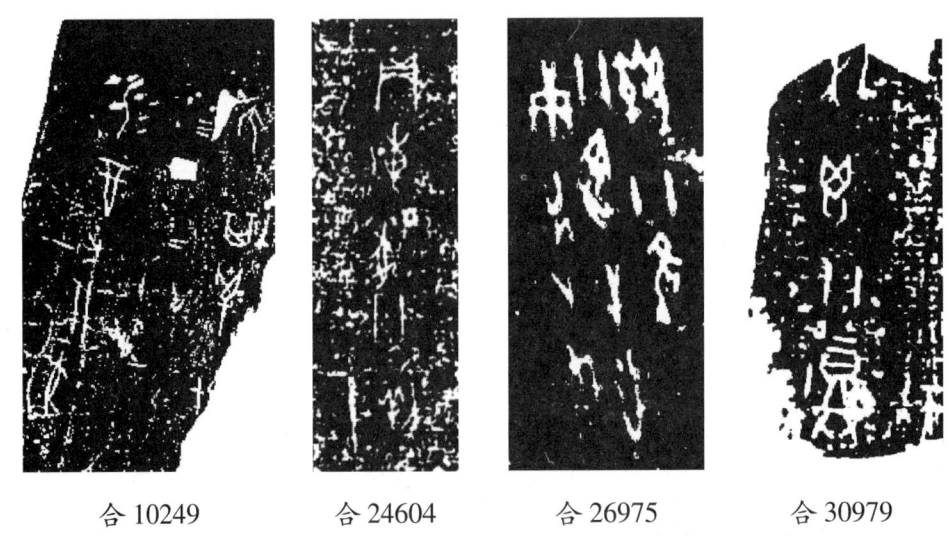

合 10249　　　合 24604　　　合 26975　　　合 30979

合 10249 释文：**乙酉卜。▨豕，不其擒**？

这条卜辞有两种解释。一种是询问："在名叫▨的地方不能擒获野猪吗？"另一种则是询问："不能擒获二十只野猪吗？"

合 24604 释文：**…贞。叀**（惟）**麂？二十▨**（雌羊）？

合 30979 释文：**…新鬯二十。蒸…**

这两条卜辞中的▨和▨都可释为数字"二十"。

在合 26975 的辞例中，可以对两个形如 ∥ 的字符含义作出区别：

合 26975 释文：**庚申卜。何**（贞人名）**▨**（贞）。**翌辛酉。执▨隹**？

根据名叫"何"的贞人在十日之前契刻的同版辞文："**庚戌卜。何贞。妣辛岁？其□□**？"以及卜辞契写惯例，可知▨是缺刻笔画的"贞"。然而，对于▨这个字符，则以释作数字"二十"较为合适。这样，可以将"执▨隹？"理解为"用二十只隹鸟作为祭品吗？"

字例四：

刻辞中存在"白""百"不分的情形。一般情况下，形如 的字符在辞文中契为析书时释为"白"，主要用来表示颜色。例如：

合 32014 释文：**叀（惟）白（颜色）麦。蒸。**

合 30022 释文：

（1）**求雨。叀黑羊。用。有大雨？**

（2）**叀白（颜色）羊。有大雨？**

合 32014　　　合 30022　　　合 37449　　　合 34103

合 37449 释文：**壬申卜。贞。王田□（地名）。往来无灾？获白（颜色）鹿一、狐二。**

合 34103 释文：

（1）**癸卯。贞。…豭（公猪）九？下示□…**

（2）**甲辰。贞。其大御王。自上甲（先公名）盟。用白（颜色）豭九？下示□十…**

这两版辞文里形如 的字符释为表示皮毛颜色的"白"，排除了将" 鹿一"释为"一百〇一只鹿"，以及将" 豭九"释为"一百〇九头公猪"的做法。

刻辞中析书字符 ![] 还有用作地名、人名、族名或诸侯称谓的情形。例如：

合 33425 释文：**庚子卜。王往田**（田猎）**于白**（地名）？

合 3422 释文：…**白**（人名）![] **入。八月。**

合 1039 释文：**丁丑卜。贞。燎**（祭名）**白**（部族名）**人**？…燎白人？

合 28086 释文：**壬戌卜。王其寻二方伯**（方国首领）？

方国首领称为 ![]，释作"伯"。刻辞中有羊方的 ![] "羊伯"（合 1118）、盂方的 ![] "盂方伯"（合 36511）等称谓。

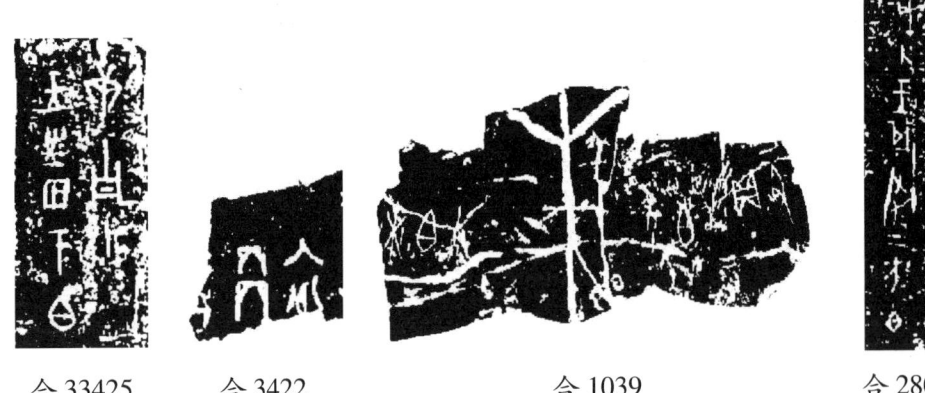

合 33425　　　合 3422　　　　　合 1039　　　　　　合 28086

辞文中表示"百"的字符有好几种，比如：![]（合 22099）、![]（合 32844）、![]（合 20250）、![]（合 844）、![]（合 17904）、![]（合 32674）、![]（合 10762）等等，通常不会误读。但是存在  通于"百"的情形，当它与基本数字组合构成词语时，就有释为"白"或"百"两种可能。遇此情形，大体上可以依据辞文语义，以及是合书还是析书作出判断。观察下述辞例：

合 13753 释文：…**一百日又七旬**…

其中的从"一"从"白"，呈合书形态，应释为"一百"。若释为"一白日又七旬"，会引起语义混乱。

　合 13753　　　合 36481　　　　　合 21247　　　　　合 297

合 36481 释文（摘录）：…一千五百七十…一百八十三…

其中的从"五"从"白"，从"一"从"白"，均呈合书形态，应释为"五百"和"一百"。若释为"一千五白七十"和"一白八十三"，会引起语义混乱。

合 21247 中的从"一"从"白"，因呈合书形态，宜释作"一百"。释文为"…御一百宰？盟三宰？"

合 297 辞文中的是"三"与"白"的合书，可释作"羌三百于祖。"若释成"羌三白于祖。"则存在其语义需从语法角度另加解释的问题。

下例中"三"与"白"呈析书形态，在无语义问题的情况下通常释为"三白"：

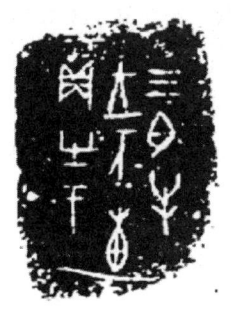　　　　

　合 14724　　　　合 293　　　　　合 296

合 14724 释文：…贞。侑（祭名）于王亥（先公名），叀（惟）三白牛？

合 293 释文：…贞。叀今夕，用三白羌于丁。用…

合 296 释文：…三白羌。于…

与其他几个进位数字相比较，数字"百"多有异体，契写构形的规范性最差。而字符"白"的含义又相对复杂，有时还通于"百"，容易引起歧义。因而基本数字与字符"白"组合构成的词语是否能识读为数字，在一些情况下需做具体分析。

1·4·2 几种甲骨文数字的解读

刻辞中的一些字符或应解读为数字，或已判明为数字，但其解读可以再作讨论。

解读一，出自合 18397 的 。

甲骨文中形如 （合 9812）或 （合 21239）的字符释作"**万**"，字义是人名、地名或部族名，并不用作数字。例如，合 21651 的"**万人**"便被释为"万"地之人，或者"万"族之人。如果将这样的"万"字标识上数字"一"，例如 （合 8715，拓本见 1·2·1 节），则释为数字"**一万**"。类似地， （合 10471，拓本见 2·2 节）释为"**三万**"，是甲骨文中经鉴识确认的最大数字，涉及渔获的数量。

合 18397　　合 21651　　合 4141　　　　合 6412

在有的资料中，合 18397 上残存的辞文释为"…呼万…"。其中"万"字契作 。比照"…呼雀（人名）…"（合 4141）、"…呼妇好（人名）…"

（合6412）等辞例，可将这种释法中的"万"理解为人名。

 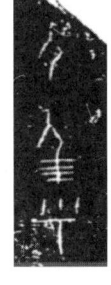  

合7326　　　合6175　　　合6540　　　合39902

如果将此辞释作"…万呼…"，参照"人三千。呼…"（合7326）、"人四千。呼…"（合6175）、"人五千。呼…"（合6540）、"…登旅一万。呼伐…"（合39902）等辞例，则与调集军队相关，于是 可界定为从征人数而非人名。进而观察 的构形，契于字符腹胸位置的二横画（下面一画虽断但隐约相连且笔势当为一画）是数字"二"，具有数字标识的性质。尽管"二"没有标识在字符的尾部，仍可视作合书，字义是"二万"。这样，可对合18397的残辞给出新的解读。

合18397释文：…二万。呼…。

此辞值得关注，因为它是已有刻辞中商王调集军队时人数最多的记录。

解读二，出自合903的 。

观察下述辞文：

合903　　　　　　　合22606

合903释文：**丁未卜。殻**（贞人名）**贞。酒囗？伐一十？一十宰？**

参照常见的选牲记录，"伐一十？一十宰？"是询问："砍杀一十个人牲吗？使用一十只圈养的羊牲吗？"由于刻辞不使用标点符号，且"一十"契为"十"，故存在对"伐十十宰"如何断句的问题。如果将两个"十"连成"十十"，并且释为"一百"，就变成了"砍杀一百只圈养的羊牲吗？"不过，就该辞的契写形态来看，"伐十"和"十宰"呈分列状，提示我们不宜将两个分开的"十"组合为"十十"。另一方面，录有"伐十"的辞文不乏其例，比如合22606契录的卜辞**"丙申卜。行**（贞人名）**贞。王宾…伐一十人。无尤？…"**中就有"伐十"。

观察下述辞例：

合904　　　　　　　　　　合899

合904释文：**丁未卜。殻贞。酒**（祭名）**？我报大甲、祖乙。一十伐？一十宰？**

与合903的辞文相对比，"伐十十宰"与"十伐十宰"是相同的意思。

合899释文：**乙酉…祖乙。乙未，侑**（祭名）**？伐一十五？一十宰？**

此辞"伐十五十宰"中的"十五"与"十"必定是断开的。

殷人在记录日数时以十日为一旬，但以旬表日止于九旬，并不将"一百日"记为"十旬"。尽管这是出自以旬为单位的记数，然而这种结构与不将"一百"表为"十十"是相通的。

就数量关系的逻辑结构而言，殷人知道十个"十"就是"一百"，不过在已有的商代文献资料中尚未发现足以确证将"一百"表示为"十十"的辞例。

解读三,出自合 1524 的 与合 30516 的 。

观察下述两例辞文：

合 1524 释文：**丙午卜。宾**（贞人名）**贞。侑**（祭名）**于祖乙一十白豕**?

合 30516 释文：**侑**（祭名）**一十白豚**?

鉴于上面两辞中的"十"与"白"以析书形式契写,故 和 的释文都是"一十白",而不释为"十百"。这样,"一十白豕（或豚）"即"一十头白色的猪",并非"十百豕（或豚）"。这种识读涉及不能以之为例说明甲骨文中存在将"一千"记为"十百"的情形。

合 1524　　　　合 30516

事实上,在现今已知的商代文献中,尚未发现用 与 的组合来表示"一千"的辞例。即使上面两辞中"十"与"白"的笔画在契刻时相连而形同合书,也没有充分的理由将其识读为"十百"。可以认为,殷商时期并不存在将"一千"记作"十百"的表数形式。

35

解读四，出自合 22349 的 。

观察下述辞文：

合 22349　　　　　　　　　合 32099

合 22349 释文：**壬寅卜。…昜。牛五？卯一十？牛…示一十？一千…**

该辞涉及祭祀事宜，在数字识读方面应注意对"…示十千…"的断句处理。

如果依据字面上的数字组合形式，可不可以将 释作"十千"，并认为是表示"一万"的一种方式呢？除了已有材料中未见可资佐证的辞例之外，还可以就该辞具体讨论如下：

已有辞文中的"示"有多种含义，较为常见的有用作受祭先公先王的神主牌位，表示供奉祭品和纳贡，以及用作祭名和地名，下面是一些辞例：

合 32099 释文：**庚寅。贞。酒。□伐。自上甲六示（神主牌位），三羌、三牛？六示（神主牌位），二羌、二牛？小示（神主牌位），一羌、一牛？**

合 9544　　　合 14872　　　合 27306　　　合 15685

第 1 章　独创的十进制记数法

合 9544 释文：**庚申。妇示**（纳贡）**八十屯。**

合 14872 释文：**己亥卜。侑。自大乙至仲丁。示**（献祭）**牛？**

合 27306 释文：**甲申卜。其示**（祭名）**于祖丁？惟王□。**

合 15685 释文：**其取稻于示**（地名）**？**

那么，"…示十千…"中的"示"属于哪种含义呢？首先可以排除祭名和地名，其次，该辞涉及祭品的选择安排，故不考虑纳贡事宜。于是剩下神主牌位和献奉祭品涉及的"示"与数量记录相关。如果"示十千"等同于"示一万"的话，意思便是在某一祀典上受祭的神主数或献奉的祭品数达到了万的量级。不过，甲骨文中规模上万的记录，只见于军队人数和渔获数，而在与祭祀相关的事项上出现规模如此之大的安排简直是不可能的事情。所以，较为合理的识读是将"十"和"千"断开，成为"…示一十？一千…"。其中的"示十"可以释为"一十位神主"或者释为"献奉一十件祭品"，而"千…"可以释为"一千…"，也许是询问献祭时用牲的数量，只是由于辞文残失而不知具体用牲的名称。殷人用牲可达千的量级，例如："**丁巳卜。争**（贞人名）**贞。降奭**（祀典名）**？一千牛？不其降奭？一千牛？一千人？**"（合 1027），便涉及使用牛牲或人牲规模上千的情形，令人震惊。

合 1027　　　　　　合 32008　　合 1038

此外，"**庚午卜。**![]**名示**（献祭）**一千…**"（合 32008）涉及的祭品数亦以千计，而"**示**（献祭）**九百羌？**"（合 1038）所记的羌牲几达千人。这类辞文表明，殷人举行祭祀时的用牲数或者献祭数都可以达到上千的规模，由此可知，将"…示十千…"断句为"…示一十？一千…"应当是合适的。按照这样的识读思路，便不能将合 22349 中的辞文用作殷墟甲骨文中存在将"一万"表成"十千"的例证。

上述探讨表明，在殷墟甲骨文的表数方式中，既不用"十十"表示"一百"，又不用"十百"表示"一千"，也不用"十千"表示"一万"。或者说，在已知的殷墟甲骨文中没有用进位数字的十倍来表数的做法。

对各种已知文献材料的观察表明，殷人表出多位数时，对9种基本数字和4种进位数字施行了相应的组合搭配方式。组合构成的规则有二：一是在各进位层次之间用加法组合，比如"一百五十"，"一百"和"五十"之间是相加的组合构成；二是在每个进位层次上都采用了基本数字与进位数字相乘的构成方式，比如"五十""九百""六千""三万"等等。于是，一般情况下，甲骨文中的多位数可以用乘法和加法的混合运算来表出，比如"二百九十五"，其构成关系可以用计算式写为 $295 = 2 \times 100 + 9 \times 10 + 5 \times 1$。

然而，在进位数字之间尚未发现用乘法进行组合搭配的做法，迄今为止，我们在商代文献中不仅没有找到用"十"自乘或与其他进位数字相乘来表数的确凿证据，也没有找到用两个进位数字相乘来表数的例证。这种情形与已有殷墟甲骨文数字的进位量级止于万的用数状况是相容的。有据于此，笔者得以作出殷人用数的值域在十万以内的推断。

目前所知，诸如"十千""十万""百万""千万""万万"之类，都是构创于殷商以后的表数方式，它们除了被人们用来表示数量巨大甚至多到无限之外，在中国古代数学发展史上的重要意义是相当于创制了对应的进位数字，有效地扩大了汉语和中文，以及传统数学的表数量级。

1·5　延伸阅读：与古代数字相关的一些材料

1·5·1　早期文献中的"数""算""筹"和"计"

在商代的甲骨金石文献中有大量的表数文字，但尚未发现类似于"数"这样的具有概括意义的字符。另一方面，尽管可以认为殷人已具有一定的数算能力，然而迄今没有在商代文献中发现与"数"相关的具有表示计算意义的字符。目前只能说"数""算""筹""计"之类与表数语言及表数文字有直接关联的字符和词语很有可能形成于周秦或西汉时期。

一些时代较早的传世文献中有涉及字符"数"的辞文，下面是部分用例。

学者们认为《周易》经文成于西周，其传文（即《易传》）大体上成于战国。《周易》经文中未见字符"数"，而《易传》中有不少用到"数"字的辞文，例如：

"天数五，地数五，五位相得而各有合。天数二十有五，地数三十，凡天地之数五十有五。此所以成变化而行鬼神也。大衍之数五十…""极

数知来之谓占。""极其数遂定天下之象。"(《易传·系辞》)

"君子以制数度，议德行。"(《易传·象·节卦》)

"参天两地而依数。"(《易传·说卦》)

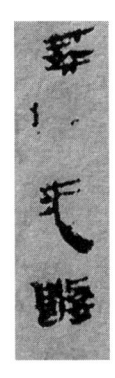  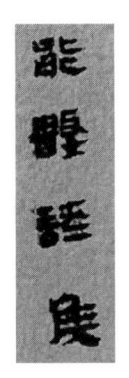 

马王堆帛书（西汉）　　　　　熹平石经（东汉）

葬［期］无数　　极数知来　　能数诸侯　　地数三十

上列截图中的辞例都出自《易传·系辞》，因原本早已失佚，它们是目前所知年代最早的传抄文本。其中的"数"是当时的字符构形，注意帛书"数"字的组字构件 ![], 形如以手执筹，不妨参看 2·3·2 节关于"教"字的观察。

《易传》中的"数"多为与筮算相关而被视为神授的某些数。因其影响甚为深广，人们对"数"的思考被导向于玄秘附会，或者发挥于哲理衍绎，而数学意义上的认知往往局限于社会生活中的实用管理和生产技艺。

传世的早期文献中还有不少使用了字符"数""算""筭""计"的辞文，例如：

"心焉数之。"(《诗·小雅·巧言》)，意思是心中有数。

"天之历数在汝躬。"(《尚书·大禹谟》)，"历数"涉算，指天命之数。

"善算不用筹策。"(《老子·第二十七章》)，"算"指求数计算。

"斗筲之人何足算。"(《论语·子路》)，"算"指计入，有不足挂齿之义。

"教之六艺。…六曰九数。"(《周礼·地官》)，"九数"指九种数算科目。

"无方无筭。"(《周礼·春官》)，"筭"即"算"，指计算。

"使史数之。"(《左传·昭公二年》)，"数"有依次列举的意思。

传世《管子》中言"数"者甚多，例如：

"权衡者，所以起轻重之数也。…有寻丈之数者，不可差以长短。"

(《管子·明法》)

"且君引镢量用,耕草发田,上得其数矣。民人所食,人有若干步亩之数矣,计本量委则足矣。"(《管子·国蓄》)

上述两例中管子所说的"数"均为社会生活中与民生相关的事物数量。

下面再列举几例:

"黄帝时隶首作算数。"(《世本》),"算"计算,"数"记数。

"算,数也。从竹从具。"(《说文解字》)

"筭,长六寸,计历数者。从竹从弄。"(《说文解字》)

学者们发现,在成书于西汉早期的古代算书《周髀算经》和《九章算术》中,有不少内容形成于西周及春秋战国时期,可知那时已经出现了很多长于数算之人,他们在社会管理、生产活动与技艺创新中发挥着重要的作用。在春秋战国时期的重要人物中,可以找到墨子、管子等等熟知数算的人士,但是他们常将数学知识或囿制于日常技艺,或比附于治国之道,并不将数学知识归纳为一门重要的学科。也许,先秦诸子百家之中没有以数算为特长的专家流派,是当时存在着认为数学知识附属于筮家及律历家,或者归之于司空见惯之事的倾向所使然。

1·5·2 甲骨文数字与其他几种古代文明所用数字的比较

不妨将甲骨文数字与出现于其他古代文献中的几种数字①做一些比较。

〔1〕古埃及的数字

(1) 古埃及石雕象形文中的数字(公元前 3400 年左右)

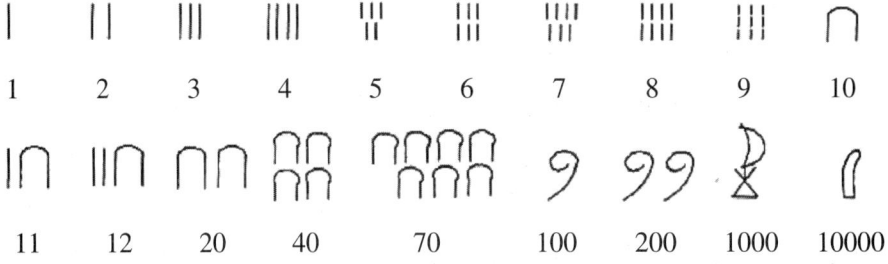

(2) 古埃及纸草书中的僧侣文数字(公元前 1890 年左右)

在古埃及墓葬和神庙遗址,一些石碑或石墙上雕刻有不少象形文字。公元 4

---

① 这几种数字符号摘引自《数学史概论(第二版)》第 13、14、19、107 页。

世纪,因罗马皇帝迪奥多西一世的禁令,这些创始于公元前 3500 年左右的古埃及象形文字,以及时代稍晚的古埃及纸草书上的僧侣文字一并失传,许多石刻字符和纸草文书无人能识。拿破仑远征埃及的次年(1799 年),一个法军中尉发现了用古希腊文、古埃及象形文和僧侣文刻写的罗塞塔石碑残片,内容是托勒密五世的登基诏书(现藏伦敦大英博物馆,乃镇馆之宝)。19 世纪初,学者们据以破译了古埃及人的象形文字和僧侣文字,于是辨识了其中的数字。早期埃及人使用的象形文记数系统采用了十进制表数法,并形成了进位的概念。僧侣文纸草书中的表数方式对象形文表数方式进行了简化。

〔2〕**巴比伦泥版上的楔形数字**(公元前 2400 年左右)

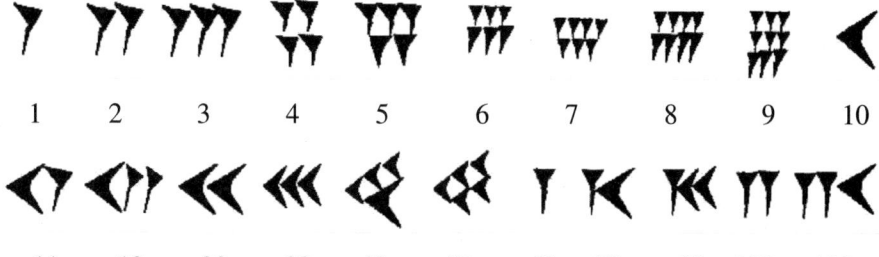

目前发现的巴比伦泥版文书约有 50 万块,其中 300 多块的内容与记数和计算有关。破译释读的结果表明,生活在两河流域的古代先民使用的记数系统涉及六十进制。学者们认为,泥版文书中的楔形数字和表示空位的" "(发现于公元前 3 世纪的泥版中)曾被用作数学符号。古代巴比伦人取得的数学成果,可以解决社会生活中遇到的不少实际问题。然而,由于外族入侵,巴比伦文明终被毁灭,其数学成就未能逃脱失传的命运。

〔3〕**古印度的数字**

印度河与恒河流域的文明由达罗毗荼人创造于公元前 3000 年左右的时期,大约在公元前 1400 年,雅利安人征服印度,达罗毗荼文化日渐衰微无人传承,其象形文字后世已不能解读,他们的记数方法和数学成果也随之失传。雅利安人在印度创立了婆罗门教(后来改革为印度教),其经书《吠陀》用梵文记录了一些与数学知识的应用相关的内容。

(1)婆罗门梵文数字(公元前 300 年左右)

这种数字序列属于十进制记数系统,但没有引入数字 0。

(2) 巴克沙利（今巴基斯坦西北）桦皮手稿上的数字（公元 3 世纪）

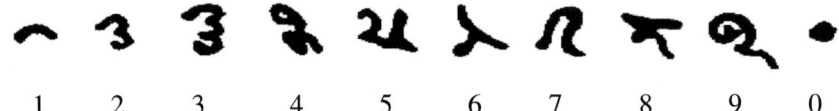

手稿记载了丰富的数学计算内容，十进制数系趋于完善，其中的数 0 用圆点来表示。

(3) 瓜廖尔（今印度中央邦西北）石碑上的数字（刻记于公元 876 年）

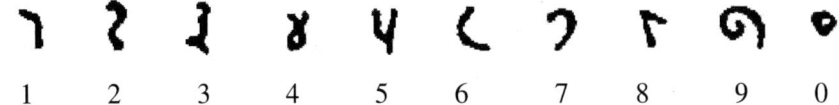

这套数码大约形成于公元 4—7 世纪，数字 0 的引入完备了位值制下的十进制记数系统，被用于以笔算形式为特征的印度数学，兼有文字符号和数学符号两种功能。阿拉伯人于公元 700 年左右入侵印度以后，印度数学传入阿拉伯国家。在 13 世纪以前，印度人的记数方法又从阿拉伯传入欧洲，因而欧洲人称这套记数符号为阿拉伯数字。到了文艺复兴时期，采用阿拉伯数字完成笔算的欧洲代数学取得了丰硕的成果。随着阿拉伯数字在数学领域中的推广应用，其数学符号的功能不断强化扩张，衍生出分数、小数和负数等表数形式。

在中国，由商代文字中的数字演化形成的中文数字历来都只用于文字记录，并不用作数学符号。这种情形与中国古代流行筹算而不采用笔算有关。传世筹算中使用的筹符数码（参看 3·4·2 节）纯粹是数学符号而非文字，即使是一些古代文献中描摹的筹符数码，也不能视同为文字符号。另一方面，在唐代（公元 618—907 年），印度数字及采用笔算的数学和天文学曾伴同佛教的流传而进入中国，终因那时的数学家们早已娴熟于筹算而未被接受。

〔4〕希腊和罗马数字

(1) 希腊阿提卡数字（公元前 500 年左右）

Ⅰ	Ⅱ	Ⅲ	Ⅳ	Ρ	ΡⅠ	ΡⅡ	ΡⅢ	ΡⅣ	△
1	2	3	4	5	6	7	8	9	10

△Ⅰ	△Ⅱ	△Ρ	△ΡⅠ	△△	△△△	Ρ	ΡΔ	ΡΔΔ
11	12	15	16	20	30	50	60	70

(2) 罗马数字

Ⅰ	Ⅱ	Ⅲ	Ⅳ	Ⅴ	Ⅵ	Ⅶ	Ⅷ	Ⅸ	Ⅹ	L	C	D	M
1	2	3	4	5	6	7	8	9	10	50	100	500	1000

古代希腊人使用了一套十进制记数系统，从用加法完成组合的表数形态，可以看出罗马数字与之存在渊源关系。罗马数字的解码规则以加法为主，例如 3000 就写成"MMM"。如果要表示 10000 这个数，就得连着写出 10 个 M 才行。显然，这种表数方式不利于笔算。随着印度数学的传入，阿拉伯数字及笔算方式在欧洲得到了广泛应用，罗马数字则用于文字记录。这种情形与中国古代传统数学采用筹符记数，而中文数字用于文字记录有相似之处。

通过比对，无需赘述，可以推定殷商先民独立创制了一种位值制下的十进制记数法。

第 2 章　甲骨文数字的分类

在已有的殷商时期的甲骨文、金文、陶文与石刻文献中记有许多数字，这些数字从不同角度反映了商代先民的社会生活状况。观察这些数字的使用情形，大体上可以将它们分为表示事物数量的数字、用于排序的数字，以及与占筮有关的数字三种类型。

附带说明，本书在 3·3 节和 3·4 节对殷商时期人们用于求数计算的方法做了一些观察与讨论，认为除了点数和心算之外，殷人极有可能采用早期筹算的方式施行正整数下的四则运算，而没有使用笔算。或者说，由于目前缺乏殷人用笔算完成计数的具体证据，似可认为甲骨金石文献中的数字未被用作笔算方式下的记数符号。有鉴于此，本书在对已经发现的殷商时期的数字进行分类时，没有列置用作数学符号的类型。

2·1　表示事物数量的数字

表示事物数量的数字构成了甲骨文数字的主体，这类用数多与祭祀、征战、纳贡、渔猎等相关，所用数字都是可数数量的记录。

2·1·1　与祭祀有关的数字

殷人非常重视祭祀活动，甲骨卜辞中有不少内容与受祀对象及祭品的数量相关。

〔1〕**受祀对象的数量**

商王祭祀单一对象时均直记名称不附记数字"一"，例如，祭祀"上帝""岳""河""夒（nǎo，帝喾）"，及某位逝者时都不注明受祀对象的数量为"一"。

学者们通常将商王大乙（成汤）灭夏建商前的族群首领称为先公，从大乙开始，受祀的商王则称为先王。先公先王及受祀者的神主牌位契为"示"，卜辞中的示数便是某次祭祀活动中受祀神主的数量。诸如"**五示**"（合 22911）、"**九示**"（合 14881）、"**一十示**"（合 32385）等等都有指代功能。"**二十示又三**"（合 34123）是受祀者的神主牌位数多达 23 个的记录。而"**三匚（bào）**""**二示**"（合 27083、合 32349）则分别指代先公匚乙、匚丙、匚丁和示壬、示癸。

第 2 章 甲骨文数字的分类

 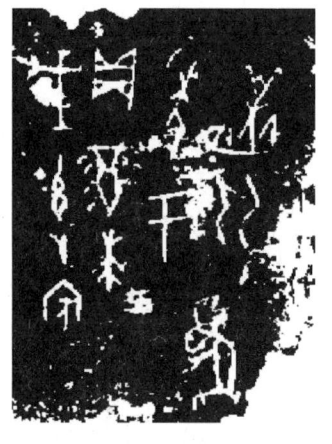 

合 30388　　　　　　合 10076　　　　　　合 22911

合 30388 释文：…叀（惟）五。鼓（祭名）…上帝若。王…有佑。

合 10076 释文：…戊午卜。宾（贞人名）贞。酒（祭名）。求年于岳？河？夒？

合 22911 释文：己丑卜。大（贞人名）贞。于五示：告丁、祖乙、祖丁、羌甲、祖辛。

合 14881　　　合 34123　　　　合 32349　　　　合 27083

合 14881 释文：求（祭名）？自大乙至丁祖，九示。

学者们认为，该辞中的"九示"指代大乙、大丁、大甲、大庚、大戊、仲丁、祖乙、祖辛、祖丁（丁祖）九位商朝先王的神主牌位。

合 32349 释文：

（1）己酉［卜］。其牛二？于妣庚。

（2）辛亥卜。㞢（用牲法）。上甲牛？三匚羊？二示牛？

合32385与合35277两块骨片可以缀合，属于殷商中晚期的卜辞。尚存刻辞的释文如下：

（1）辛酉卜。舞？今日…

（2）…未卜。求（祭名）？上甲、大乙。大丁、大甲、大庚、大戊、中丁、祖乙、祖辛、祖丁。一十示。率羊？

（3）…申卜。…从大乙、大丁、大甲、大戊、大庚、…丁、中丁、祖辛、祖丁。率□？示。

（4）…雨？自上甲、大乙。大丁、大甲、大庚、大戊、中丁…

（5）…申。雨？自…辛酉…

这组卜辞涉及两个内容，一是与求雨有关，二是与受祀神主及用牲有关。辞（1）询问是否用"舞"祭求雨。辞（2）询问对所列十位（这里写作"十"，与习惯用语相关，释文中写作"一十"则较为规范。）先公先王的神主举行祭祀时，是否都用 （公羊）作祭品。"十示"指受祀先公先王的神主牌位共有十个。辞（3）的内容与辞（2）相近。辞（4）和辞（5）显示出相关祭祀的目的与求雨相关。

合32385　　　合35277　　　合32384

上述卜辞中的"上甲"指先公上甲微。见于《史记·殷本纪》的商族先公从帝喾到示癸共14位，但在已有甲骨文中鉴识出的商族先公有高祖夒（喾）、高祖亥、上甲（微）、三匚、二示共8位。按《史记·殷本纪》的记载，自大乙到帝辛（纣）共有31王，刻辞中的先王名号与之有局部出入。这类记有先公先王名号的辞文是研究殷商世系的重要资料。

合32384释文：乙未。酒（祭名）。兹品。上甲一十。匚乙三。匚丙三。匚丁三。示壬三。示癸三。大乙一十。大丁一十。大甲一十。大庚七。小甲三…三。祖乙…

这版刻辞录有从上甲到示癸6位先公，以及始自大乙（成汤）的多位先王。附于先公先王名号后的数字是祭品数，但未记录所用祭品的名称。

自从被当作中药材的有字"龙骨"被鉴识为"古简"之后，殷墟甲骨文始为世人所知。1917年，王国维将罗振玉收集的有字甲骨进行了深入研究，发现经他缀合而成的这版辞文（合32384）所载先公先王名号与《史记》相合，并指出应按刻辞"匚乙三。匚丙三。匚丁三。"排列三匚的顺序，从而纠正了《史记·殷本纪》"微（即上甲微）卒，子报丁（即匚丁）立。报丁卒，子报乙（即匚乙）立。报乙卒，子报丙（即匚丙）立。"的排序。这是根据甲骨文进行史学研究的开创性工作，其成果进一步确认了《史记》的信史地位，具有重要意义。

〔2〕**祭品的数量**

殷人祭祀时要奉献各种祭品，见于甲骨卜辞的主要有人牲、羌人、牛牲和羊牲，以及猪、犬、鬯、玉等等。用牲数最少为一，最多可达一千。

合776局部1

合776局部2

合776局部3

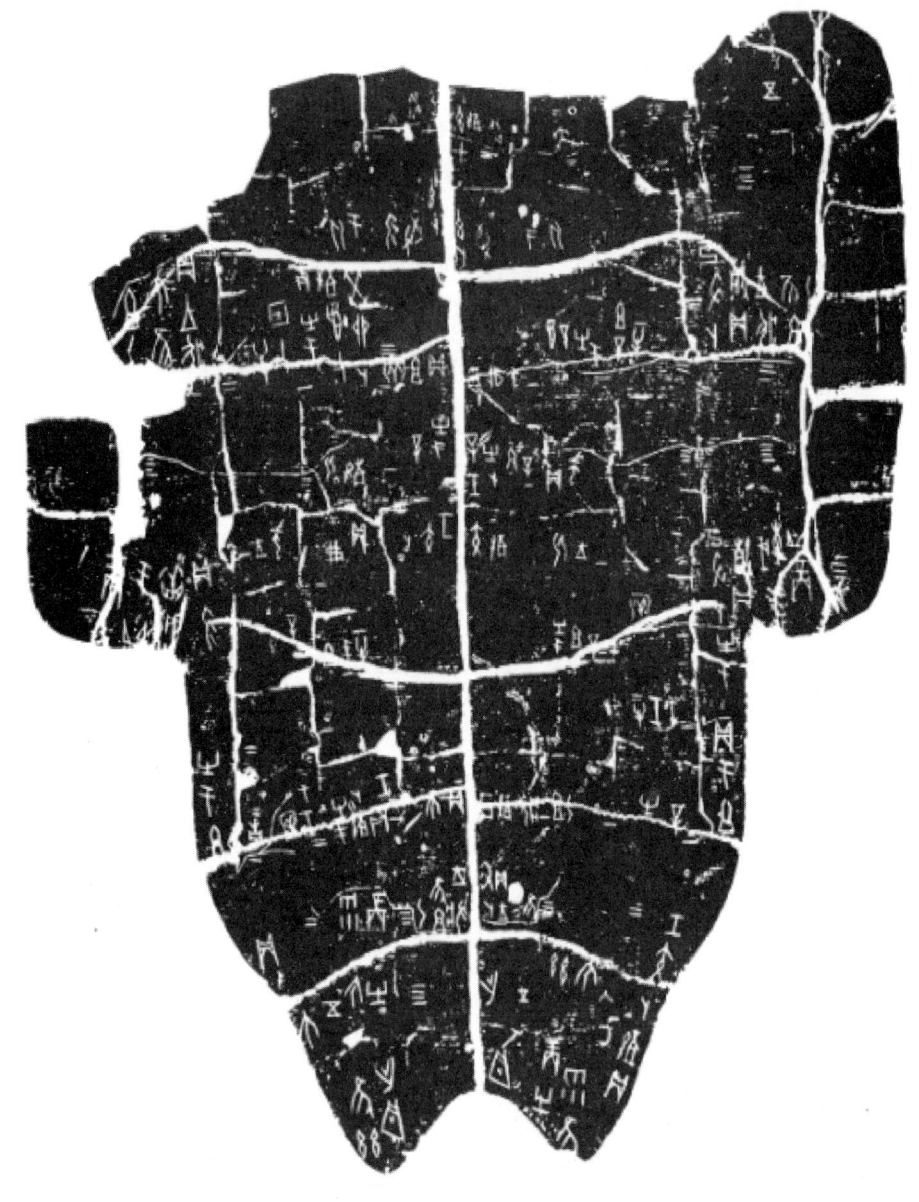

合 776

合 776 局部 1 释文：翌辛，侑（祭名）于祖辛。一牛？

合 776 局部 2 释文：侑于示壬。二牛？

合 776 局部 3 释文：癸卯卜。㱿（贞人名）。翌甲辰，侑于上甲。一十牛？

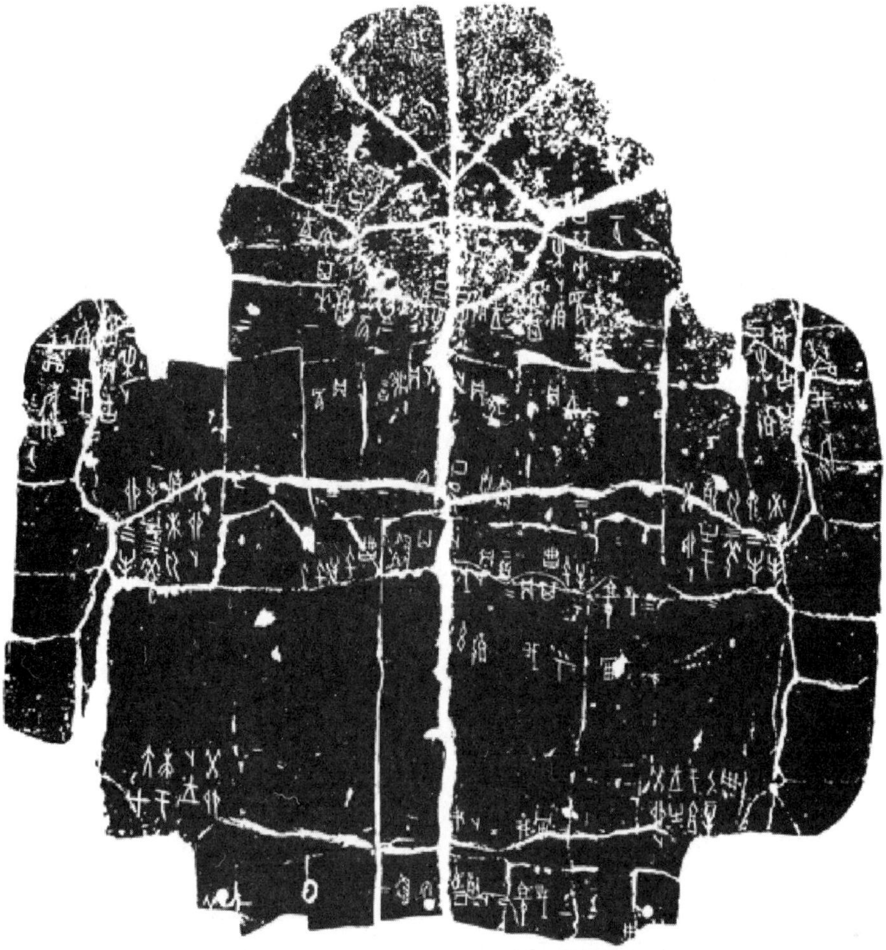

第 2 章 甲骨文数字的分类

合 1027

合 32013　　　合 1027 局部 1　　　　合 1027 局部 2

合 32013 释文：…一羌？一牛？

合 1027 局部 1 释文：癸卯卜。殻（贞人名）。侑于河。三羌？卯（祭名或用牲法）三牛？燎（祭名）三牛？

合 1027 局部 2 释文：

(1) 丁巳卜。争（贞人名）贞。降甾（祀典名）？一千牛？

(2) 不其降甾？一千牛？一千人？

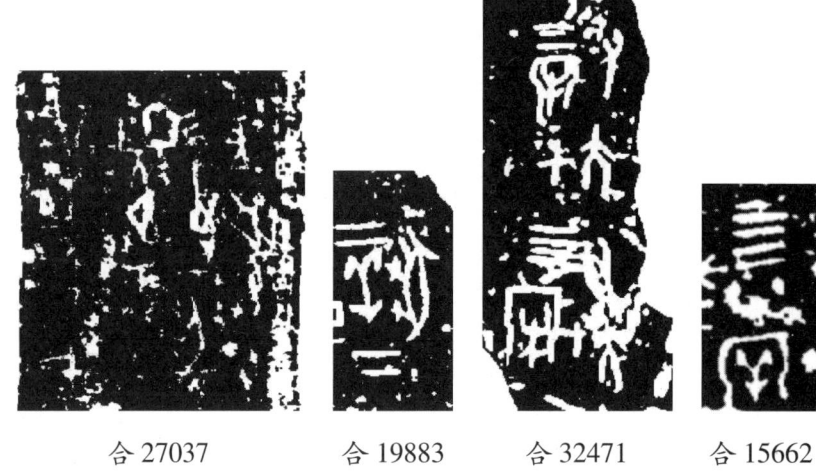

合 27037　　　　合 19883　　　合 32471　　　合 15662

合 27037 释文：辛亥卜。祝（祭名）于二父。一人。王受祐？

合 19883 释文：…二羊？二豕？

合 32471 释文：

(1) 侑（祭名）大甲。四牢？

(2) 侑大甲。三牢？

合 15662 释文：…五宰？

在甲骨文中，积五条横画而成的数字"五"目前仅此一例，是处于淘汰状态的字符。辞文中从牛的"牢"和从羊的"宰"指为献祭而圈养的牛牲和羊牲。

合 32087　　　　　合 34246　　　　　合 34329

合 32087 释文：**甲午。贞。乙未，酒**（祭名）。**高祖亥…大乙，羌五、牛三。祖乙，羌…小乙，羌三、牛二。父丁，羌五、牛三。无害？兹用。**

"高祖亥"即合 14724（拓本见 1·4·1 节）中记为"王亥"的先公，是甲骨刻辞所记时代较早的商族祖先。这条卜辞的内容涉及选牲。"兹用"的意思是"现在采用"，表明认可了此次占卜的选牲安排。

合 34246 释文：

（1）**河。燎**（祭名）**二牛？**

（2）**河。燎三牛？**

（3）**河。燎叀**（惟）**羊二？**

（4）**河。燎叀羊三？**

（5）**河。燎五牛？**

合 34329 释文：**弜**（勿）**侑**（祭名）**？三牢？五牢？一十牢？…**

合 921

合 35355

合 321

合 921 释文：**…贞。九伐**（祭名）**？卯**（祭名或用牲法）**九牛？**

合 35355 释文：**丁酉卜。贞。王宾**（典仪名）**文武丁。伐**（祭名或砍杀）**一十人、卯**（祭名或剖杀）**六牢、鬯六卣。无尤？**

该辞中的 （鬯，chàng）是一种美酒，（卣，yǒu）是青铜铸成的容器，用来盛装献祭的鬯。"卣"也是商代举行祭祀或典仪时常用的礼器。

合 321 释文：**贞。三十羌？卯一十牢又五？**

合 19828　　　　合 34157　　　　合 26908

合 19828 释文：壬申卜。侑（祭名）大甲。三十牢？甲戌。

合 34157 释文：辛亥卜。帝。小工害我。侑（祭名）。三十小牢？

合 26908 释文：其侑□大乙。羌五十人？

合 895　　　　合 580　　　　合 19917

合 895 释文：乙卯卜…大庚…勿七十二牢？伐（祭名或砍杀）二十？

合 580 释文：…贞。刖…□八十人？…不□？

合 19917 释文：…侑盘庚。一百牢？

合 1040　　　　合 32674　　　　合 302

合1040释文：…贞。□。伐（祭名或砍杀）人一百人？

合32674释文：丁巳卜。有燎（祭名）于父丁。一百犬？一百豕？卯一百牛？

合302释文：…贞。昔乙酉□□…一百鬯？一百羌？卯三百？

该辞涉及的祭品中有"一百鬯"，其计量单位应是"卣"。

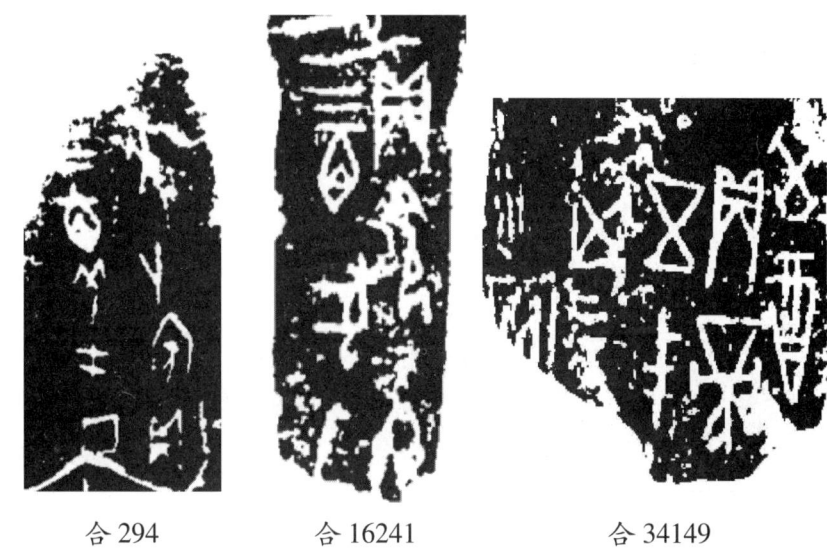

合294　　　　　合16241　　　　　合34149

合294释文：…亥卜。宾（贞人名）贞。…三百羌于丁？

合16241释文：…贞。命□三百犬？□

合34149释文：癸酉。贞。帝。五玉？…其三百四十牢？

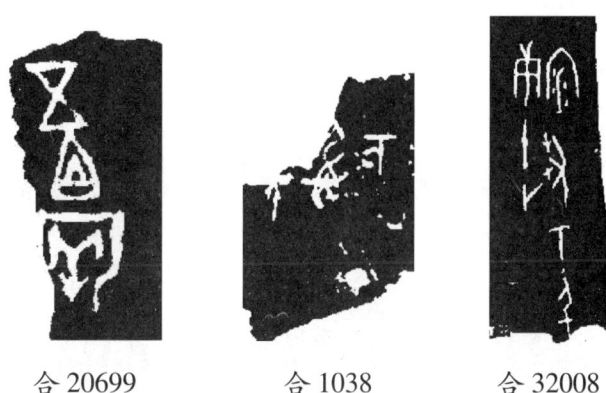

合20699　　　　　合1038　　　　　合32008

合20699释文：…五百宰？

合1038释文：示（献祭）九百羌？

合32008释文：庚午卜。□邑示（献祭）一千…

2·1·2 与渔猎有关的数字

甲骨刻辞中有不少与渔猎活动相关的内容，包括卜问出行过程是否吉利，以及对猎获物的种类及数量所做的记录。猎获数量最多的记录见于合 10344 反面的验辞（缺拓本）："允。获麋四百五十一。"可以认为，这类验辞中记录的数量是事后经过统计认证的准确结果，一般情况下都不是概数。

刻辞中的动物名多为象形字符，通常依据某种动物的主要特征进行识读。这类字符有时还涉及猎获方式。例如 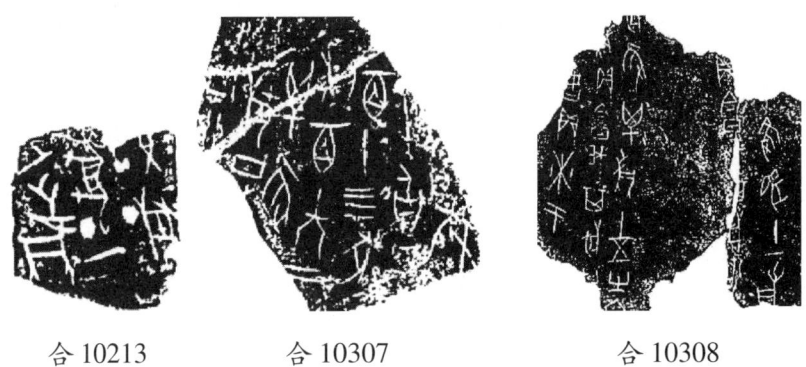 （合 5860）表示射获鹿，而 （合 5840）表示网获兔。

合 10213　　　　　合 10307　　　　　合 10308

合 10213 释文：…狩…虎一。…鹿…

该辞记录了某次狩猎，擒获一只老虎，以及鹿等猎物。

合 10307 释文：丁卯…狩？正…擒。获鹿一百六十二…一百一十四豕。…十。旨一…

合 10308 释文：

(1) …㱿（贞人名）贞。今日我其狩？…狩？获擒鹿五十又六…

(2) …贞。今日我其狩？…获兕（sì，犀牛）一十一、鹿…

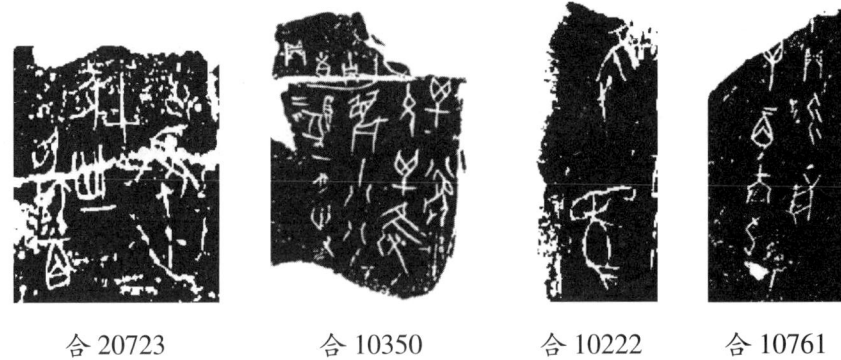

合 20723　　　合 10350　　　合 10222　　　合 10761

合 20723 释文：…麋七十。豕四十一。麑（ní，小鹿）一百。

合 10350 释文：…擒□？允。擒。获麋八十八、兕一、豕三十又二。

合 10222 释文：获象…

合 10761 释文：…贞。勿狩？…擒二百六十九。

合 10198

合 10407

合 10198 释文：戊午卜。殼（贞人名）贞。我狩（地名）。擒？之日□。允。擒。获虎一、鹿四十、狐一百六十四、麑一百五十九…

合 10407 释文：…其擒？壬申。允。狩。擒。获兕六。豕一十又六。兔一百又九十又九。

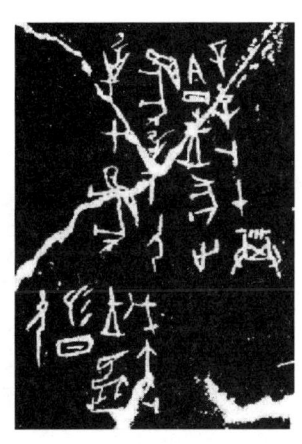
合 33374

屯南 663

合 37375

合 33374 释文：

（1）戊寅卜。王陷？昜日？允。

（2）辛巳卜。在小箕。今日王逐兕。擒？允。擒七兕。

屯南 663 释文：丙戌卜。在小箕（地名）。丁亥。王陷？允。擒三百又四十又八。

合 37375 释文：兕四十。

合 37367　　　　　　合 37372　　　　　　合 37410

合 37367 释文：丁亥卜。贞。王田（田猎）□（地名）。往来无灾？擒。隹（鸟）一百三十八、象二、雉五。

合 37372 释文：…王卜。贞。田（田猎）□（地名）。往…王占曰："吉！"兹御…一百四十八、象二。

合 37410 释文：…在奠（地名）…王田（田猎）师东（地名）。往来无灾？…兹御。获鹿六、狐一十。

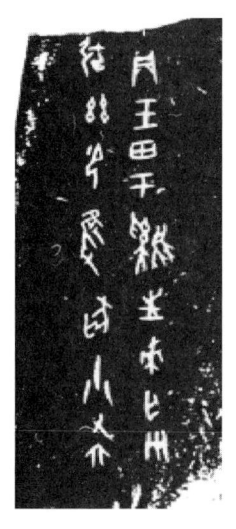  

合 37471　　　　　　合 28329　　　　　　合 10471

合 37471 释文：…卜。贞。王田（田猎）于鸡（地名）。往来无灾？…

弘吉。兹御。获狐八十又六。

合 28329 释文：…其网鹿。

合 10471 释文：癸卯卜。（人名）获鱼其三万不？

癸卯这天的占卜内容是询问某人能够捕获三万条鱼吗？该辞中的"三万"是已有甲骨文中最大的数字。按该辞的辞义，可以将"三万"理解为概数，不是事后清点统计的确数。

合 10475　　　合 10492　　　合 16203

合 10475 释文：…王渔？十月。

合 10492 释文：癸未卜…丁亥。鱼？

合 16203 释文：甲申卜。不其网鱼？

观察下述与"网"有关的字符：（合 18494）形如一人用双手布网或被网擒、（合 4761）从网从豕、（合 10727）从网从麋、

（合 10746）从网从兔、（合 6016）从网从隹（鸟）亦释为"罗"。可知"网"是殷人常用的渔猎工具。这种类型的字符是否可以释读为词句"网获某物"，或释为合书的"网豕""网隹"等等，而不是释为一个字，则有待探讨。

2·1·3　与征战有关的数字

殷人与周边方国或部族之间有时会发生战争，刻辞中有征伐"土方""召方""人方"等方国的记录。在与军队调集有关的刻辞中往往记有出征的人数。

有时会在涉及战事的验辞或记事辞文中录下捕获俘虏的数量，以及缴获战利品的数量。

〔1〕军队的数量或规模

商王调动军旅的人数少则百数，多则上万，通常以百、千、万计，其统计可能与军队的编制规模有关，从实际出征的人数来看难免会有出入，因而可以将这类数字理解为概数。

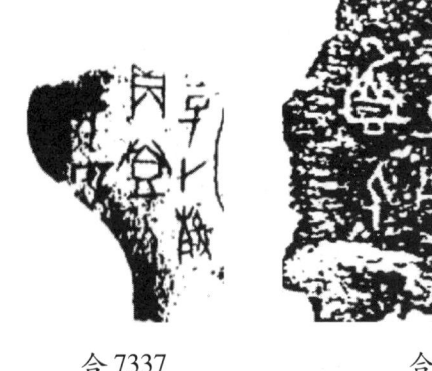
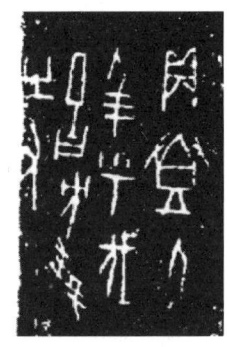

合 7337　　　　　　　　合 6835　　　　　　　　合 6168

合 7337 释文：己巳卜。㱿（贞人名）贞。登一千…呼…

合 6835 释文：…登人三千伐□。灾？

卜辞中涉及征伐的"灾"有"兵灾"的含义，一般指军事行动。

合 6168 释文：…贞。登人三千。呼伐工方（方国名）。受有祐？

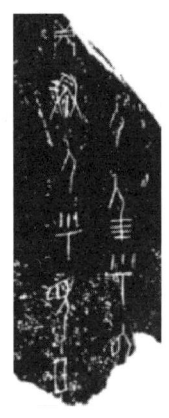

合 6641　　　　　　　合 6175　　　　　　　合 6409

合 6641 释文：乙未卜。㱿贞。王登三千人。呼伐□方（方国名）。灾？

合 6175 释文：…贞。登人。呼见□（人名）…人三千。呼以…

合 6409 释文：丁酉卜。㱿（贞人名）贞。今□。王登人五千，征土方

（方国名）。受有祐？三月。

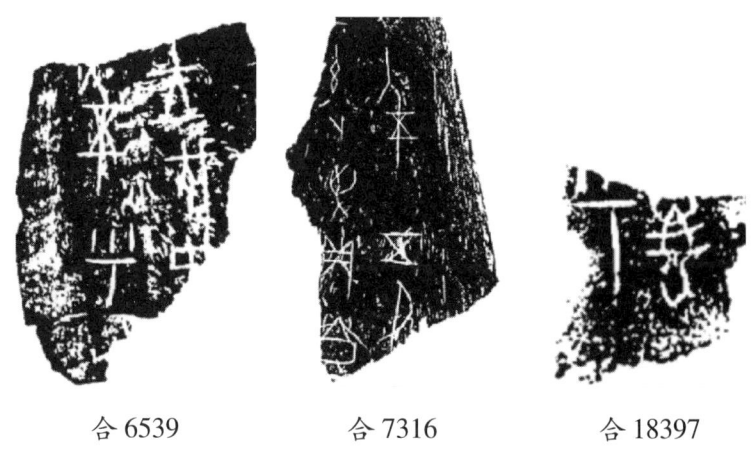

合 6539　　　合 7316　　　合 18397

合 6539 释文：…王伐□（方国名）…五千。呼…

合 7316 释文：…午卜。争（贞人名）贞。登…五千。五月。

合 18397 释文：…呼。二万…

此辞残损，仅存两字，契文内容涉及招集二万之众的出征人员（参看本书 1·4·2 节），是目前已知最大的军旅规模。

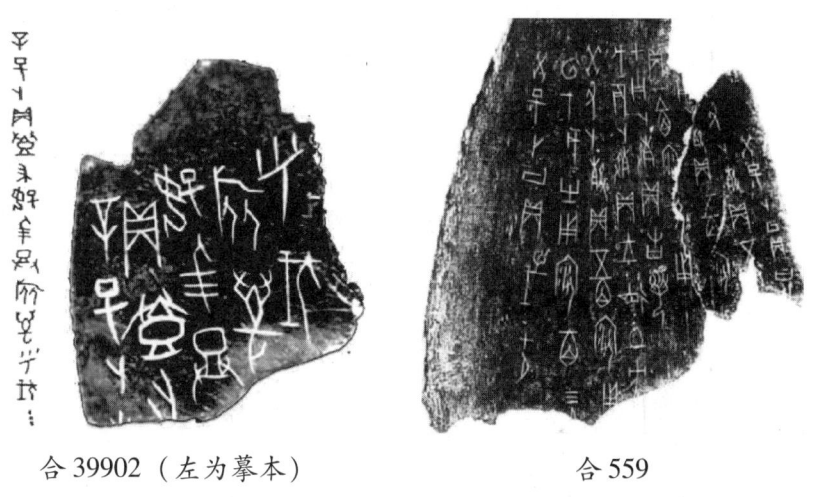

合 39902（左为摹本）　　　合 559

合 39902 释文：辛巳卜。贞。登妇好三千。登旅一万。呼伐…

"妇好"是商王武丁一位能征善战的妻子，已有的殷墟甲骨文中屡见与妇好有关的内容。从军旅规模来看，此次参与征伐的人数少则一万人，多则一万三千人。

合 559 释文（摘录）：

（1）…贞。五百▨。勿用？

（2）癸丑卜。殻（贞人名）贞。五百▨用？

（3）旬壬戌。又用▨一百？三月。

（4）甲子卜。殻贞。告。若？

（5）戊辰卜。殻贞。王循（征）土方？…

这组卜辞涉及征伐土方之事。若释▨为战士，则卜问内容与商王是否命令"五百▨"及"一百▨"出征有关。若释▨为被奴役之人，则"五百▨用"及"又用▨一百"可能是指用于祭祀的人牲数量。此外，从"癸丑卜…旬壬戌。"可知，自癸丑到壬戌，正好 10 日，表明殷人以 10 日为"旬"。

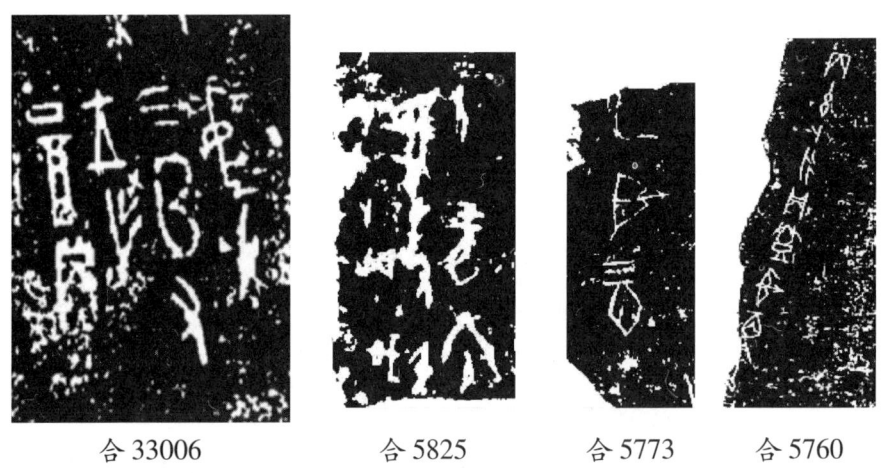

合 33006　　　　合 5825　　　　合 5773　　　合 5760

合 33006 释文：**丁酉。贞。王作三师：右、中、左？**

甲骨文中的"师"一般指军队。在一些辞文中，"师"也是商代的一种军队编制。该辞的内容是询问商王组建的三个师按右、中、左的位置进行调配吗？

合 5825 释文：**丙申卜。贞。肇。马：左、右、中？人三百？六月。**

在六月的某次征战前，卜问开战时将骑兵分左、右、中三部分吗？召集三百名士兵吗？

合 5773 释文：**…射（弓箭手）三百？**

合 5760 释文：**丙午卜。永（贞人名）贞。登射（弓箭手）一百？令…**

〔2〕战俘及战利品的数量记录

一些辞文记录了征战结束后的战果，相关数字多为确数。

第 2 章 甲骨文数字的分类

合 137　　　　　　　合 137 局部

合 137 局部释文：…四日庚申。亦有来艰自北。子□（人名）告曰："昔甲辰，方（将领名）征于□（地名或部族名）。俘人一十又五人。五日戊申。方亦征。俘人一十又六人。"六月。在…

该辞记录了甲辰这天，名叫方的将领出征时俘虏了一十五个敌方人员。接着又在五日以后的戊申这天，将领方再次出击，俘虏了一十六个敌方人员。

合 163　　　　　　　合 36481

合 163 释文：…贞。射□…曰："叀（惟）既。"己卯…获羌一十…

"叀既"的意思是"已经获胜"。俘获一十个羌人的记录应出自验辞。

合 36481 释文：…**小臣**（官名）**牆比**（人名）**伐。擒危羙**（部族名）…**人二十人四、而**（部族名）**一千五百七十、□**（战利品名）**一百**…**丙、車二丙、盾一百八十三、□**（战利品名）**五十、矢**…

该辞记录了小臣牆比征伐结束后，对俘虏和战利品的清点结果。此战擒获危羙族二十四人、而族一千五百七十人。战利品有：一百、车二丙（乘）、盾一百八十三个、五十，以及箭矢等等。辞中的"…丙"因刻辞的肋骨条残断而不知其详，估计与缴获的马匹数量有关。

量词的使用在殷墟甲骨文中并不多见，将"丙"用作量词当为一例。参看辞文"…宁延马二丙。辛巳。雨。以…"（合 21777），以及（马五十丙，合 11459）。在这两条刻辞中，因所记是马的数量，故"丙"应释为"匹"。而在合 36481 的辞文中，作为描述车的量词，**"车二丙"**的"丙"应释为"乘"或"辆"。将量词"丙"的用法演化为于马用"匹"，于车用"乘"，是殷商以后的事情。例如，西周吴方彝铭文中的"马四匹"，以及西周多友鼎铭文中的"车一十乘"等等。至于将《论语·公冶长》"有马一十乘"释作"有马四十匹"，是按四匹马驾一乘车计算的结果。

合 21777

合 7771

合 7771 释文：…八日辛亥。允。戈伐二千六百五十六人。在…

第 2 章 甲骨文数字的分类

"允"指果然,有应验了八天以前占卜结果的意思。其后的验辞是说,八日后的辛亥这天,战争的结果是杀敌二千六百五十六人。"戈"可能是将领名。此辞字迹漫漶,杀敌数字引自学者们的辨识。

刻辞中以"千""万"计的数字通常是概数,而这条验辞中的"二千六百五十六"是清点统计得出的个、十、百、千位俱全的确数,不是概数。这个数字与"一千五百七十"(合36481)都是十分珍贵的确数记录。这类数字证实,殷人采用了由高位向低位顺序排列的组合表数方式,可知殷人已经熟练地掌握了位值制下十进制记数法的逻辑结构,并创建了相应的表数规则。

2·1·4 与纳贡有关的数字

刻辞中有不少向商王纳贡的记录,贡品有牛、马、羊、豕等牲畜和各地出产的物品。下述辞例中的 "以"、 "来"、 "入"、 "示"等字符有"纳贡"的含义。

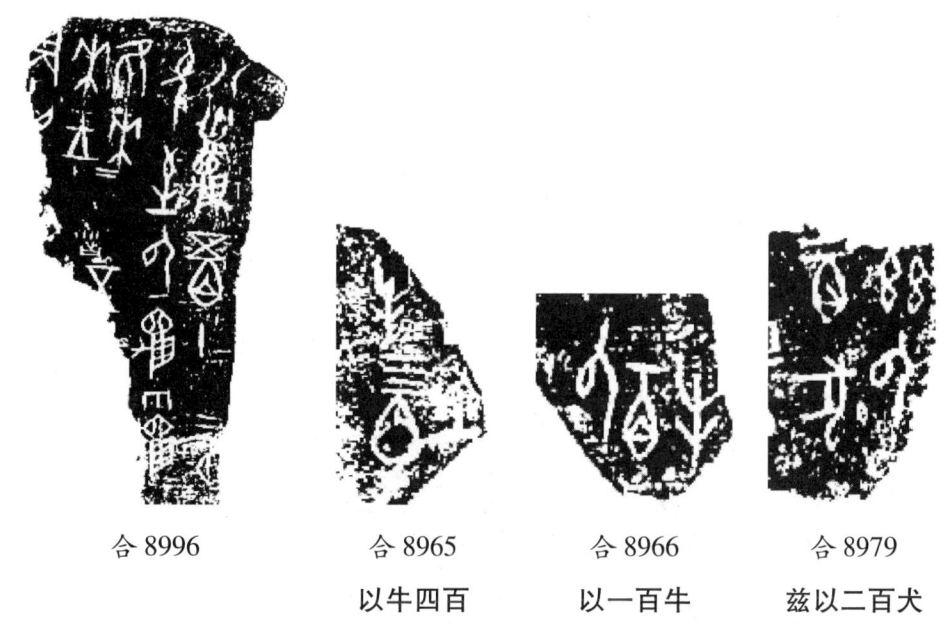

合 8996　　　合 8965　　　合 8966　　　合 8979

　　　　　　以牛四百　　以一百牛　　兹以二百犬

合 8996 释文:…贞…来?王…雀来?五…允。至以龟。□八。□五百一十。四月。

此辞先是卜问名叫"雀"的人来纳贡吗?验辞中记录了雀向商王贡献宝龟的数量,和 可能是不同品种的宝龟。

63

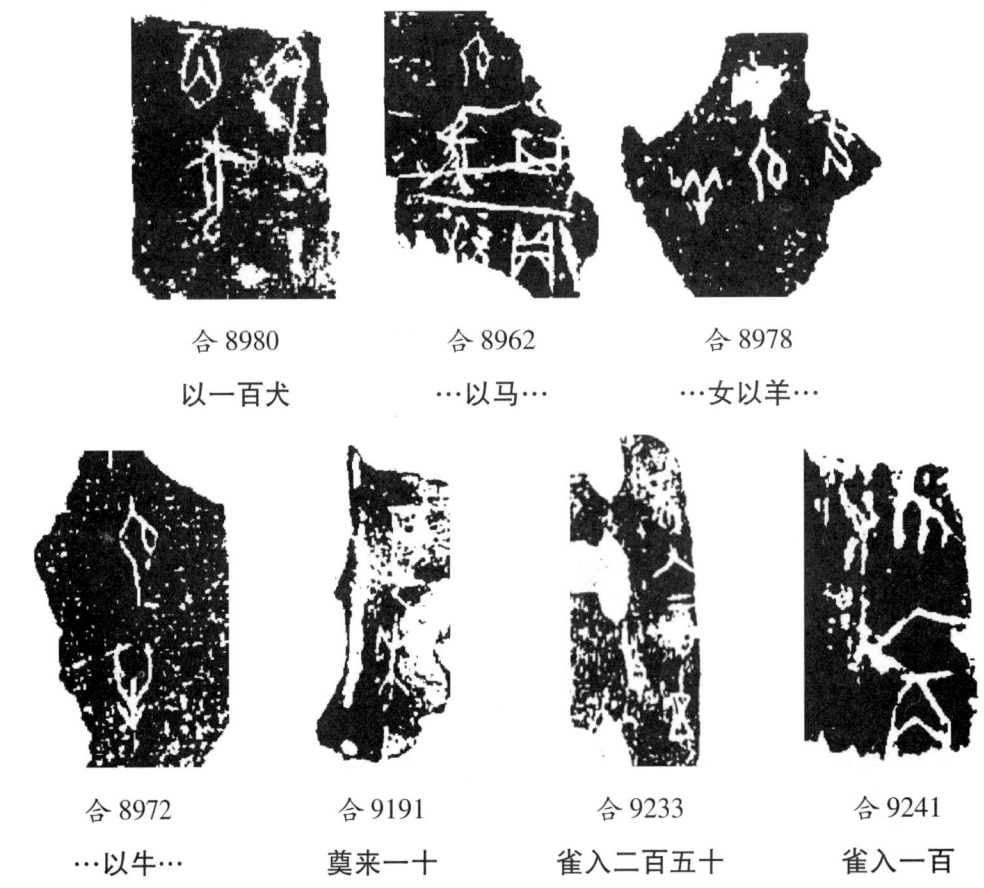

学者们认为上述残辞中的马、羊、牛都是向商王贡纳的牲畜,但不知数量。一些辞例只记录了入贡物品的数量,没有说明物品的名称。

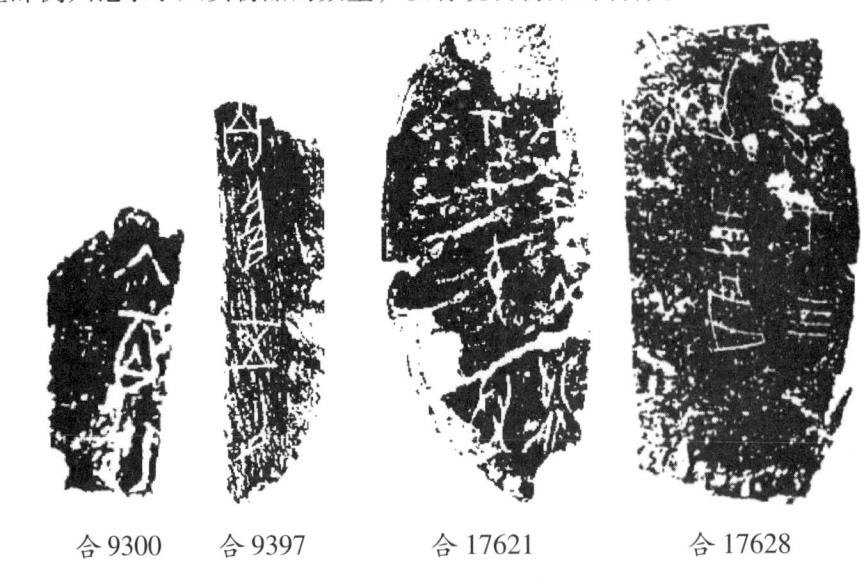

合 9300 释文:入一百二十

合 9397 释文：自□（产地名或纳贡人名）五十屯。

合 17621（摘录）释文：…示七屯…

合 17628 释文：□（纳贡者名）示四屯又一骨。

各地通常以纳贡的形式向王室提供用于占卜的龟甲骨板，目前已经发现了不少与贡献卜材相关的记事辞，辞中的"屯"被释为成对包装的甲骨卜材。再看下述辞例：

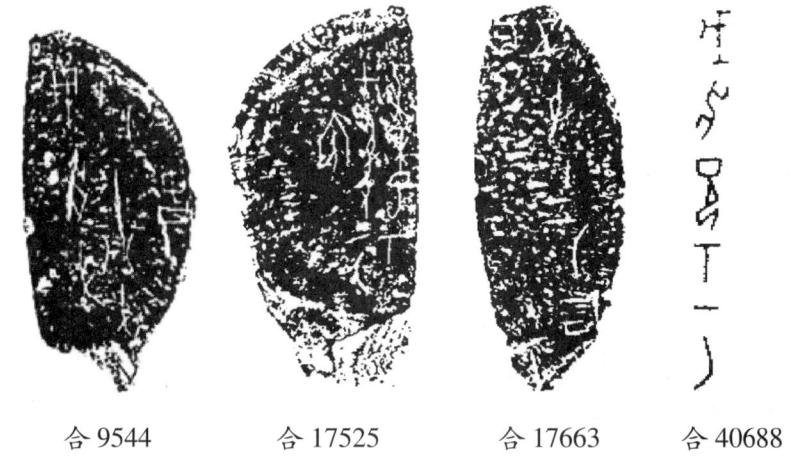

合 9544　　合 17525　　合 17663　　合 40688

合 9544 释文：庚申。妇（纳贡者名）示八十屯。古（契者名）。

合 17525 释文：妇杞（纳贡者名）示七屯又一。宾（契者名）。

合 17663 释文：五屯又一。亘（契者名）。

合 40688（缺拓本）释文：戊申。邑（纳贡者名）示一）。

在上述记事辞中，值得注意的是形如) 和 的字符，学者们认为，殷人用这样的字符表示一片卜材，也就是"半屯"的意思。按照这种解释，在甲骨文中已经出现了"半"的概念。尽管在刻辞中尚未发现直接与分数相关的内容，然而西周以后分数概念的形成，正是沿着这种思维逻辑逐步发展的结果。

2·2　用于排序的数字

刻辞中用于排序的数字见于与占卜事宜或时序记录有关的场合。殷人通常一事多卜，灼兆顺序记以兆序，另有少量的卜序和告序用数。时序记录多见于殷历时序，辞文中记有大量的殷历干支日序和数字月序，但数字年序和数字岁序的记录极少。学者们发现殷王室的一些祭祀安排呈现出周期性，称之为周祭，晚殷辞文中的数字祀序也许与周祭相关，但通常释为年序。

2·2·1 兆序用数

殷人占卜前先要整治好选用的龟甲骨板，在反面钻凿坑槽。施占时，坑槽处的甲骨受到炙灼，底部会出现裂纹。这类裂纹叫作兆象，兆象的形态是占断吉凶的依据。许多卜甲卜骨的兆象近旁刻有数字，用数从一到十，一兆一数，且有相应的排列顺序，这类数字序列便是兆序。兆序应依施占的先后顺序编列，也可能与兆象位置的编排有关。契于卜材上的卜辞涉及卜问事宜，一辞之下往往有成组的兆序相对应，显示出为某事求占的灼兆次数。这种一辞多兆的做法，是殷商时期流行一事多卜的反映。从兆序用数的情形来看，殷人为某事重复占卜时，少则两三卜，多则十余卜，甚至数十卜。到了殷商晚期，则以一事三卜为主。一些学者指出，周人求占，三卜为礼，乃殷制周续的表现。

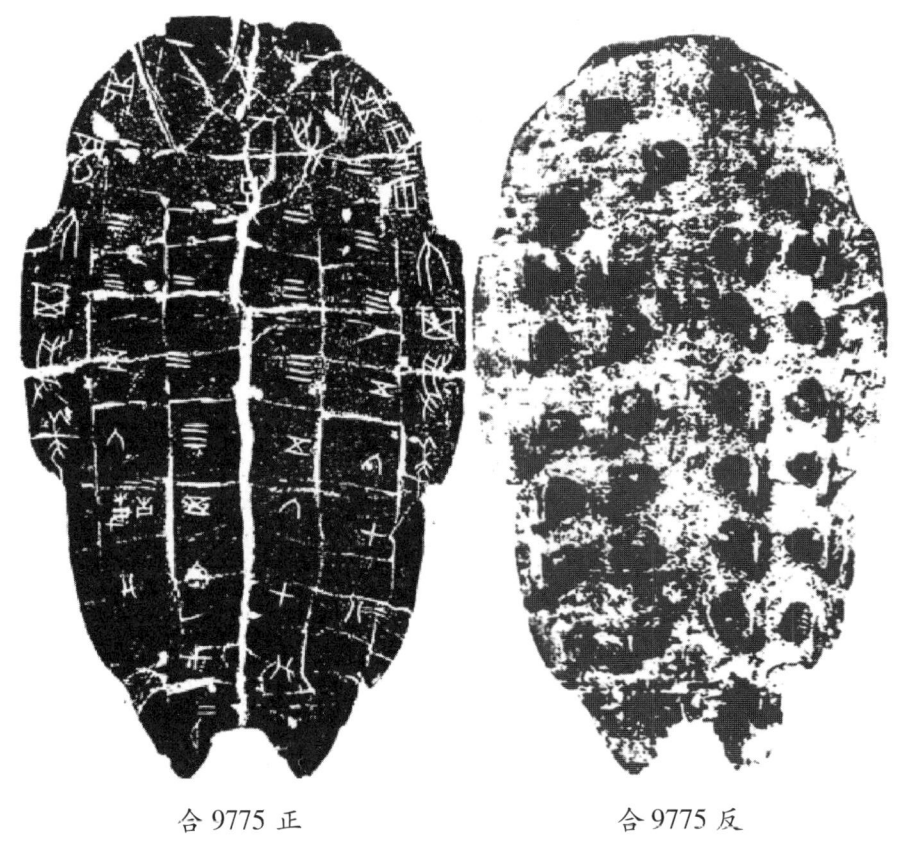

合9775 正　　　　　　　　合9775 反

殷人一事多卜的用骨形式通常有两类：一是在同一版甲骨上对某一件事情施行多次灼兆求占，兆序便是求占时相关兆象的排序，这种类型的兆序并无确定的用数，但止于十，超过十时又接着从一编列。二是在多版甲骨上为某一件事情施占，此时，成套甲骨中各版的序数还具有版序的意义，目前所知，最大

第 2 章 甲骨文数字的分类

的版序用数是"九"(见合6862)。

合9775释文:

(1) 辛巳卜。争(贞人名)贞。悖(地名)不其受年?

　　一 二 三 四 五 六 七 八 一 二 三 四 五 六 七 八

(2) 贞。▨(地名)不其受年?

　　一 二 三 四 五 六 七 八 一 二 三 四 五 六 七

这是一版商王武丁时期的卜辞,1936年出土于殷墟小屯村北,现藏台湾"中央研究院"历史语言研究所。腹甲正面的辞文左右各一条,31个兆序用数与反面31个槽坑及兆象相对应。以甲版中线为界,辞(1)兆序自上而下地排写了两列,用数均为从一到八,标识了背面的16个坑槽(每列8个)。可知名叫"争"的贞人为占问"悖地今年不会获得好收成吗?"灼兆共计16次。辞(2)两列兆序的用数分别为从一到八和从一到七,标识了反面的15个坑槽(一列8个,另一列7个)。可知贞人为占问"▨地今年不会获得好收成吗?"共灼兆15次。

合6648也是武丁时期的一版卜辞,这块龟腹甲的局部有残损。该片1936年出土于殷墟小屯村北,现藏台湾"中央研究院"历史语言研究所。

合6648释文:

(1) 乙丑卜。古(贞人名)贞。…灾?

　　一 二 三 四 五 六 七 八 九…

(2) 乙丑卜。古(贞人名)贞。旨(部族首领名)弗其灾?

　　一 二 三 四 五 六 七 八 九 一 二 三

(3) 庚寅卜。設(贞人名)贞。▨▨▨(将领名)灾?

　　一 二 三 四 五 六 七 八 九 十 一 二

(4) 贞。▨▨▨(将领名)弗其灾?

　　一 二 三 四 五 六 七 八 九 十 一 二

(5) 王占曰:"叀(惟)既。"三日戊子。允。既灾。

这组刻辞中的▨释作"灾",常联系于军事行动。以甲版中轴为界,辞(1)和辞(2)是两条对贞卜辞:从辞(2)卜问"旨不会遭遇兵灾吗?"来看,辞(1)应是卜问"旨会遭遇兵灾吗?"与辞(1)对应的兆序用数有残损,尚存兆序为从一到九,可知贞人对辞(1)所问之事至少施占 9 次。与辞(2)对应的兆序用数有 12 个:"一二三四五六七八九一二三",灼兆 12 次。辞(3)和辞(4)的内容是卜问将领是否会遭遇兵灾,与这两条对贞卜辞对应的兆序都是"一二三四五六七八九十一二",即分别灼兆 12 次。庚寅这天从正反两个方面施行的占卜多达 24 次。可知商王对其派出的将领是否遭遇兵灾非常重视。

合 6648

辞(5)是商王对(3)(4)两辞相关兆象作出的占辞和事后记下的验辞。辞文"叀既。"中的"叀"相当于语气助词"惟",而"既"有已经或完成的意思，可将商王对灼得兆象的判断解释为"已经遭遇兵灾了。"商王此时应当还不知道实际情况。验辞"三日戊子。允。既灾。"是说："果然，在卜日庚寅之前三日的戊子这天，就已经遭遇兵灾了。"商王在消息传来之前便作出此次兵灾已经发生的占断，显示了占卜结果的准确。

下面的辞例属于商王为某件事情用成套甲骨施行异版连卜的类型，契者在骨版上记有版序：

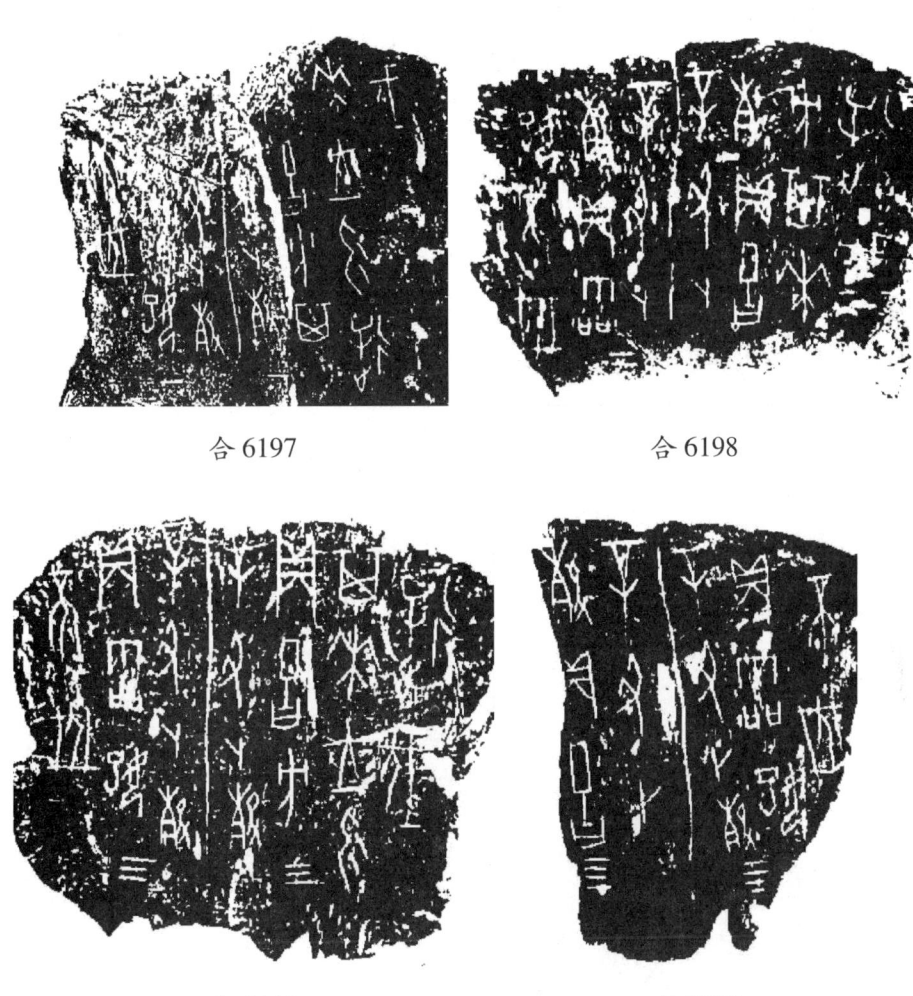

合 6197　　　　　　　　合 6198

合 6199　　　　　　　　合 6200

合 6199 释文：

(1) 辛丑卜。㱿（贞人名）贞。霝妃不□？三

(2) 辛丑卜。㱿贞。工方（方国名）其来。王勿逆伐？三

合 6197、6198、6200 三辞虽有局部残损，仍显示与合 6199 的辞文相同。由版序用数分别为"一""二""三""四"可知，在辛丑这天，商王武丁为辞

（1）和辞（2）所问事项施行的占卜，至少使用了四块胛骨。

合 6860　　　　　　合 6861　　　　　　合 6862

合 6862 释文：丁卯卜。殼贞。王敦（讨伐）缶（方国名）于 ![symbol]（地名）。九

商王朝与方国缶之间常有战争。鉴于合 6860、6861、6862 三版卜辞相同，是商王在发起 ![symbol] 地之战前，曾经用成套的多版卜骨重复卜问战事吉凶的例证。注意到合 6860 上的版序可能因骨板残损而缺失，以及刻于合 6861 上的版序为"七"，而刻于合 6862 的版序为"九"，学者们认为是商王为卜问此次战争的吉凶，在丁卯这天动用了至少九版胛骨的记录。

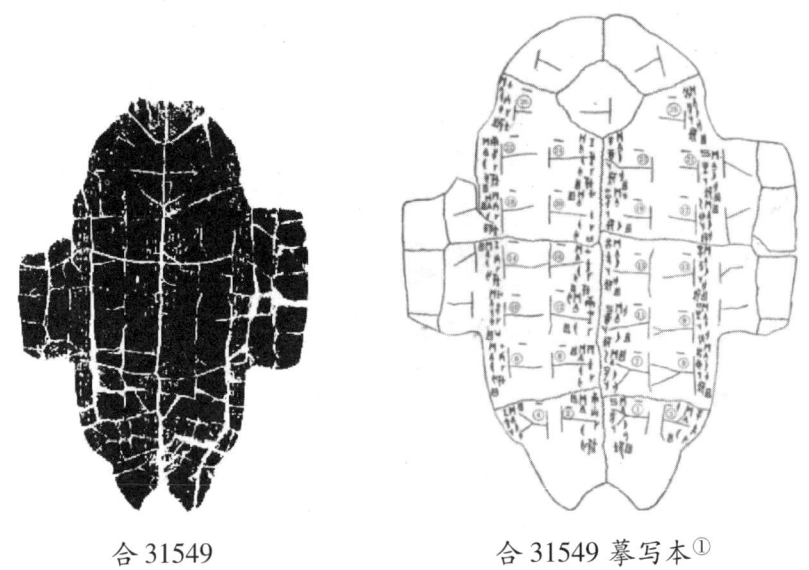

合 31549　　　　　　　合 31549 摹写本①

---

① 该摹写本引自《殷商甲骨文研究》第 327 页。

合 31549 拓自著名的大龟七版之一，是 1934 年"中央研究院"第九次发掘殷墟所得，甲版上契有 26 条卜夕辞（辞文顺序在摹写本中用加圈的数字标出），从第 1 条 **"己亥卜。狄**（贞人名）**贞。今夕无祸？一"** 开始，逐日连续地排到第 26 条 **"甲子卜。狄贞。今夕无祸？一"** 而无间断。辞文中的"今夕"指卜日的夜间，应当是在白天施占，这些询问"今夜没有灾祸吗？"的辞文便被称为卜夕辞。每条卜夕辞旁边所记的序数都是"一"，表明这版龟腹甲是这段时间用于卜夕的成套卜甲中的第一版。

甲骨上的兆序有多种列写方式，如果不考虑占卜规则或实用需求，单纯观察兆序用数的分布情形，会于驳杂之中发现一些有趣的现象。较常见的是呈现出对称分布的形态，有的则显示出奇偶分列的特征。古人极有可能从中得到过与数学思维有关的启示。

合 3201

合 3201 下半版上的兆序以对称于中轴线的方式按横向顺序契列，契出两数后即下移换行接着再契，用数从一到九。若依纵列读数，则"一 三 五 七 九"和"二 四 六 八"各有两列，表现为关于中轴对称布置且奇偶分列的形式。

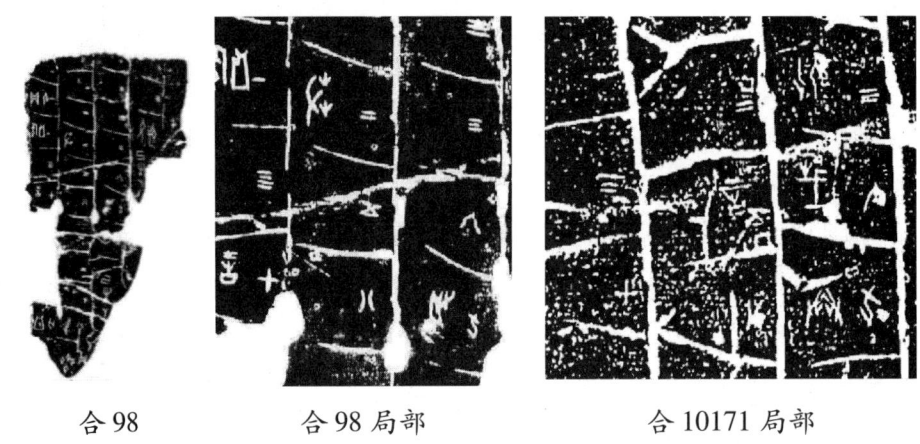

合 98　　　　合 98 局部　　　　合 10171 局部

合 98 是一版龟腹甲的残片，合 98 局部图中的兆序用数为从一到九，且按横竖划线分格排列，形式如图 2—1 所示。（在已有的甲版上，这种类型的兆序用数分布并不少见，例如，合 6648、合 10171 都有这样的情形。）有学者发现，若将图 2—1 中周边的 8 个数绕中间数字五沿顺时针转动一格，成为图 2—2 所示的情形，接着再将一与九、三与七分别对调，便可以得到一个三阶幻方（图 2—3），在这个幻方中，每行、每列及两条对角线上的 3 个数之和都等于 15。由于这种三阶幻方也就是中国传统文化中所说的"九宫图"，因而有的学者提出了"九宫图"可能起源于甲骨兆序的猜测。

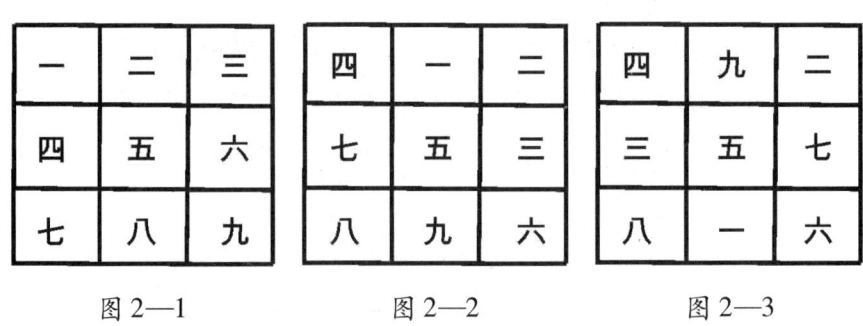

图 2—1　　　　　　图 2—2　　　　　　图 2—3
一种兆序用数的分布示意　转动后的数字分布　三阶幻方（"九宫图"）

在目前所见的传世文献中，有不少关于图 2—3 所示三阶幻方的记载。古人惊奇于由 9 个基本数字构成的这种图形，视为神授，称作"洛书"（《易传·系辞》）或"九宫"（《黄帝内经·灵枢》），民间也叫"纵横图"。在目前已有的考古发现中，载有九宫图的实物，以制作于汉文帝七年（前 173）以前的"太乙九宫占盘"为最早。一般认为,"九宫图"的创制时期在西汉以前,应当不晚于战国。

除了契列兆序或版序,殷人有时在卜材上刻记诸如"二卜""三卜"等字符,它们可能是与卜问有关的顺序数或者次数。灼骨时卜材背面先凿一条小槽,再于凿旁钻一小坑,炙灼坑底即裂现兆象。兆干走向与凿一致,卜字表为竖画。钻内兆枝常呈斜向,卜字契为斜画。卜字斜画在竖画的左边或右边,常与相应的钻在凿的哪一侧有关。此外,甲骨上常契有"小告""一告""二告""三告"等字样,它们可能与称为"告祭"的祀典的顺序或次数有联系。其中,以"二告"最为多见,"小告"次之,"一告"和"三告"则很少,尚未发现其他告祭用数。

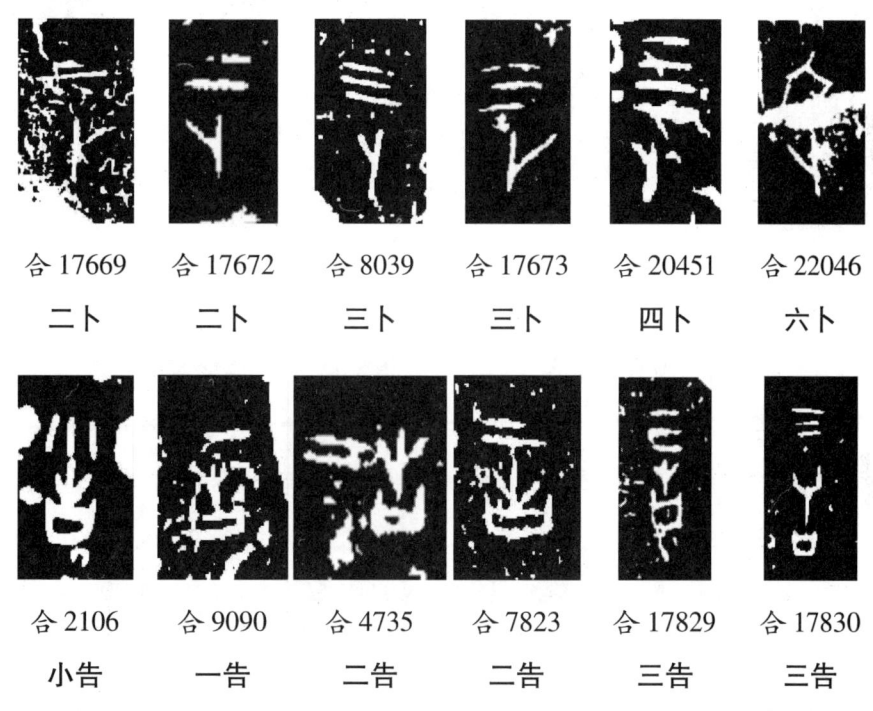

2·2·2 月序用数

甲骨文中有数以千计的用数字和月字组合构成的词语,例如"一月""二月"等等,学者们认为它们是当时的历月记录。尽管已有的商代文献中未见"殷历"之说,但是大量的干支历日和数字历月表明,殷商时期存在着相对稳定的纪日和纪月规制,为了便于描述与讨论,通常将这种时序规制叫做殷历。

殷历的历月用数字排序,月序用数还兼有月名的功能。殷历月序通常终止于十二月,呈现重复使用的状况。在数十例刻辞中记有十三月,录有十四月的辞文目前发现了两例,再无更多的历月用数。学者们将历月的这种周期性特征与辞文中的"年""岁"和"祀"相联系,并指出殷历是一种相对完整的时序规制。

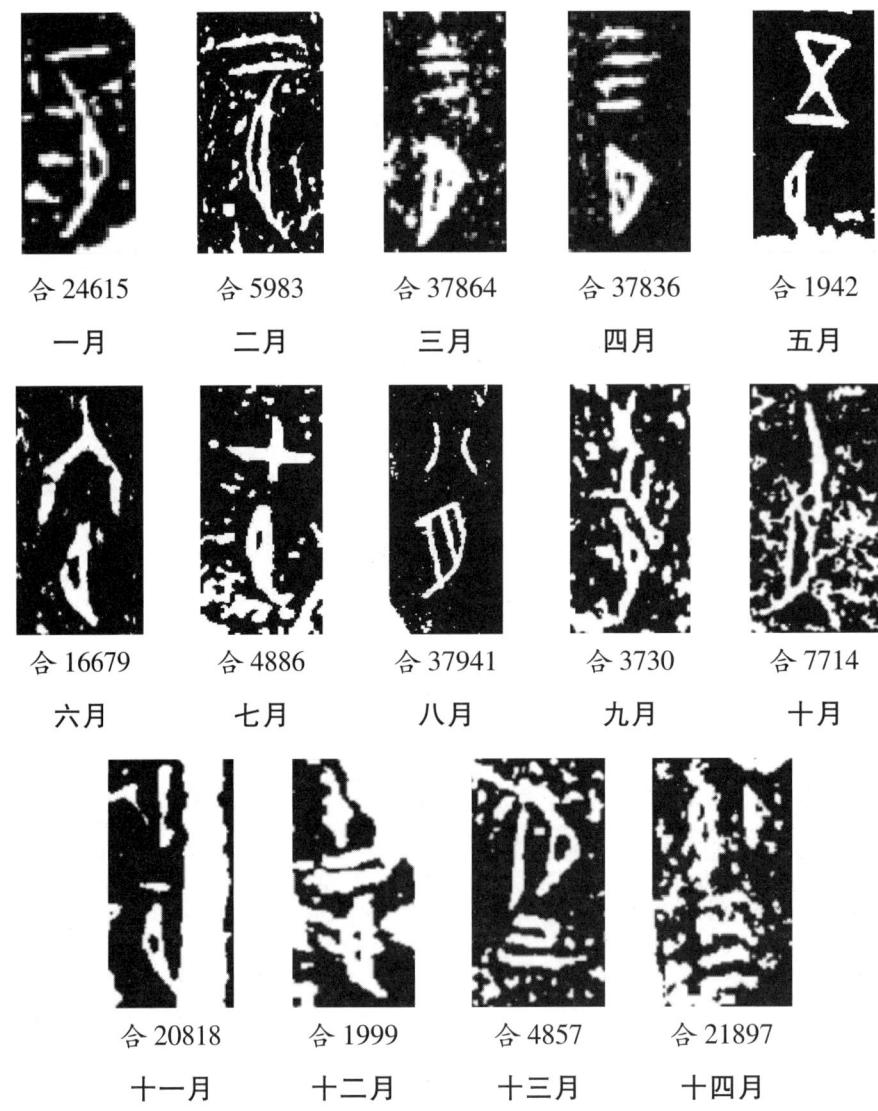

与用数字序月及名月不同,殷历用俗称六十甲子的干支序列序日和名日,并不使用数序。此外,刻辞中还有与年数、岁数、祀数有关的记录,有时可以将这类数字释为排序用数。与用干支序日和用数字计日,以及与年、岁、祀用数相关的内容,本书将在3·2节及第4章另做介绍。

2·3 与占筮术有关的数字

殷商文献中的数字多用于可数对象的数量记录或排序,与具体事物没有直接关联的数字应用仅见于筮数。在数学及数理逻辑成为专门学问之前,纯粹的数在占筮中找到了用武之地。

中国古代的占筮有着十分古老的起源,这是一种用筹策算具按某种规则完成计算操作,然后依据得到的筮数或转换成的卦象占测人事吉凶的方法,属于数占的类型。数占的出现标志着古代先民对数的抽象性,以及对数与数之间令人深感神奇的逻辑结构和变化情形有了哲理层面的认识。其人文引导的方向有二:首先是助推了神秘文化的形成及演化;其次是在了解自然规律、建立数学思维与逻辑思维、引入哲理思考等方面提供了一种具有东方色彩的途径。

从下述三个方面的观察,可作出殷商时期于占卜之外,还使用占筮的判断。

2·3·1　已有从事占筮之人

传世古籍中有不少关于巫咸其人的记载,例如:"巫咸作筮"(《世本·作篇》《吕氏春秋·勿躬》)、"在太戊时,巫咸乂王家"(《尚书·君奭》)等等。若将巫咸与甲骨文中常受到殷人祭祀的咸戊相联系,认为咸戊或为巫咸,可以说明商代王室及政府设有管理占筮事宜的官员和从事占筮活动的人员。这样,咸戊便是善于施行占筮的具有特殊地位的臣属。殷墟甲骨文中有不少卜辞涉及询问先祖及旧臣的神灵是否会伤害商王,以及询问是否作出相应的祭祀安排。从辞文"…贞。侑于咸戊?"(合3507)、"侑咸戊?"(合19946),以及"侑咸戊?学戊?呼。"(合20098)来看,在位商王曾安排过侑祭咸戊、学戊等先王旧臣。

合 3507　　　　　　　合 10902　　　　　　　合 7862

合 10902 释文:

(1) **咸戊（人名）害王?**

(2) **咸戊弗（不）害王?**

此次占卜的目的与是否安排对旧臣咸戊的祭祀有关。

合 7862 释文:**侑**（祭名）**于爻戊**（人名）?**咸戊?** …

辞文中的 "爻"字形如两个"五"字相叠,且两数串叠的构形近似于接下来将要介绍的筮数,因而这个字与数或数算有关,很可能源自属于数占的占筮。这样,作为拟受侑祭的先王重臣,以"爻"为名的"爻戊"也和"咸戊"一样,都是善于占筮及数算的人员。

2.3.2 刻辞中有涉及占筮的内容

甲骨文中有一些内容涉及占筮的应用,观察 "巫"(合5658)、"爻"(合7862)、"学"(合3250)、"学"(合3511)、"学"(合8732)、"学"(合27712)、"教"(合31482)、"教"(合31621)、"寻"(合33286)、"寻"(合27805)等出现于刻辞中的字符,从文字学的角度可以认为其来源或含义与占筮相关,是商代流行筮算占测的反映。

合5658释文:

(1) **甲子卜。**□(贞人名)**贞。妥**(人名)**以巫?**

(2) **贞。妥**(人名)**不其以巫?**

若将这组对贞卜辞中的"巫"联系于"筮",则"妥"为施行占筮的人。

合3250释文:**丙子卜。贞。多子其延学?**…

合5658　　　合3250　　　合3511　　　合22538

这条卜辞中从"爻"从"六(庐)"的字符 很可能来源于人们对数算和占筮的研习,因而也释为"学",有学习或学校的意思。辞文内容是贞问:诸多子弟去上学吗?

合3511释文:**亘**(贞人名)**贞。…于学戊?**

其中的"学"字从"爻"从"六(庐)",契作 ,形如双手布筹于室。

76

甲骨文的"爻""学"二字同源相通，故"爻戊"和"学戊"很可能是同一个人。即便是不同的两个人，他们也都是善于数算及长于占筮之人。这条卜辞的内容是询问：用某种祀典祭祀名叫学戊的先王旧臣吗？

合 22538 释文：…子卜。□（贞人名）贞。无来羌？曰：用学…

此辞文字漶漫不清，释文是学者们辨识的结果。其中"学"字从"爻"从"六（庐）"。该辞中的"学"应与占筮相关联，这样，通过占卜决定用占筮求占便是对"用学"的一种解释。

合 31482　　合 31483　　合 31621　　合 31622

合 31482 释文：癸亥卜。教（贞人名）贞。旬无祸？

合 31483 释文：…教（贞人名）…无祸？

合 31621 释文：…戌卜。教（贞人名）贞。今夕无祸？

合 31622 释文：

（1）甲戌卜。贞。今夕无祸？

（2）…卜。教（贞人名）无祸？

上述卜辞中的贞人名为 "（教）"。观察"教"的组字构件，其中 形如以手执筹，且含有"爻"，似可推测这位贞人于占卜之外，还长于数算和占筮。类似地，见于刻辞的人名 （伊尹，合 33318）和 （黄尹，合 3484），其中的"尹"字形如以手持筹，合 22723 记有贞人（尹）所作的占卜（见本书 174 页），他们很可能都是善于筹算及占筮的重臣。在 1·5·1 节曾述及西汉帛书中的字符"数"，使用以手执筹的构形是这类文字的共同特征。

再观察下面的辞例：

屯南 60 释文：

(1) 于▆？旦？寻？

(2) 于大学？寻？

辞（1）的▆或释为"厅"，应指宫室，"旦"是天明的时段。辞（2）的"大学"可能是殷人学习数算和占筮的地方。辞中的"寻"字契作▆，形如双手执筹，既可以理解为用算筹布算，又可以理解为用筹策布筮。按此思路，可将这组卜辞的含义释作为了占测某事的吉凶，求占者以占卜的方式询问何时何地实施占测，以及询问：采用占筮吗？

屯南 60　　　合 33286　　　合 27804　　　合 27805

合 33286 释文：**癸丑。贞。寻？求禾于河？**

此辞的内容涉及殷人用占卜的方式询问：向河神祈求禾谷丰收吗？卜者还询问：需要用占筮的方式再做占断吗？这种解释为我们提供了一个殷人卜筮并用的例证。

合 27804 释文：

(1) **勿寻？方，有雨？**

(2) **其寻？方，有雨？**

合 27805 释文：

(1) **丁卯。王其寻？□□。其宿？**

(2) **勿宿？其悔。吉。**

上述两组卜辞中的"勿寻？"和"其寻？"可能与是否采用占筮相关。

2·3·3 筮数是筮算结果的记录

在已有的殷商和西周时期的甲骨文、金文、陶文与石刻文献中，有数十例由 3 个、4 个或 6 个基本数字构成的数字串。从这些数字串十分特殊的表数形态来分析，不能将它们解读为省略了进位数字的多位数记录，也不能释之为与数字没有关系的文字符号或族群徽记。20 世纪 70 年代，一些学者经过多方鉴别考证，认为这类数字串与当时使用的占筮有关，是用蓍草或筹策算具施行筮算的结果记录，并称之为"筮数"。这一目前被广泛接受的研究结果表明，甲骨金石文献中的筮数是商代流行筮算占测的重要证据。殷商筮数举例如下：

  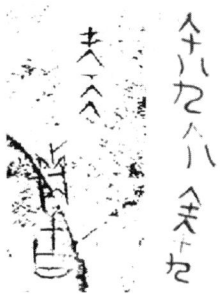 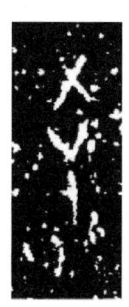

合 29074　　殷墟卜甲照片及局部（拓本和摹本）①　　屯南 4352

合 29074 释文：六七七六（倒书）丧。无灾。吉。

殷墟卜甲照片及局部（拓本和摹本）释文：

七七六七六六 贞。吉。

六七八九六八　六七一六七九

屯南 4352 释文：八七六五（倒书）

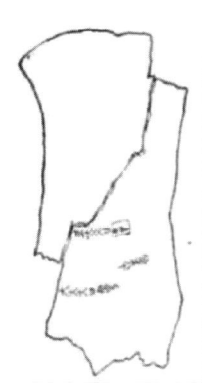 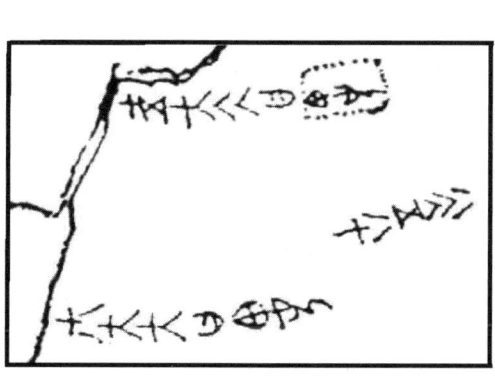 

晚商卜骨摹本及局部（辞文横置）　　晚商青铜爵铭文

晚商卜骨摹本及局部释文：

七五七六六六 曰："鬼。"

---

① 除合 29074 和屯南 4352，殷商筮数的照片、拓本或摹本摘引自《楚竹书周易研究》第 438—479 页。

八六六五八七

七八七六七六 曰:"鬼。"

晚商青铜爵铭文释文:

八六七六一七 作祖丁。

 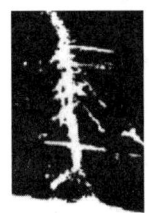 

殷墟陶范　　　殷墟陶范　　　殷墟陶范摹本

八六一六六六　一一六六一六　五七六八七七

　　　　　　　　　　　　　　　一七六七八六

殷墟陶范　　　晚商磨石　　　晚商磨石

五八七　　　　六六七六六八　七六七六六七

　　　　　　　　　　　　　　　七六八七六七

观察这些筮数,不难发现下述特点:筮数的字符构形与甲骨文中其他数字的构形基本一致。数字串由基本数字构成,不用进位数字,串间无空格。数组呈竖向排列,未见横向列写的情形。用数有一、五、六、七、八、九,未见二、三和四。一个数字应当是一次筮算得数的记录,以6个数字构成一组筮数的形式较为多见,也有3数一组或4数一组的形式。还有多例6数一组两组并列写出的情形,很可能筮者是将成组的筮算结果用作占测的依据。筮数列写方面的差异,显示出殷商时期很可能出现过几种不同的占筮规则及算法。

筮数的用数有奇偶之分,易占卦象由阴阳两种爻符构成似乎与之有所关联,再加上注意到3数一组和6数一组或两组并列的记录形式似与易占卦象的画法相通,两者之间也许存在相应的承续演化关系,有的学者便将这类筮数串列称为

"数字卦"。

从契刻载体来看，筮数不仅出自王室，也出自民间，在社会生活中涉及的范围较为广泛。筮数的存在，尤其是一些筮数契记于卜材的情形，表明殷人在崇尚占卜的同时，也很重视占筮的应用，可见西周时期"卜筮并用"的现象，早在商代就已经流行于王室和民间了。

殷商筮数的发现与鉴释为我们关于商代占筮及社会生活状况的研究提供了一种具有参考价值的材料。

2·4 延伸阅读：源自殷商占筮的周易占筮

筮数出现于甲骨文和一些商代考古材料中，学者们还在西周时期的金石文献中发现了数十例筮数（参看《楚竹书周易研究》），但在殷商和西周材料中迄今尚未发现用阴阳两种爻符画出的卦象。对比研究的结果表明，西周筮数与殷商筮数的列写方式相近，但用数有局部差异，显示出殷人的这类占筮曾经流传于周人，并形成了不同的占筮方法（参看《周易揲算》32—37 页）。这种有筮数而未见卦象的情况，表明这类占筮是将成组的筮算结果数记录下来用作占测依据，属于不使用卦象的占法。在已发表的考古材料中，以 1994 年新蔡葛陵楚墓出土竹简上的 6 画卦象为最早，该简入葬于楚肃王四年（前 377 年）。

一般认为周易占筮创制于西周。从传世《左传》记载的占筮用例来看，很可能西周时期周易只在王室内使用，到了春秋早期，周易占筮才从监管渐弛的东周王室流散于多个诸侯国。周易占筮将筮算得数转换为六十四种卦象，有别于只记录筮算数串而不画出卦象的做法。一些学者认为易占很可能经历了由数而卦的演进过程，与殷商占筮之间似乎存在渊源关联。相应地，易占用于起卦的筮算方法也随之定型。注意到起卦算法的创制在数学上有一定的难度，目前还不能证实殷人已具有创制类似起卦算法的数学能力。由于缺乏考古证据，认为商代甚至更早的时期存在使用卦象的占筮，目前还是一种猜测。西周以前的多种占筮方法均已失传，只有包含《周易》古经的周易占筮流传于后世。

观察周易占筮的施占操作，不难发现卦象和起卦方法的创制反映了西周时期数学知识的发展状况和应用形态。周易卦象由阳爻和阴爻两种爻符组合构成。每卦由 6 个爻符构成时，共有 64 种互不相同的卦象，即"六十四卦"。只用 3 个爻符构成一卦时，得到的卦象则有 8 种，俗称"八卦"。所谓"起卦"，是指周易施占者按特定的程序用蓍草或筹策算具进行计算，并将得数转换为爻符，进而得到六十四卦中某一卦象的操作过程。通常可以将起卦过程中求取或确定爻符的算法叫作"周易揲算"或"揲扐算法"。

2·4·1 传世的周易揲算

成书于战国时期的《易传·系辞》记录了周易揲算的操作环节和参数，使我们得以窥见这种专门用于求爻起卦的算法，其文云：

> "大衍之数五十，其用四十有九。分而为二以象两。挂一以象三。揲之以四以象四时。归奇于扐以象闰。五岁再闰，故再扐而后挂。…四营而成易，十有八变而成卦。"

参照传世文献和历代筮者口手相传的具体做法，可以对上文做出解释，并得出揲算的操作程序：

1. 取 49 根竹签或蓍草茎为筹策，在台面上任意地分成两堆。（"分二"）
2. 从任选的一堆筹策中取（称为"挂"）出 1 根。（"挂一"）
3. 分别从两堆筹策中 4 根 4 根地数出（称为"揲"）筹策，数到剩余的策数小于或者等于 4 根时为止（揲后的余策数不为 0）。将揲得的筹策合在一起，这些筹策一定是 4 的整数倍，将用于下一步的计算。（"揲四"）
4. 把挂出的 1 策和两处揲后的余策分别夹在几个手指之间（称为"扐"），然后将这些"奇"余的筹策合拢置于一边，不再参与下一步的计算。（"归扐"）

上述操作环节分二、挂一、揲四、归扐合称"四营"。

用 49 策经四营后，揲得的策数发生了变化，称为第一次变易。（"一变"）

对求取一个爻符而言，"一变"构成揲算的子程序（1）。

5. 将一变揲得的筹策合在一起，用它们来做第二次四营，即完成第二次变易。（"二变"）
6. 将二变揲得的筹策合在一起，用它们来做第三次四营，即完成第三次变易。（"三变"）
7. 三变完成后即停止揲策。此时揲得的策数只有 24、28、32、36 四种可能出现的情形（为什么会这样，可以用不同的方法予以验证）。接着用 4 去除揲得的策数，所得也就只能是 6、7、8、9 之中的某一个数。定爻的规则是揲得奇数 7、9 时记为阳爻，得偶数 6、8 时记为阴爻。经三变完成一次揲算，即可得到一个爻符。北周数学家甄鸾在《五经算术》一书中称之为"三变而成爻"。

对得到一个爻符而言，"二变"和"三变"构成揲算的子程序（2）和（3）。

8. 重复一遍上述揲算操作，便可在第一个爻符的上方画出第二个爻符。连续做六次揲算，共 18 次变易，即可由下至上地画出用 6 个爻符构成的卦象。只要操作无误，所得卦象必是六十四卦之一。（"十有八变而成卦"）

由六次求爻揲算组成的整个起卦程序环环相扣，最终得以确定一个卦象。

筮者根据揲得的卦象，结合《周易》经传文本中与该卦及爻符位置相对应的繇辞和自己的衍绎做出解释，使求占者知道所问之事的吉凶。（**"释占"**）

通过对揲算起卦过程层层递进的解读，我们可以做出下述判断：周易揲算是中国古代以蓍草筹策为计算工具创制时期最早的程序化的专用算法。

2·4·2 从数学的角度观察周易占筮

易占及易学传续数千年而不衰，是因为这套学问堪称包罗万象和充满人们求生存谋发展的大智慧，其中值得特别关注的是从周易揲算和卦象中显示出来的完美无瑕的数理逻辑结构。撇开传统文化中的易数、易理、象数、易图、阴阳、太极、五行等等演绎空间乃至联想范围都十分博大宽泛的易学诸论，从数学的角度观察周易揲算和卦象，涉及的问题大体有三个方面：传世的揲算模式下是否存在一般性的数学表达式、八卦和六十四卦的数学结构、揲算成卦时卦象出现概率的分析计算。三者中较为困难的课题是论证传世的揲算模式下一般性数学表达式的存在性，只有将其写出才能证实其存在。

孔颖达（唐，《周易正义》）、朱熹和蔡元定（宋，《易学启蒙》）分别用全举验证的方法，枚举出所有可能出现的情形，证明了作为特例的周易揲算的数学正确性。用今天的话来说，周易揲算是一则数学上的特殊真命题。这种排举出所有可能出现情形的做法应当早在揲算创制时期就已经为西周筮算家们所掌握，他们知道这是一种万无一失的起卦算法。然而，用现在的数学理论或方法来论证传世周易揲算的数学正确性却不能局限于特例，因此，揲算模式下是否存在一般性的真命题，便成了有待探讨的问题。

这个问题的解决可以使我们更为全面地认识周易占筮。比如，利用笔者构建的一般性揲算命题的多元函数表达式，能够找出揲算模式下的多种具体算法，对这些算法进行比较，发现传世揲算竟然是最能满足占筮要求的起卦算法。也许，西周筮算家们在并不掌握具有一般性性质的算法的情况下，曾经摸索着对包括揲算在内的一些成卦方法做过试算或比较，最终选定了传世揲算。当然，对揲算和卦象携带的数学信息的研究，有助于将今人对中国古代传统数学的了解追溯到西周时期。这方面的工作不仅可以充实中国古代数学史的内容，更可以扩大观察中国传统文化的视野。

南宋数学家秦九韶的"大衍求一术"史称"中国剩余定理"，是一种求解形如 $aX \equiv 1 \pmod{b}$ 的一次同余方程组的一般性算法，在中国传统数学以及在世界数学史上素享盛名。秦氏为追索揲算策数 **"其用四十有九"** 的来源，曾用求一术构建周易揲算的一般性命题。秦氏将求一术联系于揲算，对《易传·系辞》

所录的揲算规则和参数做出了自己的解释或界定。根据他在《数书九章·蓍卦发微》（成书于 1247 年）中"**以二二揲之…以三三揲之…以四四揲之…并三度揲**"之说，可以归结出下述同余式组：

$$\begin{cases} X \equiv 1 \pmod{2} \\ X \equiv 1 \pmod{3} \\ X \equiv 1 \pmod{4} \end{cases}$$

其中，X 是用于揲算的参揲策数，模数 2、3、4 即揲策数。这个同余式方程组的意思是求正整数 X，使满足分别用 2、3、4 去除时均余 1 的条件。作为该同余式组的解，X 有多种取值，它们都可以用作秦氏揲算方法的参揲策数，因而这个同余式组具有一般性命题的性质。这个同余式组涉及的数量很简单，容易验证，它的最小正整数解是 $X=1$，且其他正整数解构成一个级差为 12（即 2、3、4 诸模数的最小公倍数）的等差数列。也就是说，1、13、25、37、49、61、73、85 等等都是这组同余式的解。

值得注意的是，在这一组解中含有 49 这个与"**其用四十有九**"相合的数。这是秦氏将求一术联系于周易揲算，并说"**圣有大衍，微寓于易，奇余取策，群数皆捐，衍而究之，探隐知原。**"（《数书九章·蓍卦发微》）的重要原因。就揲算应用来说，上述诸解中除 1 之外的其他各数，都可以用作参揲策数，即秦氏所说的"**用数**"有多种选择。具体选用哪一个，最主要的择判因素是能否最好地满足占筮要求。

对"**大衍之数五十，其用四十有九。**"秦氏以 37、49、50、51 四数为例，对参揲策数的选定进行了比较和评价。他认为："**就其三十七泛为用数。但三十七无意义，兼蓍少太露，是以用四十有九。…假令用蓍四十九，信手分之为二。则左手奇，右手必偶。左手偶，右手必奇。欲使蓍数近大衍五十，非四十九或五十一不可。二数信意分之，必有一奇一偶。故所以用四十九，取七七数始者。**"（《数书九章·蓍卦发微》）

其中的"**三十七无意义**"，可以理解为将 37 与 49 做比较，因 49 可与乘法口诀中的"七七四十九"相联系，有数学或人文层面的含义，37 便显得没有意义了。加上 37 策数量偏少，演示效果不够玄妙，在选用参揲策数时，综合考虑的结果自然是用 49 策，而不用 37 策。显然，13 和 25 两种策数也因"**无意义**"，以及"**蓍少太露**"而不被采用。按秦氏之说，取用奇数策数参揲（比如 49 和 51）是为了保证"分二"后，两堆策的数量有奇偶之分。这样，50 虽为大衍之数，但它既是偶数，又不是上述同余式组的解，故不用于揲算。至于 51 策，则因接近大衍之数 50，而被用作参考或比较的数据。不用 51 的原因，可以理解为不仅是它像 37 那样"**无意义**"，更重要的应当是它并非上述同余式组的解。可能由于 61、73 等数用策数量偏多，且像 37 那样属于"**无意义**"之数，故秦氏不再加以考虑。

秦氏在《数书九章·蓍卦发微》中实际上是通过对《易传·系辞》所录内容的重新解释，提出了另外一套起卦算法，但由于这套算法与传世的周易揲算规则不相符合，故秦氏之作未被筮家采信。或者说，秦氏基于传统数学从一般性的角度研究传世揲算的努力未能成功。

据我所知，除德国数学家莱布尼兹（1646—1716）发现二进制记数法与六十四卦的构成有相同的逻辑结构之外，用现有的数学理论研究易占和探讨传世揲算模式下的一般性命题，已有数十年的历史。例如：使用高次方程解释周易占筮涉及的数学问题（丁超五，1937 年）、通过实算分析建立的"易经之数理基本公式"（沈宜甲，1984 年）、用初等数论中的同余理论推导得出的"分揲定理"（罗见今，1987 年），等等。可是这些工作都未能完成从一般性的角度研究传世揲算的目的，不免逐渐淡出学界视线。

2·4·3　周易揲算的一般表达式的构建

2006 年我用函数构造法得到"分二挂一"条件下一般性揲算命题表达式的雏形，瑕疵的发现和相应的修改成了我一段时间中断断续续却乐此不疲的事情。构建及论证的结果表明，在分二挂一条件下，符合传世揲算规则的用多元函数写出的"周易揲算的一般表达式"是存在的，但是揲算模式下一般表达式的唯一性尚待探讨。

分 2 挂 1 条件下周易揲算的一般表达式：

对于 $S = (R+2C)M + K$，可以按周易揲算模式进行分 2 挂 1 揲 M 和归扐的计算，C 次变易之后，结果数组为

$$\begin{cases} \{R, R+1, R+2, \cdots, R+C\} & (3-M) \leq K \leq 1; M \neq 1; C > 1 \text{ 时}, M \neq 2。\\ \{R+1, R+2, \cdots, R+C\} & K = 2。\end{cases}$$

S 是揲算开始时（即 $C = 1$ 时）使用的参揲策数，M 是揲策数，C 是变易次数，R 是最小结果数，所有可能得到的结果数构成的结果数组用 $\{\ \}$ 表出。M、C、R 为正整数。调整策数 K 为整数，作为关于 M 的非独立变量，K 的取值一共有 M 个。由约束条件 $(3-M) \leq K \leq 1$ 决定的 K 值有 $M-1$ 个，另外一个取值是 $K = 2$。按照传世的周易揲算模式，非 0 的 K 值只存在于第 1 次变易中，$C > 1$ 时，K 的取值均为 0。

周易揲算取 $M = 4$、$C = 3$、$R = 6$、$K = 1$。于是

$$S = (R+2C)M+K = (6+2\times 3)\times 4+1 = 49$$

得到的结果数组是 $\{6,7,8,9\}$，即每次揲算经过三变之后，所得之数必是其中之一。可见，对上述的一般表达式而言，周易揲算只是一个特例。

这个具有一般性的多元函数表达式看似简单，而且屡试不爽，但要给出严格的证明却颇费周折。

在证明"周易揲算的一般表达式"时，要用到"扐策数 L 的计算式"。所谓"扐策数"是指每次变易时，以"归扐"形式退出下步揲算的筹策数。L 的确定是理论分析的关键。

扐策数 L 的计算式及证明

扐策数 L 的计算式：

对于 $S=(R+2C)M+K$，按周易揲算模式进行分2挂1揲 M 后，归扐之策 $L = \begin{cases} M+K \text{ 或 } 2M+K & (3-M) \leq K \leq 1; M\neq 1; C>1 \text{ 时}, M\neq 2 \\ M+2 & K=2 \end{cases}$。

证明如下：

对扐策数 L 的计算式的证明（1）

对于参揲策数 $S=(R+2C)M+K$，按周易揲算模式分2挂1揲 M 后，归扐之策 $L=M+K$ 或 $2M+K$。其中 $(3-M)\leq K\leq 1; M\neq 1; C>1$ 时，$M\neq 2$。

考虑 $(3-M)\leq K\leq 1$，若 $M=1$，K 将失去定义。事实上，容易验证 $M=1$ 时恒有 $L=3$，上述计算式不成立，故 $M\neq 1$。关于 $C>1$ 时，$M\neq 2$ 的情形，稍后再予讨论。

对 K（性质上是对 M）使用数学归纳法。

① 验证 $K=1$ 时上述计算式成立。

此时，参揲策数 $S=(R+2C)M+K=(R+2C)M+1$

分2挂1的操作可以表为

$S-1 = (R+2C)M = S_1+S_2 = l_1+l_2+(p+q)M$

其中 $S_1 = l_1+pM$　$S_2 = l_2+qM$　$p\geq 0$　$q\geq 0$　但 p 与 q 不能同时为0

按揲策规则，有 $0<l_1\leq M$　$0<l_2\leq M$

故 $0<l_1+l_2\leq 2M$　……（式1）

又因 $S-1=(R+2C)M$ 可知 M 能够整除 $S-1$，记为 $M\mid S-1$

由 $S-1 = l_1+l_2+(p+q)M$

知 $M\mid l_1+l_2$　……（式2）

（式1）和（式2）的解为 $l_1+l_2 = M$ 或 $2M$

加上挂出的 1 策，

得 $L = M + 1$ 或 $2M + 1$

即 $K = 1$ 时，上述计算式成立。

②假设 $K = k$ 时，上述计算式成立。

因 $(3 - M) \leq K \leq 1$，即 K 并非独立变量，且 K 的取值随 M 增大而递减，故对于 K 的最小取值 $K = 3 - M$，相当于假设 $M = m$，取 $K = k = 3 - m$ 时，上述计算式成立。

与 $M = m + 1$ 相对应的是 $K = k - 1$，

转换关系为 $K = k - 1 = 3 - (m + 1) = 2 - m$，于是 $K = k - 1$ 时，

参揲策数 $S = (R + 2C) M + K = (R + 2C)(m + 1) + (2 - m)$

分 2 挂 1 可表为 $S - 1 = l_1 + l_2 + (p + q)(m + 1)$

由 $0 < l_1 \leq (m + 1)$　$0 < l_2 \leq (m + 1)$ 得 $0 < l_1 + l_2 \leq 2(m + 1)$

故 $0 < l_1 + l_2 + (m - 1) \leq 2(m + 1) + (m - 1)$ ……（式3）

又因 $S - 1 = (R + 2C)(m + 1) + (2 - m) - 1$

$= (R + 2C)(m + 1) - (m - 1)$

由 $(R + 2C)(m + 1) - (m - 1) = l_1 + l_2 + (p + q)(m + 1)$

得 $(R + 2C)(m + 1) = l_1 + l_2 + (m - 1) + (p + q)(m + 1)$

故 $(m + 1) \mid l_1 + l_2 + (m - 1)$ ……（式4）

（式3）和（式4）的解为 $l_1 + l_2 + (m - 1) = (m + 1)$ 或 $2(m + 1)$

即 $l_1 + l_2 = (m + 1) + (1 - m)$ 或 $2(m + 1) + (1 - m)$

加上挂出的 1 策，

得 $L = l_1 + l_2 + 1 = (m + 1) + (2 - m)$ 或 $2(m + 1) + (2 - m)$

即 $L = M + K$ 或 $2M + K$，上述计算式成立。

下面讨论 $C > 1$ 时，$M \neq 2$ 的情形。

按照揲算模式，第 1 次变易（对应于 $C = 1$）完成之后，后续的参揲策数都是揲策数 M 的整数倍，故 $K = 0$，因而可以将 $C > 1$ 条件下的参揲策数记为 aM，其中 $M \neq 1$，a 为正整数。

对 aM 作分 2 挂 1 的操作可以表为 $aM = l_1 + l_2 + 1 + (p + q) M$

可得 $0 < l_1 + l_2 + 1 \leq 2M$ ……（式5）

且 $M \mid l_1 + l_2 + 1$ ……（式6）

（式5）和（式6）的解是 $L = l_1 + l_2 + 1 = M$ 或 $2M$

特殊情况是 $M = 2$ 时，如果 $l_1 = 1$，必定有 $l_2 = 2$。反过来，如果 $l_1 = 2$，必定有 $l_2 = 1$。也就是 $M = 2$ 时，恒有 $L = l_1 + l_2 + 1 = 4$，得不到 $L = 2$ 或 4 的结果。所

以，当 $C>1$ 时，"扐策数 L 的计算式"必须满足 $M\neq 2$ 的条件才能成立。

对扐策数 L 的计算式的证明（2）

对于 $S=(R+2C)M+K$，当 $K=2$ 时，在实施分2挂1揲 M 后，归扐之策 $L=M+2$。

对 $S=(R+2C)M+2$ 做分2挂1揲 M 的操作可表为

$S-1=(R+2C)M+1=l_1+l_2+(p+q)M$

由 $0<l_1+l_2\leqslant 2M$

得 $0<l_1+l_2-1<2M$ ……（式7）

因 $(R+2C)M=l_1+l_2-1+(p+q)M$

故 $M\mid l_1+l_2-1$ ……（式8）

（式7）和（式8）的解是 $l_1+l_2-1=M$

即 $l_1+l_2=M+1$ 加上挂出的1策，

得 $L=l_1+l_2+1=M+2$ 上述计算式成立。

综合上述结论，知"扐策数 L 的计算式"成立。

有了"扐策数 L 的计算式"，即可对"周易揲算的一般表达式"做出证明。

按传世的揲算模式，上述"周易揲算的一般表达式"属于构造性函数，是通过对揲算特点的归纳构建而成，不是依据已有数学理论演绎推导的结果。由于该表达式涉及正整数下3个独立变量：揲策数 M、最小结果数 R、变易次数 C，故记为命题 $P(M,R,C)$。可用多元函数的数学归纳法来证明其正确性。

对周易揲算的一般表达式的证明（1）

将下述揲算命题记为 $P_1(M,R,C)$：

对于参揲策数 $S=(R+2C)M+K$，可按揲算模式进行分2挂1揲 M 和归扐的计算，经过 C 次变易之后，结果数组为 $\{R,R+1,R+2,\cdots,R+C\}$。

其中 $(3-M)\leqslant K\leqslant 1$；$M\neq 1$；$C>1$ 时，$M\neq 2$。

对揲算命题 $P_1(M,R,C)$，用多元函数的数学归纳法证明如下：

因 $C>1$ 时，$M\neq 2$，所以在对 M 的验证环节中，M 的最小取值设定为3。

① 验证 $P_1(3,1,1)$ 成立。

此时 $S=(R+2C)M+K=(1+2\times 1)\times 3+K=9+K$

由"扐策数 L 的计算式"，$L=M+K$ 或 $2M+K$ 可得 $L=3+K$ 或 $6+K$

当 $L=6+K$ 时，结果数为 $[(9+K)-(6+K)]\div M=3\div 3=1=R$

当 $L=3+K$ 时，结果数为 $[(9+K)-(3+K)]\div M=6\div 3=2=R+1$

结果数组 $\{R, R+1, R+2, \cdots, R+C\}$ 成为 $\{1, 2\}$

为便于表达和理解，不妨将揲算过程写为分枝形式如下：

$$9+K\begin{cases}(9+K)-(6+K)=3 & 3\div M=3\div 3=1\\(9+K)-(3+K)=6 & 6\div M=6\div 3=2\end{cases}$$
$$\downarrow \qquad\qquad\qquad\qquad \downarrow$$
$$1 \text{变}(C=1) \qquad\qquad \{1,2\}(R=1)$$

命题 $P_1(3, 1, 1)$ 成立。

② 假定 $P_1(m, 1, 1)$ 成立

对于 $P_1(m+1, 1, 1)$

$S=(R+2C)M+K=(1+2\times 1)\times(m+1)+K=3(m+1)+K$

由 "扐策数 L 的计算式" $L=M+K$ 或 $2M+K$

可得 $L=m+1+K$ 或 $2(m+1)+K$

揲算过程的枝形关系为：

$$9+K\begin{cases}[3(m+1)+K]-[2(m+1)+K]=m+1 & (m+1)\div(m+1)=1\\[3(m+1)+K]-(m+1+K)=2(m+1) & 2(m+1)\div(m+1)=2\end{cases}$$
$$\downarrow \qquad\qquad\qquad\qquad \downarrow$$
$$1 \text{变}(C=1) \qquad\qquad \{1,2\}(R=1)$$

命题 $P_1(m+1, 1, 1)$ 成立。

命题 $P_1(M, 1, 1)$ 成立。

③ 假定 $P_1(M, r, 1)$ 成立

对于 $P_1(M, r+1, 1)$

$S=(R+2C)M+K=(r+1+2\times 1)M+K=(r+3)M+K$

由 "扐策数 L 的计算式"，这次变易中 $L=M+K$ 或 $2M+K$

揲算过程的枝形关系为：

$$(r+3)M+K\begin{cases}[(r+3)M+K]-(2M+K)=(r+1)M & (r+1)M\div M=r+1\\[(r+3)M+K]-(M+K)=(r+2)M & (r+2)M\div M=r+2\end{cases}$$
$$\downarrow \qquad\qquad\qquad\qquad \downarrow$$
$$1 \text{变}(C=1) \qquad\qquad \{r+1, r+2\}(R=r+1)$$

命题 $P_1(M, r+1, 1)$ 成立。

命题 $P_1(M, R, 1)$ 成立。

④ 假定 $P_1(M, R, c)$ 成立

对于 $P_1(M, R, c+1)$

$S=[R+2(c+1)]M+K$

从第 2 次变易开始，参揲策数变为 M 的整数倍，即 $K=0$，在接下去的各次变易中，因 $L=M+K$ 或 $2M+K$，故扐策数都是 $L=M$ 或 $2M$。将进入第 2 次变易的参揲策数记为 S_1，且 $S_1 = S - K = [R+2(c+1)]M$，便可以将揲算过程的枝形关系表为：

$$S\begin{cases} S-(2M+K)\begin{cases} S_1-4M \\ S_1-3M \\ S_1-2M \end{cases} \begin{cases} S_1-6M\ldots \\ S_1-5M\ldots \\ S_1-4M\ldots \\ S_1-3M\ldots \end{cases} \begin{cases} \ldots \\ \ldots \\ \ldots \end{cases} \begin{cases} S_1-2cM\begin{cases} S_1-(2c+2)M \\ S_1-(2c+1)M \end{cases} \\ S_1-cM\begin{cases} S_1-(c+2)M \\ S_1-(c+1)M \end{cases} \end{cases} \\ S-(M+K) \end{cases}$$

$\qquad\downarrow\qquad\quad\downarrow\qquad\quad\downarrow\qquad\qquad\downarrow\qquad\quad\downarrow$
1变　　　2变　　　3变　　　　c 变　　$c+1$ 变　$(C=c+1)$

用 M 去除最后的揲策数，得

$[S_1-(2c+2)M]\div M = [R+2(c+1)-(2c+2)]M\div M = R$

$[S_1-(2c+1)M]\div M = [R+2(c+1)-(2c+1)]M\div M = R+1$

…

$[S_1-(c+2)M]\div M = [R+2(c+1)-(c+2)]M\div M = R+c$

$[S_1-(c+1)M]\div M = [R+2(c+1)-(c+1)]M\div M = R+c+1$

结果数组为 $\{R, R+1, \ldots R+c, R+c+1\}$

命题 $P_1(M, R, c+1)$ 成立。

命题 $P_1(M, R, C)$ 成立。

对周易揲算的一般表达式的证明（2）

对于参揲策数 $S = (R+2C)M+2$，（即 $K=2$）可按周易揲算模式进行分 2 挂 1 揲 M 的计算，经 C 次变易之后，结果数组为 $\{R+1, R+2, \ldots, R+C\}$。

记该命题为 $P_2(M, R, C)$，其正确性可以用多元函数的数学归纳法证明如下：

① 验证 $P_2(1, 1, 1)$ 成立

此时 $S = (R+2C)M+2 = (1+2\times1)\times1+2 = 5$

因 $M=1$　$C=1$　$R=1$ 由"扐策数 L 的计算式"，在这次变易中

$L = M+2 = 1+2 = 3$

结果数为 $(5-3)\div1 = 2 = R+1$

命题 $P_2(1, 1, 1)$ 成立。

② 假定 $P_2(m, 1, 1)$ 成立

对于 $P_2(m+1, 1, 1)$

$S = (R+2C)M+2 = (1+2\times 1)\times(m+1)+2 = 3(m+1)+2$

由"扐策数 L 的计算式",在这次变易中

$L = M+2$ 即 $L = (m+1)+2$

结果数为 $[3(m+1)+2-(m+1)-2]\div(m+1) = 2 = R+1$

命题 $P_2(m+1, 1, 1)$ 成立。

命题 $P_2(M, 1, 1)$ 成立。

③ 假定 $P_2(M, r, 1)$ 成立

对于 $P_2(M, r+1, 1)$

$S = (R+2C)M+2 = (r+1+2\times 1)M+2 = (r+3)M+2$

由"扐策数 L 的计算式",在这次变易中 $L = M+2$

结果数为 $[(r+3)M+2-(M+2)]\div M = r+2 = R+1$

命题 $P_2(M, r+1, 1)$ 成立。

命题 $P_2(M, R, 1)$ 成立。

④ 假定 $P_2(M, R, c)$ 成立

对于 $P_2(M, R, c+1)$

$S = (R+2C)M+2 = [R+2(c+1)]M+2 = (R+2c+2)M+2$

在第 1 次变易中 $L = M+2$。将进入第 2 次变易的参揲策数记为 S_{II}

即 $S_{\text{II}} = (R+2c+2)M+2-(M+2) = (R+2c+1)M$

对应于 $K=0$,可知扐策数是 $L=M$ 或 $2M$,而且此后各次变易的扐策数都是 $L=M$ 或 $2M$。可将揲算过程的枝形关系表为:

$$S \to S_{\text{II}} \begin{cases} S_{\text{II}}-2M \begin{cases} S_{\text{II}}-4M \begin{cases} S_{\text{II}}-6M \cdots \begin{cases} \cdots \\ S_{\text{II}}-(2c-2)M \begin{cases} S_{\text{II}}-2cM \\ S_{\text{II}}-(2c-1)M \end{cases} \end{cases} \\ S_{\text{II}}-5M \cdots \end{cases} \\ S_{\text{II}}-3M \end{cases} \\ S_{\text{II}}-M \begin{cases} S_{\text{II}}-3M \begin{cases} S_{\text{II}}-4M \cdots \\ \cdots \\ S_{\text{II}}-(c-1)M \begin{cases} S_{\text{II}}-(c+1)M \\ S_{\text{II}}-cM \end{cases} \end{cases} \\ S_{\text{II}}-2M \end{cases} \end{cases}$$

$\quad\downarrow\quad\quad\downarrow\quad\quad\downarrow\quad\quad\downarrow\quad\quad\quad\quad\downarrow\quad\quad\quad\downarrow$
1变　　2变　　3变　　4变　　　　c变　　$c+1$变 $(C=c+1)$

用 M 去除最后的揲策数,得

$(S_{\text{II}}-2cM)\div M = (R+2c+1-2c)M\div M = R+1$

$$[S_{II} - (2c-1)M] \div M = [R+2c+1 - (2c-1)]M \div M = R+2$$
$$[S_{II} - (c+1)M] \div M = [R+2c+1 - (c+1)]M \div M = R+c$$
$$(S_{II} - cM) \div M = (R+2c+1-c)M \div M = R+c+1$$

结果数组为 $\{R+1, R+2, \cdots, R+c, R+c+1\}$。

命题 $P_2(M, R, c+1)$ 成立。

命题 $P_2(M, R, C)$ 成立。

证毕。

周易揲算所用参揲策数 $S=49$，一轮揲算必定得到结果数组 $\{6, 7, 8, 9\}$ 中的某一个数。

分析表明，揲算所得四种结果数 6，7，8，9 的出现概率并不均等，分别是：数 6 为 0.0517、数 7 为 0.2887、数 8 为 0.4484、数 9 为 0.2112，（计算过程从略，可参看拙作《周易揲算》108—117 页）。但由它们转换所得阳爻和阴爻的出现概率分别为 $0.2887 + 0.2112 = 0.4999$ 和 $0.0517 + 0.4484 = 0.5001$，都接近 0.5。进而可知由阴阳两种爻符构成的卦象的出现概率大致是均等的。根据这一理论分析的结果，可以认为，在易占应用的场合，八卦中每一卦的出现概率都是 1/8，而六十四卦中每一卦的出现概率都是 1/64，没有哪一种卦象拥有特殊的地位，筮数和卦象的配合堪称天衣无缝。

借助"周易揲算的一般表达式"和对应的概率分析，得以对分二挂一模式下各种具体的算法设计进行比较，结果表明，传世揲算竟然是最能满足占筮要求的算法设计，令人惊叹！

周易占筮的应用与研讨传承至今而不衰，与周易占筮使用的揲扐算法和卦象组合都具有精准无瑕的数学结构及相互配合密切相关。更因这种获取神示的占测操作有着非常浓烈的玄秘色彩，加上后世学者对《周易》古经和各种传文在人文哲理层面极为丰富的解读与衍绎，使易占、易数及易学对中国古代传统数学以及传统文化的演化发展产生了不容忽视的影响。

目前所知，至迟发明于商代的干支组合（六十甲子）是中国最为古老的具有专门用途（干支纪日法和干支纪旬法）的数学成果。西周时期，专门用于周易占筮术的卦象（八卦和六十四卦），其构成也可以归结为数学上的一种组合类型。求取卦象的周易揲算则是中国古代传统数学中已知最为古老的程序化的专用算法创制实例，依据现今掌握的相关材料，似可将其初源上溯至已经失传的殷商筮算。在中国古代数学史的研究中，这些都是可资参考的内容。

第 3 章　甲骨文中的计量单位和数量计算

古代先民关于数量概念的建立，与具体事物的计量单位有着密不可分的联系。殷墟甲骨文中的数量记录都有具体可数的对象，比如，人的数量是在以人的单体为计量单位的基础上形成的。其他如牛数、羊数等等也与之相类似。不仅如此，甲骨文中还出现了一些人为设置的计量单位，比如，与军队规模有关的"师""旅""族"，就分别反映了由不同的人员基数构成的建制类型。值得注意的是，殷人对空间（长度、面积、体积），以及时间和重量等物理量的计量，已经应需而生。虽然目前在甲骨文中辨识出来的与计量单位有关的字符并不多，对应的概念也不是很明晰，但展现出殷人已经具备了与数学知识的应用相适配的涉及空间概念与时间概念及相关物理量的思维能力。这种能力为后世各种计量单位的形成打下了基础。

人们关于事物数量的认识离不开计算。比如，对十进制正整数数字序列的认知过程就体现了逐一的累加计算。可以说，甲骨文中的数字记录都是计算的结果。但是刻辞中没有留下具体的计算过程，也没有与计算方式和计算规则有关的内容。不过，可以通过刻辞中的间接信息，作出殷人已建立了正整数下基本的四则运算概念和具备了相应计算能力的判断。

3·1　甲骨文中的计量单位

殷人用数字与"示"的组合指代神主数量，"示"是名词，似可视为量词。车马数量附有量词"丙（匹或乘）"，卜材数量附有量词"屯（一对）"，则是已有甲骨文中为数很少的量词用例。通常并不将它们理解为计量单位。

据传出土于殷墟的商代牙尺长 15.8cm，正面分刻十寸，每寸分刻十分。当然，这里用作长度计量单位的"尺""寸""分"都是后世词汇，商代怎样称呼，目前尚不清楚。商尺是现在所知中国古代最早的长度计量工具，其存在弥补了在甲骨文中尚未发现与长度计量相关内容的缺憾，表明华夏先民定量描述空间尺度的具体方法形成于商代，甚至更早的时期。

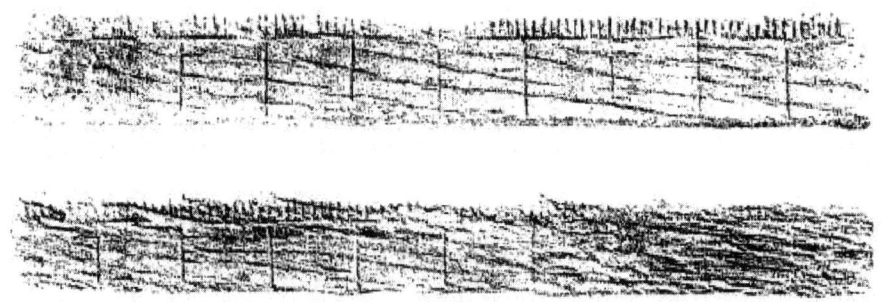

两把据传出土于殷墟的商代牙尺①

有的学者将形如 ▨（合 14621）、▨（合 17949）、▨（合 18504）的字符分别释读为"**斤**""**重**""**量**"，它们有可能与重量或体积的计量相关，甚至可能被用作重量或体积的计量单位，可惜这类材料为数甚少。甲骨文中可以界定为计量单位的词语目前所知并不多，下面是几种见于刻辞的计量单位用例。

3·1·1 军队的计量单位

殷人经常与周边部族发生战争，不少刻辞记载的内容涉及战前调集军队的情况，除了直接记有"一千人""人五千""旅一万"等人数，有时只记载军队的建制或计量单位。

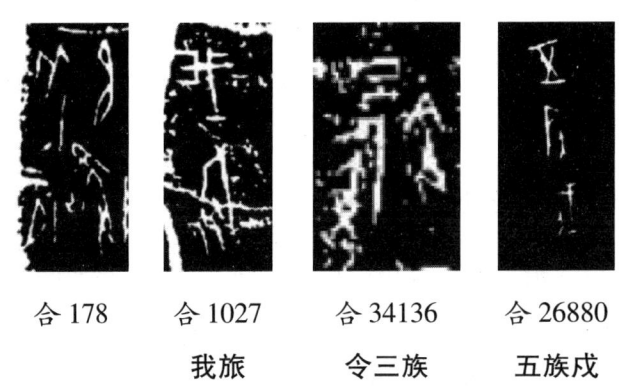

合 178　　合 1027　　合 34136　　合 26880

　　　　　　我旅　　　令三族　　　五族戍

合 178 释文：**师**。获羌。十二月。

关于殷商的军队建制，学者们提出了各种看法，常见的单位有"**师**""**旅**""**族**"等数种。虽然目前还不能考定这些单位所对应的人数和装备配置数量，但殷人肯定是知道具体情况的。

---

① 图片摘引自《中国古代度量衡图集》编号为第一、二号。

第3章 甲骨文中的计量单位和数量计算

合 26879　　　　合 28054　　　　合 35347

合 26879 释文：

(1) 戍□（地名）。弗雉王众？

(2) 五族。其雉王众？

"戍"指卫戍，有防卫的意思。"雉"有布置阵列的含义。

合 28054 释文：

(1) 癸巳卜。王其令五族？戍□（地名）…

(2) …伐。灾？

辞（2）中的"灾"指兵灾，辞意是询问征伐能获得胜利吗？

合 32815　　　　　　合 33006

合 32815 释文：**己亥。历**（贞人名）**贞。三族。王其令追召方**（方国名）**于□**（地名）？

上面几条卜辞中的"五族"和"三族"，指五个和三个建制单位为"族"的军队。

合 33006 释文：**丁酉。贞。王作三师：右、中、左？**

商王在这条卜辞中询问的内容，与将三个建制单位为"师"的军队按右、中、左的位置进行调配有关。

屯南 2320 记有下述辞文：

(1) **癸酉卜。戍伐有牧，□□人方**（方国名）**。戍有灾？弘吉。**

(2) **…灾？弘吉。**

(3) **中戍有灾？**

(4) **左戍有灾？吉。**

(5) **无灾？**

(6) **右戍。不雉众？**

(7) **中戍。不雉众？吉。**

(8) **左戍。不雉众？吉。**

这组辞文中的"有灾？"和"无灾？"一些学者认为有询问相关战事"能取胜？"和"不能取胜？"的意思。"右戍""中戍""左戍"类似于合 33006 的"王作三师：右、中、左？"

关于成建制的军队布置，合 35347 也契有可供参照的辞例，其释文如下：

(1) **中不雉众？王占曰：弘吉。**

(2) **其雉众？吉。**

(3) **左不雉众？王占曰：弘吉。**

(4) **其雉众？吉。**

3.1.2 贝的计量单位

在辞文中可以找到数例与"贝"和"朋"有关的内容。一些学者认为，殷人用贝壳为货币，并将成串的贝壳称为"朋"，因而也用"贝"和"朋"来表示财富。通常，可以将一些辞文中的"朋"理解为财富的计量单位。商王常将"贝"用作赏赐品或用作祭品，其数量由一朋到数十朋不等。至于一朋之中究竟有多少只贝，目前尚无一致的意见。

合 11438　　　　　合 11442　　　　　合 29694

合 11438 释文：庚戌…贞。赐多女又贝、朋。

合 11442 释文：车。不其以一十朋？

合 29694 释文：叀（惟）贝、朋。

合 21774　　　　　合 11445　　　　　合 11443

二朋　　　　　…以十朋…　　　　…十朋母

合 1052

合 1052 释文：

(1) 丁卜。贞。于。二朋又五人？卯一十牛？

(2) 五人？卯五牛？于。二朋？

上例卜辞中的"于"字之后通常应契有地名或受祀对象,如果认为是略而未契,或者留有空档待契而未契的话,则"二朋"便可理解为选用的祭品。

《怀特氏等收藏甲骨文集》第142片有一组辞文:"五朋。七朋。八朋。三十朋。五十朋。七十朋。"所录朋数可能与赏赐品或祭品的安排有关。

3·1·3 鬯的计量单位

殷人酿造的一种美酒叫作"鬯(chàng)",盛装鬯的容器叫作"卣(yǒu)"。商王在祭祀活动中时常用若干只卣盛着的鬯作为祭品。比如,刻辞中的"鬯一卣"(合35350)、"鬯三卣"(合1069)、"鬯五卣"(合25979、合30815)、"鬯六卣"(合35355)、"鬯一十卣"(英①1293),便是用卣盛鬯献祭的记录,在这类辞文中,"卣"具有作为鬯的计量单位的意义。

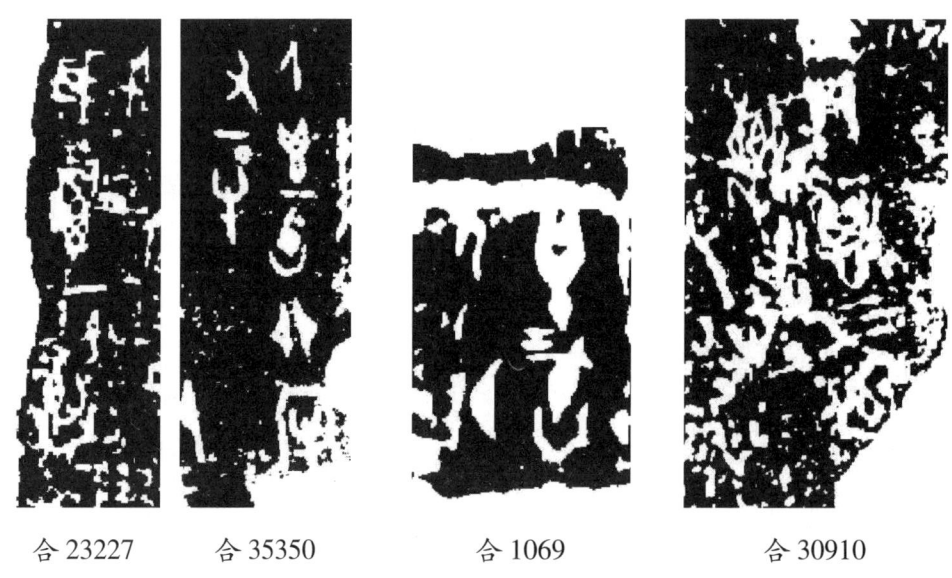

合23227　　合35350　　合1069　　合30910

合23227 释文:…父丁岁(祭名)。鬯一卣。

合35350 释文:…鬯一卣。卯牢…又一牛。

合1069 释文:…鬯三卣。…人。十月。

合30910 释文:…贞。鬯三卣…飨。

---

① "英"是《英国所藏甲骨集》的简称,片号为原书编号。

第 3 章 甲骨文中的计量单位和数量计算

   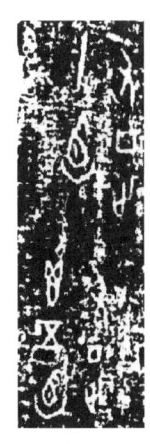

合 25979　　　　合 35355　　　　　　英 1293　　合 30815

合 25979 释文：…鬯五卤。

合 35355 释文：丁酉卜。贞。王宾文武丁。伐一十人、卯六牢、鬯六卤。无尤？

英 1293 释文：…人、鬯一十卤、卯三十牛？九月。

合 30815 释文：

（1）鬯五卤。有正。

（2）一十卤。有正。

有的时候，契者只在辞文中记录献祭的卤数而没有注明是否盛装了鬯，比如"一卤"（合 23257）、"二卤"（合 30974）、"其五卤。有正。王受佑。"（合 36351）、"一十卤"（合 30815）、"一十卤又五卤"（屯南 110）等等，显示出"卤"还是一种用于祭祀的礼器。

 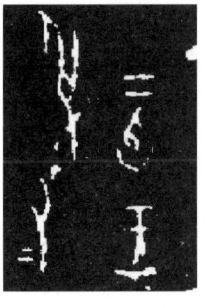 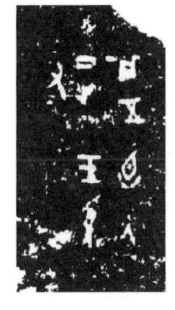 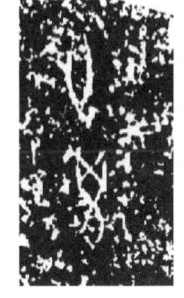

合 23257　　　合 30974　　　　合 36351　　　合 30914

一卤　　　二卤。王受佑。　　　　　　　　　二十鬯

辞文中还有"鬯三"（英 2400）、"鬯五"（英 2400）、"二十鬯"（合 30914）、"鬯二十"（合 30979）、"鬯三十"（合 22227）、"五十鬯"（合

32686)、"一百鬯"（合 301、合 302）、"鬯一百"（合 13523）。在这类辞文中，鬯的计量单位应当是卣，但是略去了"卣"字。在用鬯较多的场合，一种可能的解释是人们不会将鬯分装在数十上百个卣中，而是使用了较大的容器，其数量仍然用卣数来描述。这种情形显示出殷人依据卣的容量，或者依据卣中鬯的重量来规范鬯的数量。

合 30979　　　　合 22227　　　　合 32686

合 30979 释文：…新鬯二十。蒸…

合 22227 释文：乙丑卜。酒（祭名）？御于庚妣。伐二十？鬯三十？

合 32686 释文：丙寅。贞。今日其用五十鬯？于父丁…

合 13523　　　　合 301　　　　合 302

合 13523 释文：癸卯卜。贞。弹（祭名）？卣一百？牛一百？

合 301 释文：丁亥卜。㱿（贞人名）贞。昔乙酉□旋御（祭名）…丁。大甲。祖乙。一百卣？一百羌？卯三百…

合 302 释文：…贞。昔乙酉□旋御（祭名）…乙。一百卣？一百羌？卯三百宰？

可以认为，"卣"是目前见于记载的中国古代最早的液体计量单位。过去商家使用的酒提和油提之类的计量工具，应当源自于此。

观察下述刻辞：

  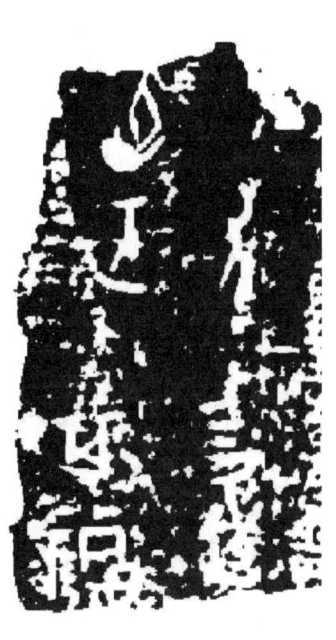

合 30348　　　　　合 30973　　　　　合 30986

合 30348 释文：祖丁。斗卣。卯惟牛。王受佑？

合 30973 释文：其蒸新卣二升一卣？于…

合 30986 释文：其蒸…二升…卣。王受佑？

学者们通常将上面三条辞文中的 ![] 释为"斗"，将 ![] 释为"升"，它们与"卣"联用，或者与数字联用且与"卣"同辞，似可视为与容量相关的计量单位。但"卣""斗""升"之间有何关联，目前并不清楚。

殷墟出土有数枚勺形青铜器，学者们认为是舀酒器，并称之为"斗"。这类器物除了具有舀取功能之外，也许还被用作量器。

101

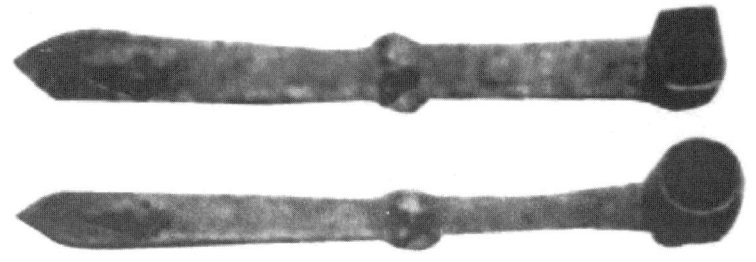

殷墟出土的勺形青铜器，有方形口和圆形口两种造型。

3·2 计时单位及用数

关于时间的计量，在殷墟甲骨文中有"日""旬""月""年""岁""祀"等单位，它们是对自然节律的观象结果，不涉及时刻的概念。目前尚未发现小于"日"的时长计量单位。本书第4、5两章介绍了学者们对殷商时序的一些研究成果，在那里，可以观察到殷人关于时间计量单位和表时词语的应用形态。

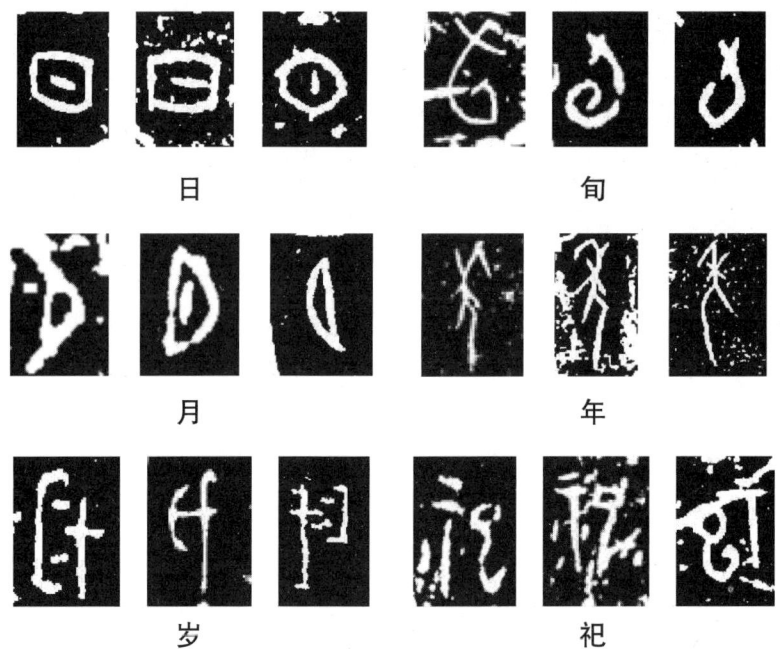

3·2·1 "日"是殷商时期最基本的计时单位

甲骨文中的"日"契作 ⊙ ，象形于太阳。用作名词的辞例如：

第 3 章 甲骨文中的计量单位和数量计算

合 11480

合 33006

合 13328

合 32119

合 11480 释文：…贞。日有食？…

学者们将"日有食？"释为："发生日食吗？"又如：

合 33006 释文：辛未。侑于出日？兹不用。

合 13328 释文：…其入日…

合 32119 释文：…出、入日。岁（祭名）三牛？

辞文中的"出日""入日"指升起与落下时段的太阳，这里的"日"用作名词。

作为表时的量词，"日"有两种用法。第一种是单指白天的时段，即始于"出日"止于"入日"的时间段。不能将这样的"日"理解为计时单位。

观察下述辞例：

合 30839

合 33871

合 13140

合 30183

合 30839 释文：叀（惟）翌日，酒（祭名）？叀今夕，酒？于翌夕，酒？

如果这版（由两块骨片拼合）辞文为同日所刻，从"翌日"和"翌夕"分列对举的情形，可将"翌日"理解为次日的白天，"翌夕"则是次日的夜晚。

合 33871 释文：丁卯卜。今日雨？夕雨？

若该辞中的"今"指卜日丁卯，内容是卜问："日雨？夕雨？"则辞中的"日"和"夕"分别是丁卯这天的白天和黑夜。

合 13140 释文：辛未卜。内（贞人名）。翌壬申启？壬，终日雾。

合 30183 释文：吉。兹允。雨，终夕。

比对这两条卜辞，"终日"可理解为整个白天，而"终夕"指的是整个夜晚。

第二种是指包含白天及黑夜的一个整日，我们知道这样的"日"对应于地球自转一周的用时。相对人类有限的历史，日的时长非常稳定，在古代先民的心目中，每日的时长都是相同的，自然成为一种表时的单位。观察下述辞例：

合 5141 释文：…贞。今日夕，酒…

此辞中的"夕"指"今日"的夜晚部分，故"今日"当为整日。

殷人做日数记录时，使用的单位便是整日。在甲骨刻辞所反映的殷历中，每一个干支日名代表的时长都是一个整日。包含昼夜的"日"是殷历中最基本的时间计量单位。

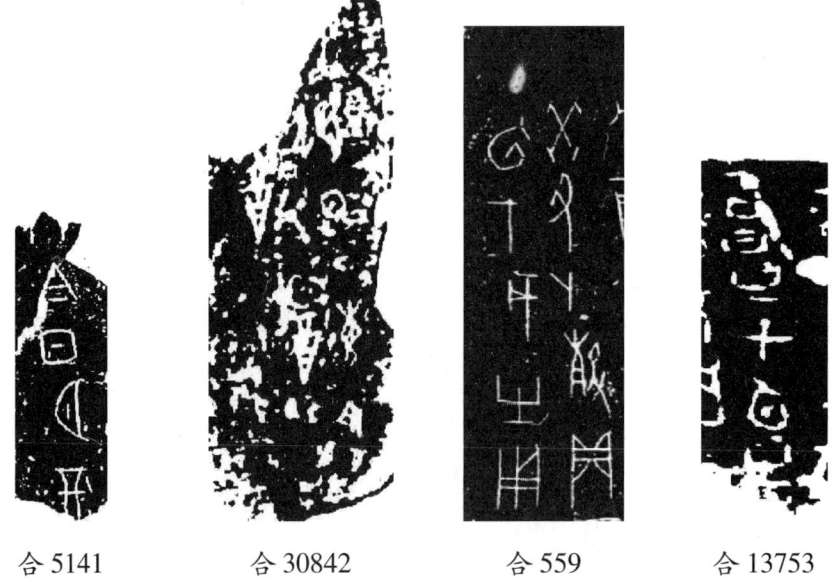

合 5141　　　合 30842　　　合 559　　　合 13753

进而观察殷历的日始。

第3章 甲骨文中的计量单位和数量计算

合 30842 释文：**叀今夕，酒？翌日，酒？**

从这条卜辞的语义逻辑来看，与此次占卜询问事宜有关的时段顺序应当是从"今夕"到"翌日"，即从今日的夜晚到明日，可知今夕结束后即进入第二天，故一个整日的构成是白天在前，而黑夜在后。再看合 30839 的释文：**"叀翌日，酒？叀今夕，酒？于翌夕，酒？"** 如果此辞为同日所卜，也可以作出殷历的"日"始于白天而止于黑夜的判断。甲骨文中有数量很多的卜夕辞，常见句式为**"今夕无祸？"** 这是在施占当日白天发出的卜问，同样能说明"夕"所表示的时段属于今日的后半段。这种语义与古人日出而作，日落而息的自然节律是适配的。可以认为，殷人以从黑暗到天亮的时段作为前一日的终结和后一日的开始。或者说，殷人的日始是从暗到明的天然时段，尽管在时间的划分上依赖于观象，没有涉及时刻概念的应用，然而这种情形并不影响日序的排列和日数的计算。西汉武帝所颁四分历的日始定在十二时辰的子夜居中时刻（与现今的午夜零点相合），这种时间坐标系的建立，解决了黎明时段存在随季节游移的问题。

现代汉语中的"今夜"通常泛指整个夜晚，大体相当于殷商的"今夕"。如果要将前半夜和后半夜分置于先后续接的两日，则需作出具体的说明。

殷历用干支序列（即六十甲子）序日和名日，而日数的计算结果则录之于数字。从大量的历纪刻辞来看，整个殷商时期的日序排列已有明确的规则，殷历的使用也相对稳定，学者们相信殷历干支日序是连续的，没有重叠或跳断。干支日序与日数之间存在正整数下的换算关系，就殷人的数学能力而言，可以熟练地完成这类换算。一般情况下，刻辞中用日数表出的时长记录都是确数。

"旬"字的契文形如 ![图] 或 ![图]。旬是在日的基础上形成的计时单位。甲骨文中的旬有两种用途，一是用作计日单位，二是用作周祭时序中的计时单位。

观察 **"癸丑卜…旬壬戌…"**（摘自合 559，整版拓本见 2·1·3 节），从癸丑到壬戌共计 10 日，记为"旬"，即殷人以 10 日为 1 旬。这样的"旬"被用作百日以内的计日单位，且辞文中没有"一十日""二十日"，以及"某十日"的用例。例如殷人将 170 日记为 **"一百日又七旬"**（合 13753），既不记作"一十又七旬"，也不作"一百又七十日"。刻辞中有不少用旬计日或表示时长的例子。比如 **"二旬又一日"**（摘自合 903，拓本见 4·2·2 节），是 21 日的意思。用于计日的旬在干支日序中没有固定的位置。

学者们在研究殷商中晚期的卜辞时，发现时王采用了一套按干支旬序逐旬安排且有周期规律的做法祭祀祖先，称之为"周祭"，并认为在文武丁及帝乙、帝辛时期，一轮周祭的用时多为 36 或 37 旬。一些辞文显示出周祭旬序构成了一种时间序列，使这类涉及周祭事宜的旬具有计时单位的性质。在与周祭相关的卜旬辞中，"癸某卜。旬无祸？"是既有的句式，其中的"旬"指从卜日（癸日）的次日起，由甲至癸的 10 日。一轮甲子有 60 日，正好排出 6 个由甲至癸的旬，它们在干支日序中各有确定的位置，可以循环置列。这样，周祭各旬虽无旬名，仍可由对应的干支确定旬序。不妨将这种序时方法称为干支纪旬法。基于干支纪日法和干支纪旬法，在殷商中晚期的社会生活中，存在着殷历干支日序与周祭干支旬序混合使用的状况。

3·2·2 殷人对一日之内的时段划分

殷墟甲骨刻辞中有"旦"（合 29779）、"明"（合 40341）、"大采"（合 12814）、"大食日"（合 40341）、"日中"（合 29789）、"中日"（合 29790）、"昃"（合 29793）、"小食"（合 21021）、"小采日"（合 21016）、"郭"（合 29793）、"郭兮"（合 29794）、"昏"（合 29794）、"暮"（合 27396）、"夕"（合 27396）等表时用词，可知殷人将一日的时长依日行变化形成的自然时段进行了划分。这些时段先后承续的关系大致是：旦→明→大采→大食→中日→昃→小食→小采→郭→昏→暮，通常用夕泛指夜晚。殷人对白天的时段划分较细，对夜晚的划分较粗，但从甲骨文中大量的卜夕辞来看，人们对是否能够平安地度过夜晚很是重视。

合 29779　　合 12814　　合 40341　　合 29789　　合 21021　　合 29790

　　　　　　大采。雨？　　　　　　　　　　　　　小食…

合 29779 释文：**旦。不雨？其雨？**

合 40341（缺拓本）释文：**明。雾。大食日。啟**（晴）。

合 29789 释文：**叀日中。有大雨？**

合 29790 释文：**中日。其雨？**

第 3 章　甲骨文中的计量单位和数量计算

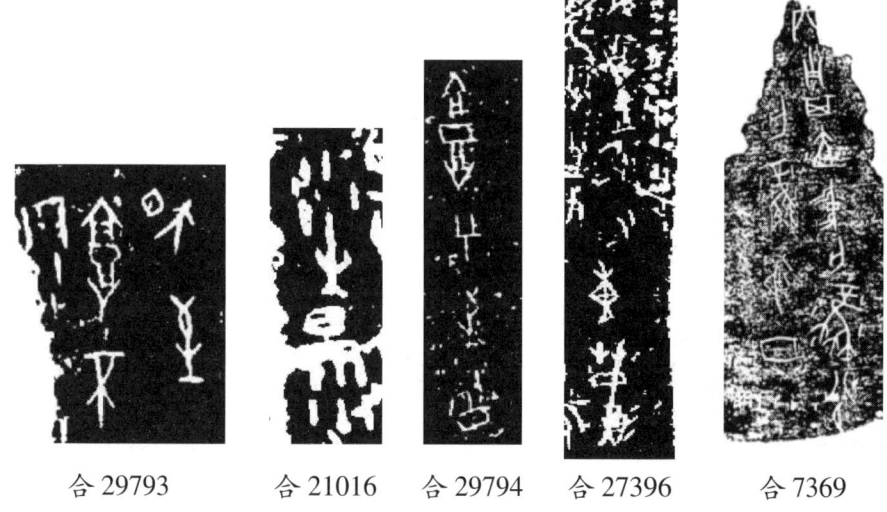

合 29793　　合 21016　　合 29794　　合 27396　　合 7369

合 29793 释文：**昃至郭。不雨？**

合 21016 释文：**小采日。雨？**

合 29794 释文：**郭兮至昏。**

合 27396 释文：**叀暮酒？…夕酒？**

这些与日内时段划分相关的词汇与直接的观象经验相对应，各段的时长有明显的差异，对时间长短的描述比较粗糙，很难用作实施了时段均分的证据。比如"旦""明""昏""暮"，其形成缘于观象，对应于太阳升起或落下的时段，而殷墟所在的安阳地区（北纬35°左右），从冬天到夏天看到太阳升落的时段会相对于设定的时间坐标（例如相对于现今的0点）有明显的游移，必然使得夕的时长以及大采、小采之类相邻段落的时长处于变动之中。又如"日中"或"中日"，目前还不能证实是日行于中天的时刻表述，作为观象背景下的时段，其时长相对较短。殷人用这类时段表示时间的续接关系和相对长短，不能视为小于日的时间计量单位。

已有观察表明，关于一日之内各个时段的时长，以及两个相邻时段之间相对模糊的交接，大体上可以视之为观象划分的结果。这类表时方式显示出殷人在时段划分方面没有引入时刻的概念，也没有构建对应的时间坐标和时间计量单位，更难于作出殷人对一日的时长已经大致均匀地进行时段划分的判断。

合 7369 释文：

（1）**丙子。其立中，无风？八月。**

（2）**…无风？昜日。**

如果合 7369 辞文里的"立中"与殷人树立圭表类的杆状物有关，则表明商代先民对自日出到日落过程中，表杆日影长度及指向的变化情形有所了解。就空间意义上的方位而言，"四方""四土"与东南西北有关已无疑义，殷人的立中很可能用于方位的判定，现在尚无殷人用刻度之类的单位来定量描述方位的证据。通过对立中落影的观察也有可能提升殷人对中日时段的认识，可是目前还难于证实殷人已经在"中日时段"的基础上形成了"中日时刻"的概念。观察刻辞中"中"字的构形，似乎象形于附有数条旒状飘带的直杆，也许殷人还用"立中"的方式来测知风向以及风力大小。

学者们将形如 ▨（合43）、▨（合10973）的字符释为"录"。一些学者认为，在某些辞文中"录"是用于计时的"漏壶"或"滴漏"。按照这种推测，计时工具录的存在，表明殷人对时刻概念有所认识，且有条件将日内时长均分为若干时段。有的学者还推测"中日"可能与▨（"中录"，合14103）相对应，分别表示白天和夜晚的正中时刻。不过，由于这类推测与已知辞文所记日内时段的划分并不均等的状况难于相容，显示出这方面的研究还有待深入。

一般认为漏壶的发明有着久远的渊源，但应用状况有欠明晰。对日内时段的划分具有定量意义的记载见于《左传·昭公五年（前537年）》的**"日之数十，故有十时。"**其背景可能与水漏型时钟的应用有关，虽不能肯定这是周人把白天或整日均分为十个时段的意思，但反映了时刻概念的应用。西汉武帝时期，人们将圭表或日晷与"漏刻"相配合，从而把一个整日平均地划分为"百刻、十二辰"。学者们指出，"百刻"是时刻概念的一种相对成熟的应用形态，而"十二辰"是按地支顺序划分，每个时辰表示的时段相当于现今的2个小时。但因100不是12的整数倍，故辰刻结合制度出现于较晚的隋代历法。

另一方面，一些研究者推测，在观察表杆日影变化的过程中，除了方位之外，殷人有可能发现在一年之中，日影长度变化有一定的规律，从而形成了关于"分"（春分或秋分）"至"（冬至或夏至）的认识。但是在已有的材料中，包括涉及四方神祇的内容，以及记有"至日"或"日至"的一些辞文（参看1·2节和3·2·4节）在内，尚未找到足以支持这种推测的证据。

3·2·3 殷历的"月"

甲骨文中形如▨的字符象形于残缺的月面，常见含义有三：一为表示夜晚的"夕",二为表示月亮的"月",三为殷历中的纪时单位"月"。

当辞文语义是指夜晚时段时,释为"夕"。例如合 30839 及合 27396(拓本见 3·2·1 节及 3·2·2 节)中的**"夕酒"**,都是指在夜晚时段举行的酒祭。

合 41409 释文:

(1) …**暮岁**(祭名)。

(2) …**牢**?**王受侑**(祭名)?

(3) …**其侑**?**夕岁**(祭名)。**叀**(惟)**牛**?**王受**…

其中 ᛞ 和 ᛞ 分别释作**"暮岁"**和**"夕岁"**,指在日暮时段举行的岁祭,以及在夜晚时段举行的岁祭。辞(3)中的 ᛞ 便释作**"夕"**。

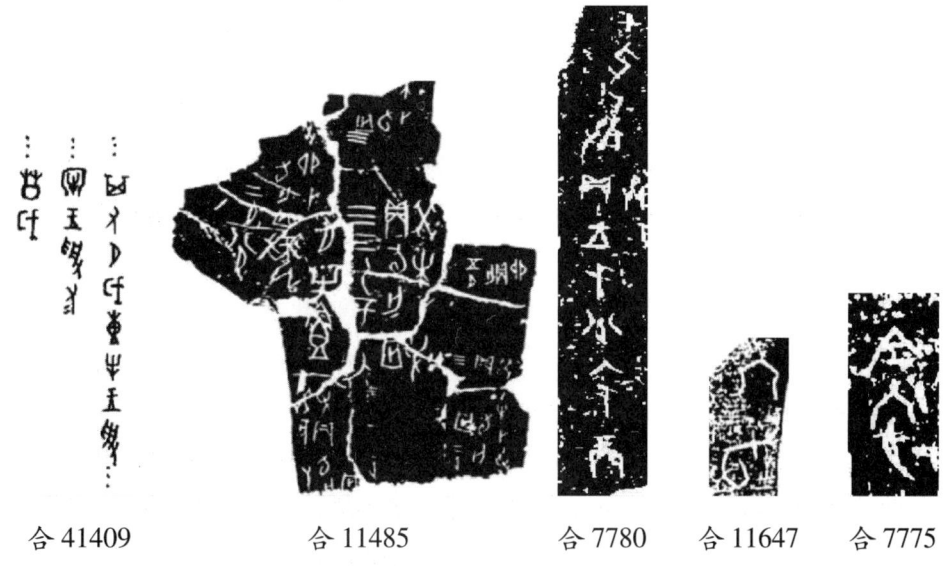

合 41409　　　合 11485　　　合 7780　　合 11647　　合 7775

当辞文语义是指月亮时,释为"月"。例如:

合 11485 释文(摘录):

(1) **癸未卜。争**(贞人名)**贞。旬无祸**?

(2) **三日乙酉夕,月有食。闻。八月。**

辞(2)是记事辞,学者们认为**"月有食"**是乙酉夜晚发生月食的记录,其中的 ᛞ 即月亮。**"闻"**,听闻,一种解释是此次月食发生于异地,辞文所录得自传闻。

合 7780 释文:**甲申卜。殻**(贞人名)**贞。王于八月入于商**(地名)?

一些刻辞中的**"月"**被用来表示月相圆缺变化的周期。显然,早期作为计时单位的月是一种观象的结果。殷历用数字序月或名月，合 11485 和合 7780 中的"八月"，以及合 7775 中的"六月"，都是殷历的历月记录。

殷历月的时长由整数日确定，相对实际月周存在误差（今人测得的月周均值约为 29.5306 日）。目前发现殷历有 29 日、30 日和 31 日三种月长，但是对某个具体的月份来说并无固定的日数。殷历大体上按 29 日和 30 日两种时长交替置月，若干个月之后需要根据对月相周期的观测予以调校，从而出现了 31 日的月长设置。殷历各月的日数安排缺乏规律性，显示出尚未具备历算性质的置月规则（参看 4·3·2 节）。这样，殷历的历月设置虽然以月相周期为依据，可是通常不能由月数换算出日数。如果超过一个月的时长，甲骨辞文中仍然表为日数，如"六旬"（合 11647）、"九旬又一日"（合 11648，拓本见 3·3·2 节），以及"一百日又七旬"（合 13753，拓本见 3·2·1 节）等等，并没有用月数加上余下日数来表出的做法。尤其是殷历存在"重月"（参看 4·4·3 节）的安排，由月序表出的月数有可能少于其间月周的个数。可见由数字与月字组成的词汇除了序月或名月，只能概念性地对时间进行计量。例如"今六月"（合 7775）是指某年当今的第 6 个月份，若一月到五月设有 1 个重月，"今六月"便对应于第 7 个月周，因而在辅助条件不足的情况下，不能肯定地视之为这年的第 6 个月周。

殷历月始之日对应于怎样的月相，已有材料中并无具体内容。虽然目前不能证明殷商时期已经形成了月相"朔"的概念，一些学者仍认为殷人有可能测算朔的所在之日，并将朔日用作月首。有的学者则认为殷历各月也许始于新月初见之日，或者说，殷人有可能依据对月相的观测经验和简单推算大致得知新月出现之日，以预设月首。当然，这两种历月首日的设置办法，都需要依据观象所见残月和新月交替的情况进行适时的调校。目前所知，现行农历以朔日为历月初一的安排，与西周晚期及以后的置历人员形成并应用了朔的概念有关。

3·2·4 殷商时期的"年""岁""祀"

作为表示物候寒暑与星象变化周期的计时单位，《尔雅·释天》有"**夏曰岁，商曰祀，周曰年**"之说。然而甲金文献表明，殷商时期同时使用着"**年**""**岁**"和"**祀**"。这类计时单位的形成缘于地球绕日公转的周期，今人测知约 365.2422 日。

〔1〕关于"年"

甲骨文的"年"契作 ![字形] （合 24610）或 ![字形] （合 9744），从"禾"从"人"，好像一个人背负着禾谷，与禾谷一年一熟的生长周期相关。在已有的材料中，"年"字多见于康丁以前的辞文，与数字联用时通常表示年数或年序，与谷物名称或与"受"字联用时有卜问收成的意义。一般情况下，可以将"年"视为殷历纪时单位。

年的时长用整数月确定，通常以 12 个历月为一年。刻辞中还有数十例"十三月"和两例"十四月"的记录，表明这些年份的时长由 13 或 14 个历月构成。由于后世历法的置闰都依相应的历算而设，而已有殷商材料中未见涉及历算置闰的内容，也没有"闰月"之类的词汇，故不宜将"十三月"和"十四月"表述为"闰月"和"再闰月"，后世一些文献中在论及殷历时涉及闰月的说法均属借用。依据甲金材料中的历纪情况，可以认为殷历各年的月数设置取决于经验和相对简单的计算，需要通过对星象的观测适时地加以调校，两次调校之间的历序年数并不多。或者说，虽然在若干年内殷历的平均年长趋近于地球绕日公转的周期，但是目前还不能证实殷历有历算置闰的规则。

关于殷历的年始，一些学者认为，殷历年的一月或正月可能设在物候时序中叫作"秋"的时段，大致在谷物成熟与收获之后。正月的始日便是年始之日，并不涉及时间坐标的构建和对应的时刻。

合 24610

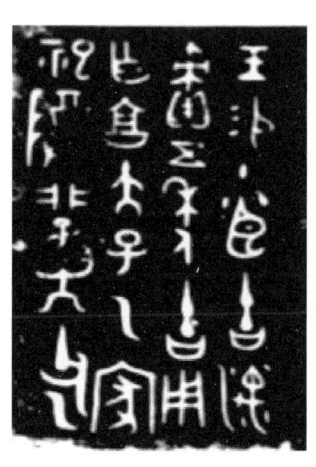
小臣缶方鼎（帝乙 帝辛）

合 9710

合 24610 释文：…卜。出（贞人名）贞。自今十年又五。王若…
此辞中的"十年又五"可以理解为年数，或者理解为时王在位的殷历年序。
小臣缶方鼎铭文释文（摘录）：

王赐小臣（职官名）缶（人名）湡（地名）积（税赋）五年。…

学者们认为这条铭文的内容涉及商王以某地五年的税赋作为赏赐，其中的"**五年**"用作年数，不是时王在位的殷历年序。

合 9710 释文：**癸卯卜。𠧊**（贞人名）**贞。我不其受年？**

合 9744 释文：**乙巳卜。𠧊**（贞人名）**贞。西土受年？三月。**

　合 9744　　　　　合 9947　　　　　合 33241　　　　合 9662

合 9947 释文：**癸未卜。内**（贞人名）**贞。我受黍年？**

刻辞中有不少祈丰记录，这类卜辞中的"**受年？**"或"**受黍年？**"是卜问当年的收成，或者祈望某种谷物获得丰收的常见句式。

目前未见某年某月某日俱全的历纪，也未见用年数加上奇零月数及日数的形式表示时长的情形，更没有发现将年月日的历纪组合换算成日数的例证。

〔2〕关于"岁"

甲骨文的"岁"字形如 （合 32057）或 （合 20795），好像收割禾谷的工具，一般认为"岁"所表示的时间单位也与谷物一年一熟的物候周期相关，其纪时含义与"年"相当。

合 33241 释文：**戊寅贞。来岁大邑受禾？在六月。**

合 9662 释文：**癸卯卜。争**（贞人名）**贞。今岁商受年？**

上两辞"来岁"和"今岁"中的"岁"相当于"年"。关于"岁"的时长，目前尚未发现具有历算性质的设置规则。

合 20795 释文：**癸丑…贞。二岁…其有祸？**

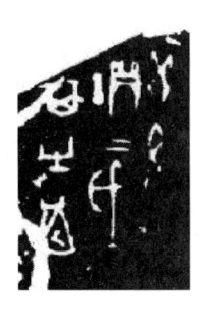  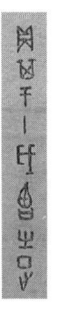 

　　合 20795　　　合 20796　　　英 1300　　　合 32057　　　合 41409

合 20796 释文：**辛未卜…自今三岁…母执…**

英 1300 释文：**贞。其于十岁迺有正。**

上述三条卜辞中的"二岁""三岁"和"十岁"可以理解为岁数或岁序，但不能肯定是时王在位的时序。

作为计时单位，甲骨文中的"岁"通常处于单独使用的状态，未见某岁某月某日俱全的历纪。用于纪时的"岁"见于殷商各个时期的甲金材料中。与"年"相似，用于纪时的"岁"的出现频率也很低，为数甚多的殷历时纪均由干支日名及数序月名构成。眼下尚未发现同时记有年序和岁序的辞例。殷商晚期的卜辞中有数十例的内容是卜问"…岁无尤？"（合 38621、合 38628 等等），参照卜夕辞、卜旬辞和卜月辞的句式，若将它们视为卜岁辞，这里的"岁"便相当于"年"。

合 38628 释文：**癸亥卜。贞。王宾**（祀仪名）。**岁无尤？**

合 32057 释文：**癸卯。贞。王侑□。岁（祀仪名）？三牢？羌一十又五？**

合 41409 释文：**…暮岁**（祀仪名）。

刻辞中有不少将"岁"用作祀仪名的辞例，称为"岁祭"。而"暮岁"，便是在日暮时段举行的岁祭。上面两辞中的"岁"不是纪时用语。

商代甲金材料中的"岁"与后世文献中所说的岁星（木星）及岁星纪年法都没有关系。到了西周时期，"年"的时长仍以回归年为背景，年长日数随闰月的有无而不同。由于西周先民将"岁"的时长联系于岁星（木星）的视运动周期（木星的恒星周期约 11.8622 年），因而西周岁长的日数不同于年长的日数。

〔3〕关于"春""秋"和"至"

对于一年之中的季节，在已有的甲骨文中只契及"春"与"秋"，例如：

合 9660 释文：…贞。来春不其受年？

   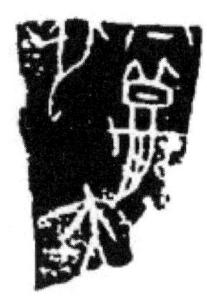

　　合 38628　　　　合 9660　　　　合 2358　　　　合 11538

合 2358 释文：…今春不其至？

合 11538 释文：…今秋。大…

　　合 8525　　　　合 33166　　　　合 32968　　　　合 13740

合 8525 释文：丙戌…贞。今春𠭯方受有佑？

合 33166 释文：癸丑。贞。…于秋…令。

合 32968 释文：丁丑。贞。今秋。王其大使？

目前未见可以确证与冬和夏有关的辞文。从学者们的研究来看，"春"和"秋"来自农作物栽种收藏，昆虫生灭及物候变化的自然节律，应是对年内局部时段的划分，并不用作纪时单位。殷历的颁行对殷人的农时安排具有非常重要的指导意义。西周以降，作物种收及物候节律的划分与历制渐趋融汇，随着春、夏、秋、冬四时概念的形成，发展到二至二分（春分、夏至、秋分、冬至）的时点测定，再加上二十四节气的配置，后世历制逐渐完善。

甲骨文中有好几处言及"…日至…"和"…至日…"的辞文，例如：

合 13740 释文：戊午卜。贞。今日至吴御于丁？

 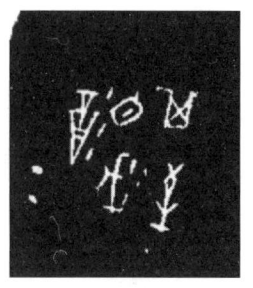

合 20843　　　　　　　　合 27454

合 20843 释文：…五百四旬七日至丁亥，从。在六月。

合 27454 释文：**其至日戊。酒**？

合 2358 的辞文中也契有"至"字。一些学者希望从这些辞文中找到与"冬至"或"夏至"有关的线索，可是经过反复的辨析论证，未能证实殷人在一个殷历年的时长划分中建立了"至"的概念，也未能论定殷人已经具备了测知"至"所在时段甚或时刻的能力。关于"春分"和"秋分"，在已有的商代材料中尚未发现可能有所关联的内容。

〔4〕关于"祀"

商代文献中的"祀"有几种含义，用作地名、祀仪名、人名，以及纪时单位。

合 41754　　　合 6497　　　合 22048

合 41754（缺拓本）释文：**癸酉卜。在祀（地名）。莫河邑**…

合 6497 释文：**…我其祀（祀仪名）**…

合 22048 释文：**壬寅卜。命祀（人名）复出**？

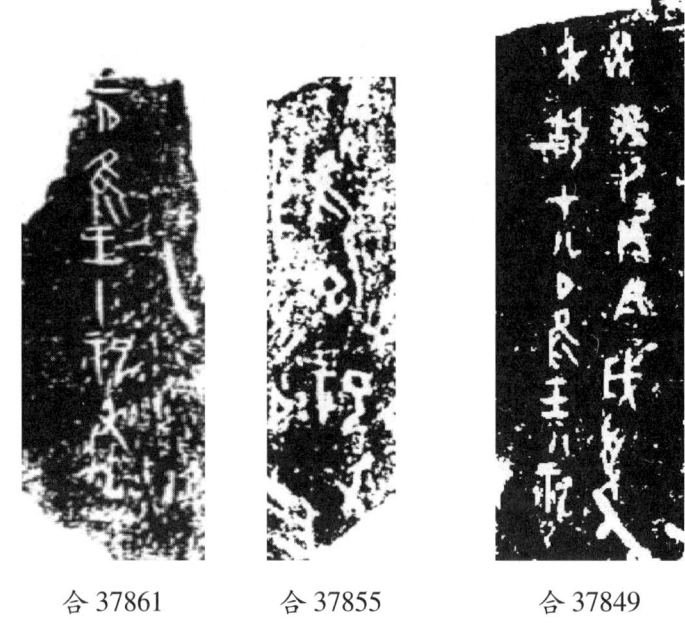

合 37861　　　合 37855　　　　合 37849

合 37861 释文：…二月。惟王十祀（纪时单位）又九。

合 37855 释文：…惟九祀（纪时单位）。无…

合 37849 释文：癸丑卜。贞。今岁受禾？弘吉。在八月。惟王八祀。

注意在合 37849 的卜辞中"岁""祀"同辞，作为纪时单位，它们很可能具有相同的表时功能，因而一些学者认为"王某祀"及"某祀"（以下统一记为"某祀"）相当于殷历的纪年，也就是将"某祀"理解为时王在位的殷历年序。

另一方面，从字面上看，"某祀"的形成可能与举行具有时序特征的祀仪有关，以表示在位商王奉祀的次数。学者们发现，殷商中晚期，在位商王对去世祖先的祭祀有一种特殊的安排，并认为存在大致 36 旬或 37 旬的周期，故称之为"周祭"。研究表明，周祭时序与殷历时序并无稳定的对应关系，它们在社会生活中处于并行使用的状态，是两种各自独立的时序。由于"某祀"多见于殷商中晚期的辞文，于是个别学者将附有数字的"祀"与周祭联系起来，认为可以解释成在位商王举行周祭的数序。

无论如何，甲骨文中的殷历时纪只记干支日和数序月，通常并不记录年或岁，而在殷商晚期出现了多例除了干支日和数序月之外，还记有"某祀"的辞文，表明时纪形态有所演进。

3·3　四则运算

从甲骨刻辞中文字表述的内容和所用数字都是正整数的现象来看，似可认为，殷商时期的用数不涉及分数或小数，也没有形成负数的概念。另一方面，由于尚未发现与分数、小数及负数有关的运算，也未见乘方和开方，目前可以判断，殷人求数运算的类型属于十万以内正整数的四则运算。依据已有的甲骨文材料，十进制记数法的创制，筹策算具及四则运算的应用，以及干支组合，构成了今人观察商代数学知识的积累发展和具体应用时，可资推考的内容。

3·3·1 正整数的四则运算

〔1〕加法

加法是最基本的求数运算。一而二，二而三的点数，就是逐一的累加。当人们掌握了诸如二加三得五之类的规律，不必依次点数时，便出现了用加法完成的心算。这种至为基础的数算能力，应被远在殷商以前的华夏先民所具有。

在多位数中，经常见到用数字与副词"又"组合表数的情形。在这类记数文字中，"又"的字义就是"加"，可知殷人不但熟知加法的概念，而且掌握了基本的运算技能。"又"字的这种用法至今没有改变，比如"一又二分之一"，就是于一之外再加上二分之一的意思。

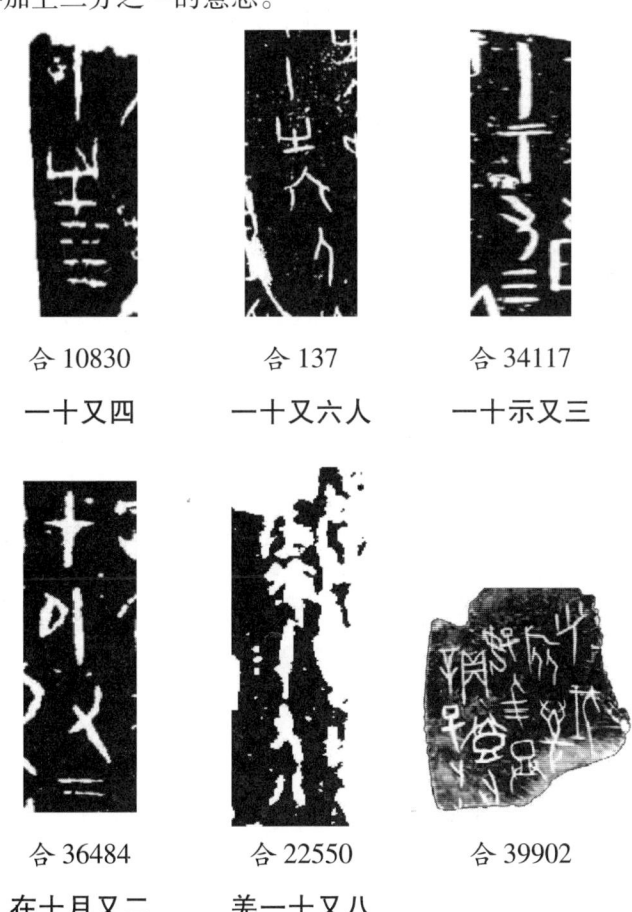

合 10830　　　合 137　　　合 34117
一十又四　　一十又六人　　一十示又三

合 36484　　　合 22550　　　合 39902
在十月又二　　羌一十又八

〔2〕减法

尽管没有发现表示"减"的字符,但殷人已能完成减法运算是没有问题的。事实上,在完成点数计算时,点入是加法,点出便是减法。诸如五减二得三之类的心算,殷人肯定是熟知的。观察下面的辞文:

合 39902 释文:**登妇好三千。登旅一万。呼伐⋯**

若将该辞的内容解释为"召集妇好三千人的部队,组成一万人的军旅讨伐敌人。"商王肯定知道这一万人由妇好的三千人与另外七千人所构成。这类辞文的逻辑关系显示出存在减法的概念,以及殷人具备完成减法运算的能力。

从一些刻辞的日数记录,也可以推知殷人能够完成减法计算。例如:

合 6648 释文(摘录,拓本及完整辞文见 2·2·1 节):

(1) 乙丑卜。⋯灾?

(2) 庚寅卜。⋯灾? ⋯王占曰:"叀既。"

(3) 三日戊子。允。既灾。

这组辞文是说乙丑这天贞人曾对军队出征事宜做过卜问,25 天后又于庚寅再做占卜,商王作出的判断是已经发生兵灾了。事后的验辞说:果然,庚寅前 3 日的戊子这天发生了兵灾。这种日数的倒推计算反映了与减法应用相关的思维逻辑。

甲骨文中有大量的干支历纪,以及数十例相关的日数记录,表明殷人熟知干支日序的组合构成规则及其与日数之间的换算关系。根据起讫干支,除了依序点数,运用加法或减法求取日数是商代社会生活中习以为常的事情。

在殷墟甲骨文中尚未发现负数的应用,故当时的减法运算应当满足不出现负数的条件。

〔3〕乘法

最简单的情形,是殷人在点数计数时极有可能会采用每次点两个(例如用"屯"来表示两块甲骨卜材),或者一五一十的点数方式(参看合 29537)。基于这类点数方式的应用,必然形成乘法的概念和建立相应的心算规则,尽管目前在甲金文献中尚未发现表示"乘"或"积"的字符。

合 29537 释文:

(1) 丁酉卜。

(2) 一十五犬、一十五羊、一十五豚?

(3) 二十犬、二十羊、二十豚?

(4) 三十犬、三十羊、三十豚?

第3章 甲骨文中的计量单位和数量计算

(5) 五十犬、五十羊、五十豚？

该辞的用牲配置可能是以犬羊豚为一组，各组有不同的数量，但是并不清楚这些牺牲是用于一次祀典，还是分开用于四次祭祀。出现于各组的数量显示出涉及"五"或"十"的倍率关系，有据于此，学者们认为殷人已娴熟于乘法计算。

合 29537　　合 26880　　合 11442　　合 13751　　合 11647

同样地，在基本数字与进位数字的组合表数形式中，可以观察到与乘法概念有关的逻辑结构。比如　　（三十）、　　（三百）、　　（三千），其中的进位数字"十""百""千"相当于被乘数，而基本数字"三"则相当于倍率。基于这样的观察，可以将这种类型的表数结构称为"倍数表示法"。殷人对乘法的应用，还体现于用"师""旅""族"表示的军队人数，以及用"朋"表示的财富数量。尽管目前尚还没有弄清军队编制的人数标准，也不清楚当时的"朋"究竟是由多少只贝构成，然而殷人肯定知道具体的规定。于是可以推知，殷人能够用乘法计算出**"五族"**（合 26880）的人数，以及**"一十朋"**（合 11442）的贝数，等等。

甲骨文中未见契作"一十日"的日数,辞文中表示"一十日"的字符是"旬",诸如"五旬"(合13751)、"六旬"(合11647)之类所表示的日数也与乘法有关。

〔4〕除法

《周髀算经》是一本传世的古代算书,其中有周公向商高问"数"的记录,这些内容反映了周人灭商后,周人向以商高为代表的殷遗学者学习数学知识的情况。从商高所说的"圆出于方,方出于矩,矩出于九九八十一"来看,殷人已经掌握乘法九九表的应用,可以推知殷商时期除了乘法之外,人们能够利用九九口诀完成正整数下的除法计算,并具备了相应的心算能力。另一方面,商高的表述方式说明殷商时期人们已经使用了"规""矩"之类的工具。

将人数或装备数换算成"师""旅""族"等军队建制单位,以及将若干数量的贝转换成"朋",都会涉及除法计算。不过,殷人用什么字符表示"除",目前尚不清楚。

殷人记十日为一旬,当人们需要将日数换算成旬数时,也会接触到除法的概念。比如,他们知道6旬是将60日用10来除的结果。观察"九旬又一日"(合11648),是将91日换算成用旬数表达的形式,其中已有余数概念的萌芽,反映了除法应用中不能整除的情形。从并不契作"九又十分之一旬"来看,显示出当时还没有形成分数的概念。

由于在甲骨文中尚未发现分数或小数的应用,因而殷人的除法计算有一定的局限性,但是完成可以整除的计算应该是没有问题的。

| 合 11648 | 合 40125(缺拓本) | 合 10976 | 合 33371 |
| 九旬又一日 | 七十又四 | 二旬又八日 | 三百又四十八 |

3·3·2 加法与乘法的混合运算

在《周髀算经》中,商高还说:"句(勾)广三,股修四,径隅五……得成三、四、五。两矩共长二十有五,是谓积矩。"这便是中国古典数学中表述为"勾三股四弦五"的勾股关系。其中的"共"指加法,"积"指乘法,因而这是一段加法与乘法混合运算的文字叙述,写成笔算形式即:

$3 \times 3 + 4 \times 4 = 5 \times 5 = 25$。

若将基本数字视为倍率,而位置相邻的数值用加法相连,则多位数的组合便构成加法与乘法的混合运算。"七十又四"(合40125)、"二旬又八日"(合10976)、"三百又四十八"(合33371)等等,都是这样的辞例。

3·4 殷商时期可能出现了早期筹算

甲骨文中有数值成千上万的数字记录,现在的问题是这些具体事物的数量是用什么方式计算出来的?从人类早期计数能力的发展过程来看,点数和心算是最基础的运算方式。人们在进行数量计算时,将这种没有数字0但配有进位数字及缺位的记数法用于点数计算和心算,是绝对没有问题的。随着社会的发展与进步,到了人们对数量计算的要求超越了点数和心算的阶段,便有可能发明出更为可靠及适用的运算方式。

由于在已有的甲骨刻辞和其他商代材料中尚未发现完成求数计算时所用运算方式的具体内容,所以殷商时期先民们在完成量值达到了百、千、万的计算时,于点数和心算之外,还采用了怎样的运算方式需要加以讨论。

3·4·1 殷商时期没有采用笔算

当计算对象的数量达到了百、千或万的量级时,若非善算之人,用点数或心算方式完成计算,肯定是既不方便又不可靠的。从刻辞中已有不少量级在百、千和万的数字记录来看,殷人已经发明出适用的求数方法,否则不能满足社会生活的需求。在中国古代,除了掐指结绳之属,于点数心算之外,可供考虑的求数方法大致有两类,一类是筹算,另一类是笔算。传统数学中使用的运算方式基本上都属于筹算,有的学者认为筹算的使用可上溯至西周。与筹算有关联的珠算则完善于宋代,直到现代仍有使用。在这类依靠算具完成计算的过程中,是用在平板上摆成的筹符数码或算盘上的珠串数码来记数,没有采用文字形式的数字符号,也无须配置加号及等号之类的运算符号,而数字所录只是计算结果或算法口诀的文本。

商代已有用于书写的笔类工具和颜料,用作文字载体的材料也很多,比如布帛、皮革、竹片、木板等等。又如刻刀甲骨、木棍沙盘,也可以用来完成笔算。但是自周秦至明清,历代先民在完成求数计算时并没有采用笔算。现今使用的笔算,是由西方传入的计算方式。

要想将甲骨文数字所反映出来的记数法用于笔算,会因为没有数字0而不能顺利施行。在已有的殷商文献中未见可以满足笔算要求的表数符号系统,更无具体算式,显示出殷商先民在完成求数计算时并没有采用笔算。从功能类别来看，甲骨文数字属于文字，但不是数学符号。换一个角度来考虑，不设表示0的数字符号，以及甲骨文数字在书写形式上存在诸多有失规范的特点，都与殷人没有将这套数字用于笔算相关。否则，作为数学符号，出现于甲骨文中的数字极有可能设置表示数字0的字符，并在书写形式上趋于规范和严谨。

一个有趣的现象是：现代汉语的表数方式沿用了古汉语设置进位数字的做法，还引入字符"〇"以代替缺位，而且形成了规范化的写法，甚至创制出包括"零"在内的大写数字。比如，2018这个数的甲骨文写法是"二千十八"或者"二千又十又八"，可以将这个数字释为"二千〇一十八"或"贰仟零壹拾捌"。然而，人们将阿拉伯数字用作数学符号已成惯例，即使抹去进位数字，比如，将"二千〇一十八"写成"二〇一八"，或者将"贰仟零壹拾捌"写成"贰零壹捌"，汉语数字仍然不被用作数学符号。

3·4·2　殷商时期可能出现了早期筹算

在中国古代，用于占筮的筮算和用于求数的筹算很可能有着共同的起源，它们经历了由简到繁互相促进同步发展的过程。不同之处在于古人用小木棍或竹签完成求数计算，而按司马迁在《史记》中的说法，古人用蓍草茎施行占筮。作为计算工具，学者们将这类竹签草茎称为"筹"和"策"。由于不易保存，目前发现的筹策实物以1993年荆州王家台秦墓出土的竹制筹策为最早，也许这60根装在一个竹筒内的筹策既用于筹算，又用于筮算。

筹算是一种使用筹策算具完成数学运算的方式。传世筹算使用的记数符号叫筹符。筹符用竹签筹策在平板上摆放而成，共有9数，分别对应于甲骨文中的9个基本数字。汉晋以降，传世筹算所用筹符的构形分横竖两式，横式用于偶数位，竖式用于奇数位。筹符数字按十进制的进位位置用筹符串置而成，筹符数字串中的空格相当于书写数字中的缺位，或者相当于数字0。

传世筹算使用的筹符

用于奇数位的竖式筹符	空格	Ⅰ	Ⅱ	Ⅲ	Ⅲ Ⅰ	Ⅲ Ⅲ	⊤	⊤	⊤	⊤
用于偶数位的横式筹符	空格	一	二	三	三	三	⊥	⊥	⊥	⊥
对应的甲骨文数字	缺位	一	二	三	三	乂	八	十	八	九
对应的中文数字	〇	一	二	三	四	五	六	七	八	九
对应的阿拉伯数字	0	1	2	3	4	5	6	7	8	9

例如"2018"这个数字，其筹符数字是：= 　一 Ⅲ。

第 3 章　甲骨文中的计量单位和数量计算

在多位数的筹符数字中，各个进位位置是预先约定好的，不必插入专门的符号。从个位向左，逐级进位位置以进位数字为名，然而进位数字只是出现于读取数字的语言中和记录数字的文字中。在读数或记数时，缺位等同于筹符数字串中的空格。

在统一的语言表述下，中国古代使用着两套十进制记数符号。一套是用于筹算的筹符，它们属于数学符号；另一套是书写文字中使用的数字，通常并不将它们用作数学符号。

有的学者认为，筹算的发明有着久远的渊源，用筹算的方式解决正整数下四则运算的时期可以上溯于西周。不仅如此，本书在 2·6 节介绍关于殷商筮数的讨论时，涉及筹策算具在筮算中的使用，尤其是通过对"▨（爻）""▨（学）""▨（学）""▨（教）""▨（寻）"等甲骨文字符的释读，可以帮助我们作出殷商时期极有可能存在用筹策算具完成数量计算的判断。由于甲骨文数字只适用于记录计算结果，结合社会发展的需求，当涉数多达千和万的量级，点数和心算已不敷使用的情形，有理由将筹算的应用追溯至殷商时期。更进一步，我们甚至可以认为筹算的起源也许与原始的筮算同样古老。当然，殷人的计算需求远比后世简单，数学知识的积累也相对有限，因而殷人即使能够用筹算的方式完成求数计算，也没有发展到传世筹算那样高的水平，不妨将行用于商代的筹算称为早期筹算。

由于计算过程早已灭失，我们既无从知道具体的运算规则，也不知道早期筹算中的筹符是什么样子。然而并非毫无踪迹可寻，观察甲骨文中的数字一、二、三、亖、𠄡，那时使用的筹符与它们有类似的构形未必没有可能。

观察"乙未卜。在盂。犬（人名）告：'有鹿。'乙未卜。王往田？弗擒。"（合 27919，拓本见 1·1·1 节）中的"弗擒"，这里的"弗"便涉及可数数量的"没有"。可见古代先民在早期筹算所使用的筹符数字中设置空格，以表示某个或某些位置的数值为"没有"是自然而然的事情。可以推知，与甲骨文多位数数字串中的缺位相对应，早期筹算的筹符数字串中已有空格设置。由于表数的语言文字和筹符都可以不设表示数字 0 的词语或符号，导致一些学者认为中国古代没有建立关于数字 0 的概念。这种判断显然脱离了实际的情况。

多位数的筹符数字串中所设空格的数学意义并不局限于表数应用，这种空格还涉及一些计算规则的构建。或者说，作为计算过程中的表数元素，在相应规则的指导下，空格也参与了具体的运算。究其表现形态和功能性质，可以确认这种空格属于"操作型的数字0"。或者说这种空格是筹符数域中的"0"。

例如，在用筹算方式完成1020 + 4300 = 5320的计算时，计算过程中将会遇到0 + 0 = 0，2 + 0 = 2，以及0 + 3 = 3的情形，从而显示出即使是在早期筹算中，也存在空格与空格相加，或某数与空格相加，或空格与某数相加，结果仍为空格或者某数的计算规则。

又如，在人们熟知的九九口诀（其形成时期可以上溯至商代）中，虽然不包含将"没有"（相当于数字0）用作乘数的内容，但是在乘法运算过程中遇到某数与空格相乘时，不论是对早期筹算还是对传世筹算来说，其结果均为"没有"，势必在情理之中。

3·5 延伸阅读：一些涉及计量单位及量器衡器的早期材料

在甲骨文中发现的计量贝币的单位"朋"还出现于殷商时期的青铜器铭文中，这些青铜器由受赏功臣铸制于不同的地区，表明"朋"是当时广泛使用的计量单位。到了西周时期，在一些青铜器铭文中除了记有"朋""族""师""卣"之外，还出现了计量长度的单位"里"，以及计量金属货币的单位"寽"，还有计量青铜及铜、锡材料的重量单位"钧"。

关于量器和衡器实物的传世件及考古发现，则以春秋战国时期为最早。

3·5·1 商周青铜器铭文中的计量单位举例

在已发表的商周金文中可以找到一些涉及计量单位的内容，举例如下：

戌㠱鼎铭文　　小子省壶铭文　　戌䦛方鼎铭文

（殷晚期）　　（殷晚期）　　（帝乙或帝辛时期）

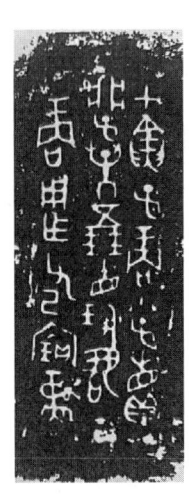

召卣铭文

（西周·召王）

戍▆鼎释文（摘录）：**丙午。王赏戍▆**（受赏者名）**贝二十朋。在**…

小子省壶释文（摘录）：**甲寅。子赏小子省**（受赏者名）**贝□五朋。** 省…

戍▆方鼎释文（摘录）：…**王赏戍▆**（受赏者名）**贝二朋。用作**…

在二祀邲其卣和宰椃角的铭文中分别记有"贝五朋"，而在小臣邑斝的铭文中则记有"贝一十朋"。这三器的铭文拓本见本书5·4·2节。

上述以"朋"计贝的辞例见于殷商时期的青铜器铭文。类似情形在西周青铜器铭文中也不鲜见，比如"贝一百朋"（▆方鼎）、"贝一十朋"（庚嬴鼎）、"贝三十朋"（庚姬卣）、"贝五十朋…贝二十朋"（效卣和效尊）等等。而"…瑾璋（玉制品）…才（裁）八十朋…"（卫盉）是说这块瑾璋的价值为八十朋。

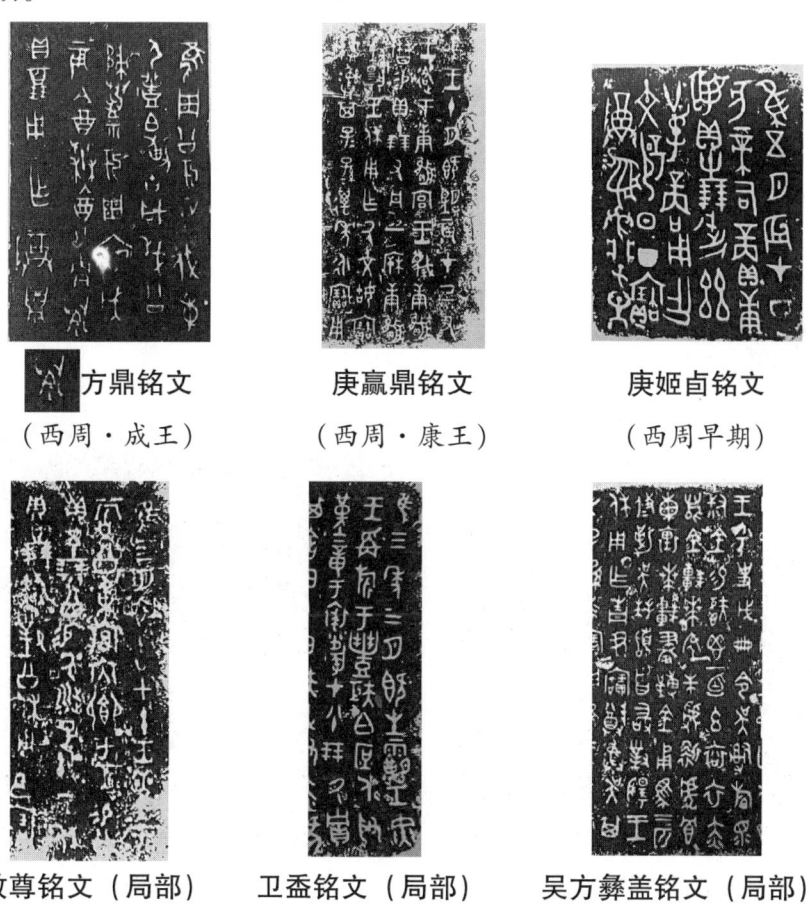

▆方鼎铭文　　　庚嬴鼎铭文　　　庚姬卣铭文
（西周·成王）　（西周·康王）　（西周早期）

效尊铭文（局部）　卫盉铭文（局部）　吴方彝盖铭文（局部）
（西周·恭王）　　（西周·恭王）　　（西周·懿王）

方鼎释文（摘录）：…公赏 (受赏者名）贝一百朋。用作…

庚嬴鼎释文（摘录）：…王□庚嬴（受赏的妇人名）。历。赐贝一十朋…

庚姬卣释文（摘录）：…帝司（举行褅祠之礼），赏庚姬（受赏的妇人名）贝三十朋、弋（取）兹（此）二十孚（释为货币的计量单位）赏。用作…

在西周青铜器铭文中，出现了以"里"为长度计量单位的用例，比如"土，方五十里"（召卣），可以理解为"土地的大小相当于边长为五十里的正方形"。

召卣释文（摘录）：…（召，受赏者名）…王…赏（毕，地名）土，方五十里。（召）弗敢忘王休异。用作□宫旅彝。

西周青铜器铭文中还有数例以卣计鬯的记载，比如"…鬯一卣…"（吴方彝盖）、"…赐汝鬯一卣…"（大盂鼎，西周·康王）。

吴方彝盖释文（摘录）：…王呼史戊册命吴…赐□鬯一卣、玄衮衣、赤舄、金车…吴拜□首。敢对扬王休。用作青尹宝尊彝。其…

有些西周金文涉及征战事宜，其中述及"族""师"的内容通常与军队的编制单位相关。例如"…遣三族伐东国。"（鲁侯尊）中的"三族"，可能是指三个部族，也可能是指以"族"为编制单位的军队。又如"…六师。众八师。"（盠方尊，西周·孝王），及"…六师…"（貯簋）中的"师"，通常释为军队的编制单位。

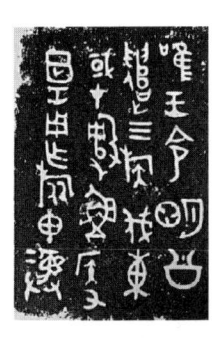

鲁侯尊
（西周·康王）

貯簋
（西周早期）

师旂鼎铭文
（西周·康王或昭王）

第 3 章 甲骨文中的计量单位和数量计算

鲁侯尊释文：**唯王令明公遣三族伐东国。在**■（地名）。**鲁侯有□功。用作旅彝。**

■**贮簋释文：□**■**贮**■**子鼓**■**铸旅簋。唯巢**（方国名）**来**■（侵），**王令东宫追师六师之年。**

师旂鼎释文（摘录）：…**师旂**（人名）**众仆不从王征于方**（某个方国）…**伯懋父**（人名）**乃罚得**（取）■**古**（货币名称）**三百锊**（计量单位，此句的意思是原先对师旂定下的惩罚）。**今弗克**（责）**毕罚**（现今赦免对师旂的惩罚）。…

师旂是伯懋父的僚属，师旂未能指挥其部下众仆参与征伐，伯懋父拟予惩罚。后因众仆归顺师旂的督率而得赦免。师旂将此事记于鼎铭，以示答谢。学者们将"■古"释为当时金属货币的名称，将"锊"释为金属货币的计量单位。

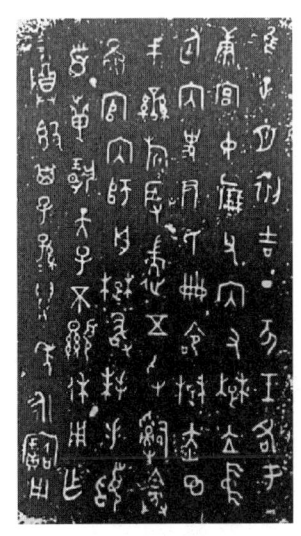

楚簋铭文

（西周·恭王或懿王）

幾父壶铭文

（西周·孝王）

多友鼎铭文（局部）

（西周·厉王）

楚簋释文（摘录）：**惟正月初吉丁亥。王格于康宫。仲倗父**（人名）**内**（入）**右，楚**（受册命者名）**立中廷。内史**（官名）**尹氏**（人名）**册命楚：赤□市**（赤色蔽膝）、**鸾旂**（车上之旗）、**取遹五锊、□**（职司）**□**（地名）

127

啚（郊外）官内师舟（官名）。楚敢拜手…用作尊簋。其子子孙孙万年永宝用。

学者们将"遄"释为"锾"，指某种金属货币，"孚"释为金属货币的计量单位。"取遄五孚"的意思是"允许取得锾五孚的俸禄"。

上述诸例表明西周时期的货币计量单位除了用于计量贝币的"朋"之外，还出现了用于计量金属币的"孚"。

幾父壶释文（摘录）：…同仲（主赐者名）**居西宫，赐幾父**（受赐者名）**示□六、仆四家、金一十钧。幾父拜□首，对扬朕皇君休。用作朕烈考尊壶。幾父用追孝。其万年子子孙孙永宝用。**

学者们将该铭文中的"金一十钧"释为"青铜三百斤"。作为重量单位，"钧"与"斤"的换算关系被认为是三十斤为一钧。此壶的铸材应取自获赐的青铜。

多友鼎释文（摘录）：…丁酉。**武公**（西周厉王时期的臣属）**在獻宫。乃命向父**（武公下属）**召多友**（武公下属），**乃徒于獻宫。公親曰多友，曰："余肇使汝，休不逆，有成事，多擒。汝静京师。赐汝圭瓒一、湯**（锡）**钟一□、鐈鋚一百匀**（钧）**。"多友敢对扬公休。用作尊鼎。用倗。用友。其子孙永宝用。**

名叫多友的战将因出征获胜而得到武公的赏赐，多友铸鼎铭记此事。学者们将铭文中的"鐈"释为锡，将"鋚"释为铜，由于青铜属于铜锡合金，因而可以将"鐈鋚"视为炼制青铜的材料。学者们又将"匀"释为钧，并以三十斤为一钧，于是"鐈鋚一百匀（钧）"即"锡和铜共三千斤"。铸造这只鼎的青铜很有可能来自获赐的鐈鋚。

3·5·2 春秋战国与秦代的量器和衡器举例

下面是一些先秦时期涉及度量衡规制的实例。

铜尺

（战国）

这支铜尺长 23.1 厘米，制作于战国中晚期，据传出土于洛阳金村古墓。

1857 年出土于山东胶县灵山卫的"子禾子"铜釜铸制于公元前 404 年—前 385 年之间，容积 20460 毫升，是行用于齐国的量器。腹壁铭文中的"子禾子"即田和为齐国大夫时的称谓，铭文内容证明当时已有明确的校量制度。与之同出的还有"左关"铜䤪，其铭文中的"左关"是齐国地名。"左关"铜䤪的容积为2070毫升，学者们认为田齐时期的容量单位"䤪"大约是容量单位"釜"的十分之一。

"左关"铜䤪
（战国·齐）

"子禾子"铜釜
（战国·齐）

商鞅铜方升
（战国·秦）

铸制于公元前344年的"商鞅铜方升"，容积202.15立方厘米，后被秦始皇用作全国通用的容量标准器。

右伯君铜权
（战国·齐）

始皇诏八斤铜权
（秦）

"权"是古代规范重量的衡器，已知的早期实物有春秋时期行用于齐国的"右伯君铜权"，重198.4克。传世和出土的刻有秦始皇诏书的铁石权及铜权则有多枚，按这些权上标识的斤数，每斤折合 250 克左右，是秦朝时期全国统一使用的重量标准。例如"始皇诏八斤铜权"，重 2063.5 克，权身自铭"八斤"，每斤合 257.9 克。其中量词"斤"即表示重量的单位。

关于衡器，目前所知以 1954 年出土于长沙战国楚墓的一套小型衡器较为完整。该器由带提纽的木制衡杆（杆长 27 厘米）、铜盘（直径 4 厘米）、丝线（长 9 厘米）和 9 个铜质环权构成。最大的环权直径 4.95 厘米重约 125 克，最小的环权直径 0.72 厘米重约 0.6 克。学者们推测这种小型衡器主要用于称量黄金。

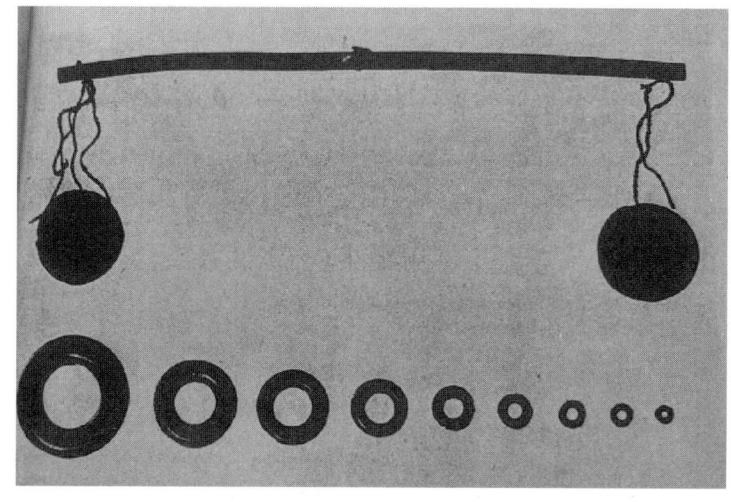

小型衡器[①]
（战国·楚）

就传世物件和已发表的出土材料来看，涉及具有规制性质的量器衡器的出现时期，以春秋战国为最早，到秦代逐步形成了统一的制度。结合商代牙尺的发现，以及甲骨文中关于"卣""升"和"斗"的内容，中国古代度量衡概念的形成及相关计量器物的创制与应用，极有可能得以上溯至殷商时期。

---

① 本节图片摘引自《中国古代度量衡图集》，铜尺、"左关"铜䰙、"子禾子"铜釜、商鞅铜方升、右伯君铜权、始皇诏八斤铜权、小型衡器原书编号为分别为第三号、第八〇号、第七八号、第八一号、第一五三号、第一八三号、第一五八号（依截图顺序）。

第 4 章 甲骨文中的殷历时序

殷人在卜辞中有时会记下与占卜事宜和应验情况有关的日期,一些非卜刻辞也有日期记录,从而留下了许多主要以纪日和纪月形式构成的时纪材料。依据这些材料中时序排列和数字使用的情形,学者们做出殷商时期存在以某种规制的形式表述时序的判断,并称之为"殷历"。

殷历属于阴阳合历的类型,有别于古代埃及人使用的太阳历(阳历)和阿拉伯人使用的太阴历(回历)。在中国的传统文化中,正是以殷历为基础,发展演化出后世的诸多历法,最终形成了今天仍在使用的农历。借助于甲骨文中的历纪材料,可以观察到殷商时期人们对物候和星象变化规律的认知状况及数学处理的特点,使我们对殷商先民关于时间的概念,以及度量、计算和记录时间的形态有所了解。另一方面,对殷历的研讨也构成了观察数学知识应用状况的专题,其中,干支纪日法的创制是一个影响深远的数学成果。

4·1 甲骨文中的干支序列——干支纪日法

殷人用干支序列序日,其应用已经十分成熟,学者们称之为干支纪日法,这种序日方法的创制时期不会迟于早商。所谓干支序列是现今的说法。干支序列由两套字符组合构成,第一套有 10 个字符,后人称之为"干"或"天干":

第二套有 12 个字符，后人称之为"支"或"地支"：

上述 22 个字符的截图摘引自合 37986。

已有先秦文献中并无这两套字符的名称，也未见"天干"和"地支"的说法，《史记·律书》称之为"十母十二子"，可能源自早期的用语。后人用"天干"和"地支"来称呼它们，大致是东汉时期的事情。

合 20354　　　　　　　　合 20354（局部）

合 20354（局部）释文：

甲乙丙丁戊己庚辛壬癸　子丑寅卯辰巳午未申酉戌亥

甲子　乙丑　丙寅　丁卯…

这组非卜刻辞虽然残损漫漶，仍可肯定这是将天干字符和地支字符单列契出的辞例，而且可以观察到将它们组合搭配成干支序列的情形。

第 4 章 甲骨文中的殷历时序

合 37986　　　　　　　　合 37986（局部）

将天干字符和地支字符按照甲子、乙丑、丙寅、丁卯…的方式，依序捉对搭配，两字一对，一共可以得到 60 对互不相同的字符组合，这样得到的字符序列便是干支序列。干支字符的写法为天干在前，地支在后，而且具有固定的排列顺序，不能随意调动。在民间，通常将干支序列叫作"六十甲子"，是由于这 60 对字符始于甲子的缘故，殷人如何称呼目前尚不清楚。

合 37986 是一版契刻于晚殷时期极其规范且完整的干支表，十分珍贵，现藏北京大学。按该版干支表原辞 10 行 6 列的顺序，改竖向为横向，可将释文排写如下：

甲子	乙丑	丙寅	丁卯	戊辰	己巳	庚午	辛未	壬申	癸酉
甲戌	乙亥	丙子	丁丑	戊寅	己卯	庚辰	辛巳	壬午	癸未
甲申	乙酉	丙戌	丁亥	戊子	己丑	庚寅	辛卯	壬辰	癸巳
甲午	乙未	丙申	丁酉	戊戌	己亥	庚子	辛丑	壬寅	癸卯
甲辰	乙巳	丙午	丁未	戊申	己酉	庚戌	辛亥	壬子	癸丑
甲寅	乙卯	丙辰	丁巳	戊午	己未	庚申	辛酉	壬戌	癸亥

这类干支表已发现多版，应是殷人核查日序及进行日数换算的工具。干支表的契列形态是从甲至癸分成6列，每列10对，共有60对韵味十足的字符。古人为什么要选用这些字符对来序日，已经不易考定。一些学者根据《说文解字》中的解释，认为这22个干支字符中，有不少从字形到字义都与农作物或植物生长周期中的某些形态相关。这种从物候角度进行考释的思路，既反映了古代先民曾采用物候授时的做法，又显示出干支字符有着古老的起源。就干支序列的应用来看，这组字符构成了一套抽象的概念，一般认为它们均属表音假借字，其中部分字符的形成可以用古文字的生发演化字例加以解释。

干支序列有着严格的组合规则和排列顺序，在1～60的数量范围内具有唯一确定的排序功能，商代先民将多轮干支续接起来，专门用于序日（包括序旬），并依字符序位进行日数换算。学者们将这种序日的办法称为干支纪日法。西周以后，除了序日之外，干支序列的应用范围不断扩大，出现了序年、序月、序时刻，以及对其他事物进行分类排序。随着时代的推移，天干和地支字符及干支组合的人文含义趋于复杂，于排列日序之外，出现了用来描述星象位置或地理方位的情形，与传统文化中时空观念的构成密切相关，并在占测算命、风水堪舆等方术及诊病医药中多有使用。在传统文化中没有发现将干支序列直接作为数字用于记数或计数，通常并不将干支序列理解为数学意义上的数序。

对于干支序列不宜视为数序的判断，可以用将若干轮干支序列串接起来连续排序时，没有数学上的进位关系来加以说明。或者说，在连续不断地使用多轮干支序列进行排序的方式中，并不存在以60为进率的进位规则，因而在续接多轮干支序列的情况下，必须弄清从起始干支到止迄干支之间，一共跨越了多少轮干支序列，否则不能得到确切的计数结果。

尽管如此，由于干支序列的构成本身具有明确的数学意义，其发明反映了中国古代与组合数学思想有关的一种特殊的应用形态，因而干支序列在后世学科中的性质于人文类别之外，还属于数学的范畴。就中国古代数学史而言，至少3300多年的传承和应用，使干支序列成为流传使用时间相当长的一项组合数学成果。在中国传统文化的形成和演化过程中，人们从干支序列感悟创生出不少人文理念。可以说，干支序列是一项与数学思维有着密切关联，并且在中国古代的人文哲理方面极具创造力和影响力的重要发明，至今余绪不断。

干支序列是干支组合模式下的一个特例，就已有材料来看，古人创制这种排序方法的本意是专门用于序日。中国古代传统数学中创制专用算法以解决特定问题的做法，在商代已见端倪。

干支序列的数学结构是如此之巧妙和优美，不仅先秦古人曾被其中的哲理隐喻所倾倒，还不时引发历代学人的联想与遐思。时至今日，我们不仅可以从现代数学的视角来观察干支序列的数学特征，也许，还可以借助于构形、色彩、音律等不同的方式，表现它独具特色的艺术魅力。事实上，抽象而严谨的数学逻辑与具象或可感的艺术创作的结合交融，永远会给人们带来诸多思索和愉悦。本书4·6节介绍了笔者的尝试之作。

4·2 殷历的日序与刻辞中的日数

包含白天和黑夜的"日"，是商代时序中最基本的时间计量单位。就已有材料而言，时间单位"日"的形成，缘于古代先民对日出日落周而复始的自然节律的观象认知，由于尚未建立"时刻"的概念，在殷商时期，前后相续的两日之间并无确切的划分。

然而这种状况并不影响殷人对时间单位"日"的具体应用，他们在甲金文献中留下了大量的日序排列和日数记录。用干支序日及名日，而用数字计日，是殷商时期各种文献中涉日时纪的特点。

4·2·1 殷历的干支日序及日名

在已有的甲骨刻辞中，干支序列用于殷历的序日或名日，使用功能非常明确。由于干支序列只有由甲子到癸亥共60对字符，因而序日和名日的范围只有60日。出于连续序日的需要，殷人采用了连贯续接多轮干支序列的方式，这种做法虽然不能扩大名日的范围，但是在确定起始日之后，能使后续日序得到长期稳定的排列。这种序日方法便是今天我们所说的干支纪日法。作为一种连续地排列日序的规则，自商代以降，后世诸历都采用了干支纪日法。

干支纪日法的发明，是中国古代先民在历法创制上的成就。虽然已有甲骨文时纪中可以续接的干支日序都是一些片段，但未见足以证实存在跳断或重叠的情形，因而通常假定殷历的干支日序是连续排列的。不过，目前学者们不惟不知道商代（甚至更早时期）的干支日序始于何日，而且未能证实后世历法中的干支日序与殷历的干支日序有没有续接关系。

研究表明，在迄今为止3000多年的时间范围内，可以对黄河中下游地区可见日食和月食的发生时间作出具有一定精度的复原描述。将古代文献中有干支日名及相关时纪的某次日食或月食记录与天文计算相勘核，便可对所录干支日序是否与现今所用的农历干支日序具有续接关系作出推断。依循这样的思路，按照鲁国史官所作《春秋》经文的记载，学者们发现鲁隐公三年（周平王五十一年）周历二月己巳这天发生的日食，与今人计算所得公元前720年2月22日曲阜可见的日食相合。这就是说，现行农历的干支日序可以连续不断地上推至公元前720年2月22日。

学者们在刻辞中发现了10余例鉴识认为与日食和月食有关的记录，并且利用现代天文学知识，依据不同参数，对这些记录进行了多视角的研究。不过，在这些涉及日食和月食的甲骨文辞例中，尚未发现能够与现代天文学理论计算相合的例证，且无规律可循，因而不能用这些辞例证明后世历制的干支日序与殷历干支日序之间存在续接关系。形成这种状况有诸多原因，除了契者所录交食日期可能有误，还可能与相关记录得自传闻有关，因而有些记录中契写的日期可能并非实际发生的交食日期，而且所记录的日食或月食可能为异地所见。另一方面，也存在学者误读辞文的可能。在关于商代天文知识积累和应用状况的研究中，尽管有诸多问题尚待解决，这类涉及日月交食以及与星象和天象有关的甲骨刻辞仍然备受重视。

甲骨辞文中契有大量的干支日名，下面是一些卜日干支的记录：

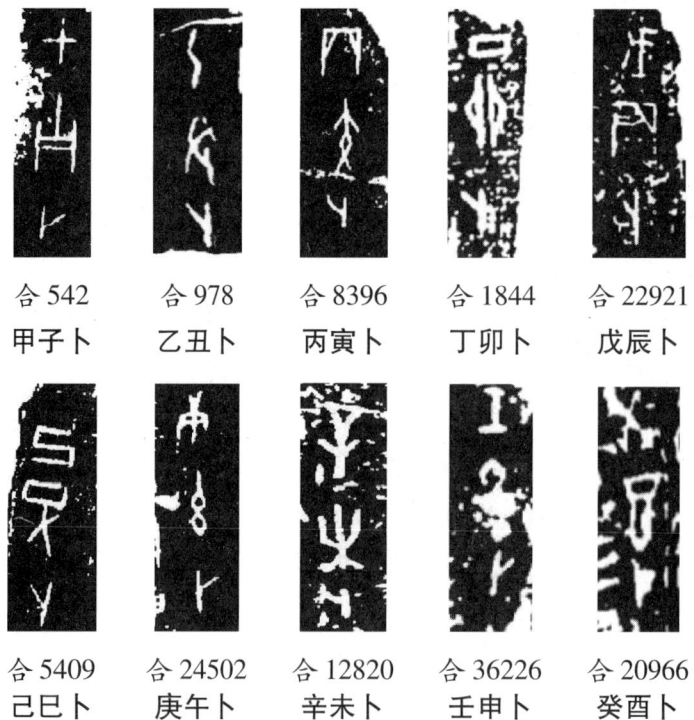

合542　　合978　　合8396　　合1844　　合22921
甲子卜　　乙丑卜　　丙寅卜　　丁卯卜　　戊辰卜

合5409　　合24502　　合12820　　合36226　　合20966
己巳卜　　庚午卜　　辛未卜　　壬申卜　　癸酉卜

第4章 甲骨文中的殷历时序

合31549（拓本见本书2·2·1节）是一版卜夕辞，所录日序由前一轮干支的"己亥卜"，经"庚子卜""辛丑卜"…逐日续接到下一轮干支的"甲子卜"，共计26日没有间断。

商代常用天干字符做一些人的名号，例如："上甲""大乙"是先公或先王的名号，"母甲""母戊"是先母的名号，"妣（bǐ）丁""妣癸"是先妣的名号，"兄甲""兄癸"是先兄的名号，而"咸戊""尽戊"则是先贤旧臣的名称等等。这类名号或名称中的天干字符可能与相关人物的某个重要日期有关，具体情况尚有待推考。在殷墟甲骨文中，除了用作一些人的名号或名称，干支字符都用于日序的编排并因而成为日名，没有发现将干支序列或字符用于序年、序月、序时刻及其他场合的例证。

4·2·2 刻辞中的日数记录

殷人用干支序列序日，而将起讫干支之间跨越的时长换算成日数，甲骨文中有许多涉及这类换算的日数记录。借助干支表完成日数换算，在殷商时期的日常生活中绝对不是一件困难的事情。

〔1〕两种常见的日数换算方式

第一种换算方式

合 12334　　　　合 20919　　　　合 6830

这种方式包含了起讫干支所在之日，参看下述辞例：

合 12334 释文：

壬辰卜。争（贞人名）**贞。自今五日至于丙申，不其雨？**

该辞是说名叫争的贞人在壬辰这天施行占卜，询问：从壬辰到丙申的五日内没有雨吗？按干支序列，从壬辰经癸巳、甲午、乙未到丙申，共计五日。表明殷人用干支序列序日和名日，得到的日数用数字来表述。此辞中的日数换算计入了起讫干支所在之日。

合 20919 释文：

（1）**辛酉卜。贞。自今五日至乙丑。雨？**…

（2）**…自今辛…至于乙…**

自辛酉经壬戌、癸亥、甲子到乙丑是包含起讫干支的连续 5 日，辞（1）卜问：这五日内有雨吗？在干支序列中，甲子居于首位，癸亥位于尾末，该辞日序中癸亥与甲子相连，证明辞文所涉前后两轮干支是续接的。当然，这只是一个两轮干支续接的特例，不过，学者们在研究殷历时通常假定当时采用了多轮干支续接，而且轮内的干支日序没有重叠及间断的纪日方法。

合 6830 释文（摘录）：

（1）**壬子卜…王占曰："吉。"灾？**

（2）**旬又三日甲子。允…**

辞（1）的"灾"指兵灾，即战事。该辞有卜问"征战能获胜吗？"的意思。辞（2）为验辞，记于包含起讫干支的 13 日之后，但相关结果残失。从壬子到甲子，跨越了续接的两轮干支。

合 14002 释文：

（1）**甲申卜。㱿**（贞人名）**贞。妇好娩。不其嘉？**

（2）**三旬又一日甲寅。娩。允…**

辞（1）中的妇好是商王武丁的一位妻子，该辞涉及卜问妇好的分娩情况。辞（2）为验辞。从卜日甲申到妇好分娩的甲寅这天，包含起讫干支的日数为"三旬又一日"，即 31 日。

第 4 章 甲骨文中的殷历时序

合 14002

合 20966

合 20966 释文：

（1）**癸酉卜。王**…

（2）**四日丙子。**

依卜辞（1）和验辞（2），日数的换算关系是：自癸酉至丙子，包含起讫干支共计 4 日。

通过对诸多刻辞历纪的观察，发现殷人的日数换算方式以包含起讫干支为多见（已知的这类辞文多达 60 余例），应当是殷人进行日数换算的主要方式。下面再举几例：

合 903

合 583

合 903 释文：

(1) **乙卯卜。殻**（贞人名）**贞。来乙亥。酒**（祭名）**？下乙。一十伐又五？卯一十牢？**

(2) **二旬又一日乙亥。不酒**（祭名）**。雨。五月。**

卜辞（1）记录了乙卯这天，商王对是否将于乙亥之日举行酒祭作了卜问，卜问内容还涉及用牲安排。"下乙"可能与受祭的乙名先王有关。验辞（2）所记日数跨越了续接的两轮干支，自乙卯至乙亥，包含起讫干支共计 21 日。"五月"应是刻记验辞（2）时的殷历月份。

合 583 释文（摘录）：

(1) **癸酉卜。争**（贞人名）**…**

(2) **旬壬午，允。有来…**

辞（2）是验辞，其中的"旬"指癸酉到壬午包含起讫干支的 10 日。该辞与本书 2·1·3 节介绍的合 559 都不是卜旬辞，合 559 "癸丑卜…旬壬戌"中的"旬"是自卜日癸丑到壬戌的 10 日，包含了起讫干支。而卜旬辞常用句式为"癸某卜…旬无祸？"其"旬"指"来旬"，一般认为是从卜日次日起算由甲至癸的 10 日，并不包含施占的癸日。

本书 2·5·1 节介绍了合 6648 的辞文，其中"庚寅卜…三日戊子…"的日序应是从戊子经己丑至庚寅。故验辞中的"三日"是倒数日数，其计算也采用了包含起讫干支的做法。

第二种换算方式

与包含起讫干支的换算方式相对比，一些辞文所记日数要少计 1 日，一般认为是不计起始干支或不计止讫干支的结果，而成因是所含干支日序中的某一日发生了重叠的可能性则不予考虑。这类辞文已发现十余例，比如：

合 20837 释文（摘录）：**壬寅卜…四日丙午。遘**（gòu，遇到）**…**

自卜日壬寅经癸卯、甲辰、乙巳至丙午共计 5 日，但记为 4 日。

合 11954 释文：

(1) **壬子卜。雨？**

(2) **五日丁巳…**

辞（2）为验辞。从卜日壬子经癸丑、甲寅、乙卯、丙辰到丁巳共 6 日，但记为 5 日。

第4章 甲骨文中的殷历时序

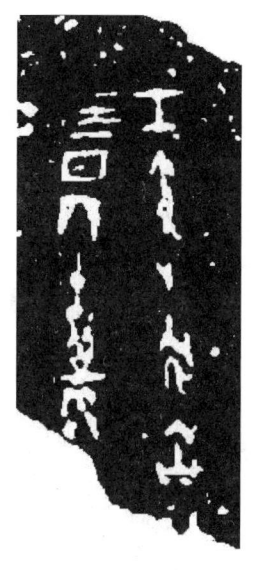

合 20837

合 11954

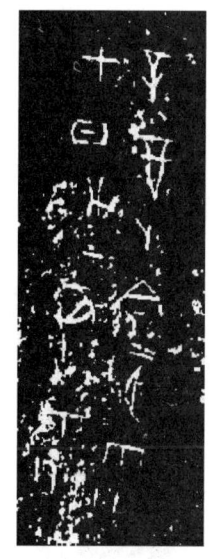

合 12509

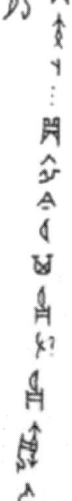

合 40819（缺拓本）

合 21390

合 12509 释文：

（1）辛酉卜。今二月。雨？

（2）七日戊辰。雨。

辞（2）为验辞。从卜日辛酉到戊辰共计 8 日，但记为 7 日。

合 40819（缺拓本）+ 合 21390 释文（摘录）：**丙寅卜…旬六日壬午。**

学者们发现这两块甲骨可以缀合在一起，在这组缀合而成的辞文中，从卜日丙寅到壬午共计 17 日，但记为 16 日。

〔2〕**辞文中的日数记录举例**

以下是一些没有起讫干支，但录有日数的辞例：

合 11648　　　　　　合 11722

合 11648 释文（摘录）：**…九旬又一日。丁〔未〕…三日庚戌…**

这片残辞尚存两个日数，一个是 91 日，另一个是丁〔未〕至庚戌共 4 日，但记为 3 日。

在已有的甲骨辞文中，日数记录通常在百日以内，超过百日的情形为数不多，例如：

合 11722 释文：**…占曰："有祟。"一百日…辰…**

该辞所记日数可能在一百日以上。

合 14047　　　　　合 13753　　　　　合 11646

合 14047 释文：**…占曰…娩嘉…一百日又八…**

因日数残损，百位上的数可能不止"一百"，而十位或个位上的日数则有

"八旬"和"八日"两种可能。

合 13753 释文：**一百日又七旬又…**

该辞"七旬又"之后的日数因甲板残损而缺失，因而，所记日数有 170 多日，是甲骨文中记录日数较多的辞例。

合 11646 释文：**…好…又五旬…**

从残留的"…又五旬…"来看，所记日数很可能至少是"一百日又五旬"。

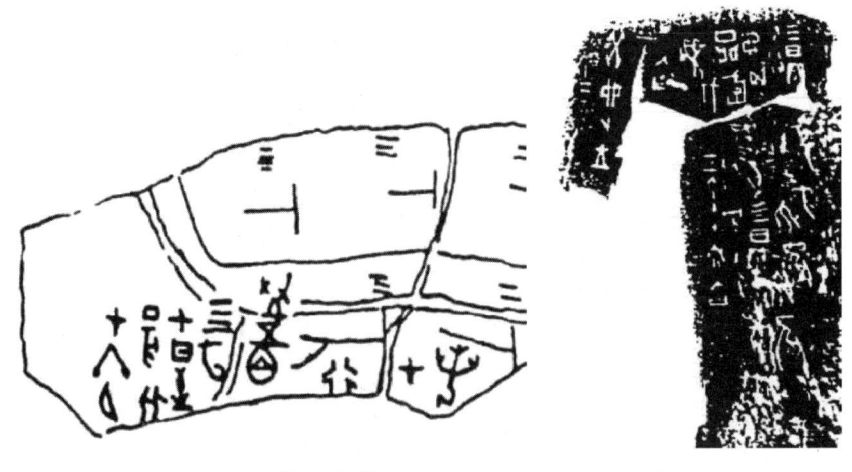

合 20843 摹写本①　　　　　　　合 20449

合 20843 释文（摘录）：**…□五百四旬七日至丁亥…**

有的学者认为这段辞文中的数字是时长 547 日的记录，因接近 1.5 个回归年的时长，而被用作考定殷人所知的回归年时长日数的依据，似乎殷人已经知道回归年的时长在 547÷1.5 = 364.67 日左右。不过，也有学者认为这段辞文的断句形式是"**…□五百。四旬七日至丁亥…**"。这样一来，其中的"五百"就应当另有所指，不能理解为日数，于是涉及日数的记录是"四旬七日"。

〔3〕**异常的日数记录举例**

刻辞中偶有异常的日数记录，表明可能存在误算或误刻。例如：

合 20449 释文（摘录）：

（1）**壬寅卜。…**

（2）**四日丙午。邁方。不获。**

（3）**癸卯卜。…**

（4）**四日丙午。邁方。不获。**

辞（1）和辞（3）是分别附有验辞的同版卜辞，验辞（2）和（4）中的历

---

① 该摹写本引自《殷商历法研究》第 72 页。

日都是丙午。注意到辞（3）癸卯是辞（1）壬寅的次日，对同一种换算方式而言，两个"四日"中的一个有误。

干支纪日法的缺点是连续多轮干支时并不明确轮数。在历记材料比较散碎的情况下，即使假定干支日序没有重叠或跳断，也会因轮数不明而对日数的计核带来相应的障碍。

4・3　殷历月的时长

作为计时单位，殷历月的设置背景是月相圆缺变化的周期，各月的时长都用整数日来确定。已有材料中未见与确定月始之日相关的记载，也没有涉及"朔"的内容，基于对残月转变为新月的观察形成的经验积累，加上简单的计算，殷历可能以新月初见之日为月始之日。有的学者推测殷历以朔日为月始，但是这些推测目前都未能予以确证。根据已有的甲金材料，一般认为殷历置月的基本形式是以 30 日和 29 日的月长作交替安排，并依对月相的观测进行调校。殷历有 31 日的月长，还有两个月长 30 日的月份相连的情形，大体上都可以视为对月长日数施行了调校的结果。

4・3・1　殷历的月长日数

根据一些辞文中的历纪，可以肯定殷历月长日数有 29 日、30 日和 31 日三种。对一个月相周期而言，目前未能证实还有其他的日数设置。后人将时长少于 30 日的月称为小月，时长多于 29 日的月称为大月。

〔1〕殷历存在月长 29 日的小月

观察下述卜旬辞。

合 22404

第 4 章 甲骨文中的殷历时序

合 22404 释文（摘录）：

癸巳卜…十二月。　　（甲午）　　癸卯卜…一月。癸丑。贞…

［一月］。　　（壬戌）　　癸亥卜…二月。…

在这版辞文中，十二月、一月和二月虽然跨越了两个年头，但一般认为是三个连续的月份，因而癸巳、癸卯、癸丑和癸亥是顺序排列的癸日，由于一月不可能只含有癸卯这一个癸日，可知癸丑必定落在一月，而不会落在二月，可以补入原契缺失的"一月"。于是这年一月含且仅含癸卯和癸丑这两个顺序排列的癸日，其时长最多只能从甲午排到壬戌，共计 29 日。就这组历纪而言，可以肯定殷历有月长 29 日的设置。当然，这个一月的时长也可能少于 29 日，但是不能确定具体日数。

合 37970 + 合 37974 + 英 2627 释文（摘录）：

…癸亥卜…在十月。　　癸酉卜…在十月又一。

癸未卜…在十月又一。　　癸巳卜…在十月又二。…

在这组卜旬辞（拓本见 4·3·2 节）中，该年十一月也仅含两个连续的癸日，月长最多 29 日。目前未见足以确证月长 28 日或日数更少的例证。另一方面，一些学者认为殷历有连续安排两个 29 日的小月的情形，但已有材料中未见能够确证殷历存在连小月的辞例。

［2］殷历存在月长 31 日的大月

观察下述卜旬辞。

合 26667 释文（摘录）：

癸巳…七［月］。　　癸卯卜…八月。　　癸丑卜…八月。

癸亥卜…八月。　　癸酉卜…八月。　　［癸］未卜…九月。

这组历纪中，由于八月含且仅含癸卯、癸丑、癸亥和癸酉四个顺序癸日，其时长在甲午至壬午之间，最多 49 日（甲午至壬午），最少 31 日（癸卯至癸酉），可知这个八月至少 31 日。进而肯定殷历有月长 31 日的设置。另一方面，在以 30 日和 29 日的月长交替安排的情况下，月末的癸酉应为调校增设之日，此日很可能在之前若干日就预先做了安排，并不是当日所加。

合 16751 释文（摘录）：

癸未…［癸巳］　　癸卯卜…十一月。　　［癸丑］［癸亥］

癸酉卜…十一月。　　癸未卜…十二月。　　…巳卜…十二月。

癸酉在十一月的尾旬，若癸卯在十一月的首旬，则该月含有癸卯、癸丑、癸亥、癸酉 4 个顺序癸日，可知这年十一月至少 31 日。若不考虑重月（关于

"重月"可参看 4·4·2 节），这组卜旬辞也是殷历存在月长 31 日的例证。就这年十一月的月长为 31 日来看，最后的癸酉应是依观象调校预为增设的一日。

合 26667　　　　　　　　合 16751

在已有材料中，目前尚未发现足以确证月长 32 日或 33 日的辞例。

〔3〕殷历存在月长 30 日的大月

观察下述非卜刻辞。

合 24440 释文（摘录）：

月一正。曰：食麦。甲子　乙丑　丙寅　丁卯　戊辰　己巳　庚午　辛未　壬申　癸酉　…　辛卯　壬辰　癸巳。

二月。父□。甲午　乙未　丙申　丁酉　戊戌　己亥　庚子　辛丑　壬寅　癸卯　…　辛酉　壬戌　癸〔亥〕。

第4章 甲骨文中的殷历时序

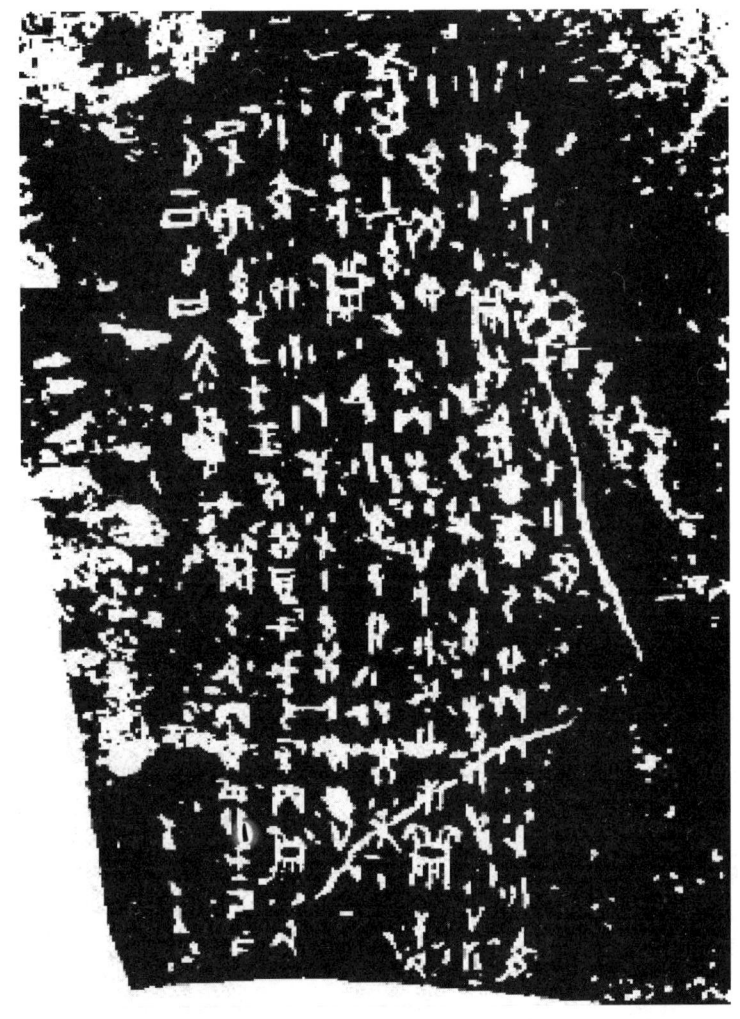

合 24440

该辞将从甲子到癸巳的前三旬划为一月，知这年一月的时长为 30 日，可以肯定殷历有月长 30 日的设置。辞中的"月一正"是一月又叫作正月的意思，可知将一月称为正月的习俗至迟源于殷商。

作为月始之日，该甲子应合于朔日或新月初见之日，当是一种特殊的安排。作为年始之日，如果这个甲子还合于某种星象的话，会使这版殷历时序显得更加特殊。尽管依据已有的材料并不能确信这版日历的编定涉及推步计算（参看 4·5 节和 5·5 节）的结果，但战国和秦汉历法中"历元"或"上元积年"概念的原始形态，也许可以溯源于殷历。

〔4〕相邻两月的日数安排

学者们确信，通常情况下殷历采用 29 日的小月与 30 日的大月相间安排的方式，缘于观象调校，除了安排 31 日的大月之外，有时会作出两个 30 日的大月相连的设置。

继续观察合 24440 的辞文。该辞尾末处"癸［亥］"的"［亥］"是按干支序列补入的字符，原辞并无此字。若"［亥］"为漏刻，则从甲午到癸亥的后三旬为二月，于是这年二月是 30 日的大月，表明殷历存在两个 30 日的大月相连的情形。若"［亥］"是有意不刻，而"癸"为误刻，则二月为 29 日，反映了殷历有 30 日的大月和 29 日的小月相连的设置。

甲骨学中著名的大龟四版出土于 1929 年对殷墟的第三次考古发掘，其中的第四版（即合 11546）录有二十余条卜旬辞，学者们从中整理出一段卜日干支附有月份的时纪。

合 11546

合 11546 释文（摘录）：

　　…癸丑卜…十二月。　　癸酉卜…十二月。　　癸巳卜…十三月。
癸酉卜…二月。　　癸未卜…二月。…

依干支日序补齐缺失癸日后的时序为：**癸丑卜…十二月。** ［癸亥］ **癸酉卜…十二月。** （甲戌） ［癸未］ **癸巳卜…十三月。** ［癸卯］ ［癸丑］ ［癸亥］ （壬申） **癸酉卜…二月。** **癸未卜…二月。**

在这组辞文中，十三月和一月跨年相接，这两个月必定含有癸未到癸亥共5个顺序癸日，顶多只有从甲戌到壬申的59日。若其中某月含两个顺序癸日，最多为29日。而另一月含3个顺序癸日，至少有30日。进而推知殷历存在29日的小月和30日的大月相连的安排。而且可以肯定这个一月的首日干支绝非甲子。

合11485释文（摘录，拓本见3·2·3节）：

癸亥卜…一月。 ［癸酉］ **癸未卜…二月。** ［癸巳］ **癸卯卜…二月。** （甲辰） ［癸丑］ ［癸亥］ ［癸酉］ ［癸未］ ［癸巳］ （壬寅） ［癸］**卯…五月。**

这组卜旬辞契于同一年，可逐一补入缺失的癸日。因癸卯分别落在二月和五月，而三、四两个月不可能只含4个顺序癸日，故这两个月一定含有癸丑、癸亥、癸酉、癸未、癸巳5个顺序癸日，涵盖日数最多59日（自甲辰到壬寅）。于是三、四两月中必有一个月只含两个顺序癸日，其时长最多29日，而另一个月的时长最少30日。

学者们进而认为，殷历以29日的小月和30日的大月相间安排作为基本的置月形式。这种置月状况反映了殷人对月相周期的观测所能达到的精度。下面再看两版辞例。

合36547 + 合36541 + 合36544 + 英2529（缀合）释文：

(1) **癸巳卜。在黄林䍙。…天邑商公宫。衣。**

(2) **壬戌卜。贞。在狱。天邑商公宫。衣。兹月亡祸？宁。**

(3) **辛卯卜。贞。在狱。天邑商公宫。衣。兹月亡祸？宁。**

(4) **辛酉卜。贞。在狱。天邑商公宫。衣。兹月亡祸？宁。**

(5) **辛卯卜。贞。在狱。天邑商公宫。衣。[兹]月亡祸？宁。**

(6) **…卜。贞。在…。天邑商[公]宫。衣。兹[月]亡祸？宁。**

甲骨文中有大量的卜夕辞和卜旬辞，而卜月记录却极为少见。从辞(2)到辞(6)的"兹月亡祸？"来看，这是一组殷人自壬戌起在连续5个月的月首之日对本月是否安宁进行卜问的记录，属于晚商时期较完整的卜月辞。

由于辞(1)缺失"兹月"，而且"在黄林䍙"与其余5辞的"在狱"不同，故不能肯定此辞的癸巳为月长计算的起首之日。又因辞(6)缺失卜日干支，故不能确定辞(5)所卜之月月长计算的收尾之日。然而依据辞(2)到辞

（5）可知：自壬戌至庚寅之月有 29 日，自辛卯至庚申之月有 30 日，自辛酉至庚寅之月也有 30 日。这组卜月辞表明，殷历不仅有 29 日的小月和 30 日的大月相连的安排，而且有两个 30 日的大月相连的设置。

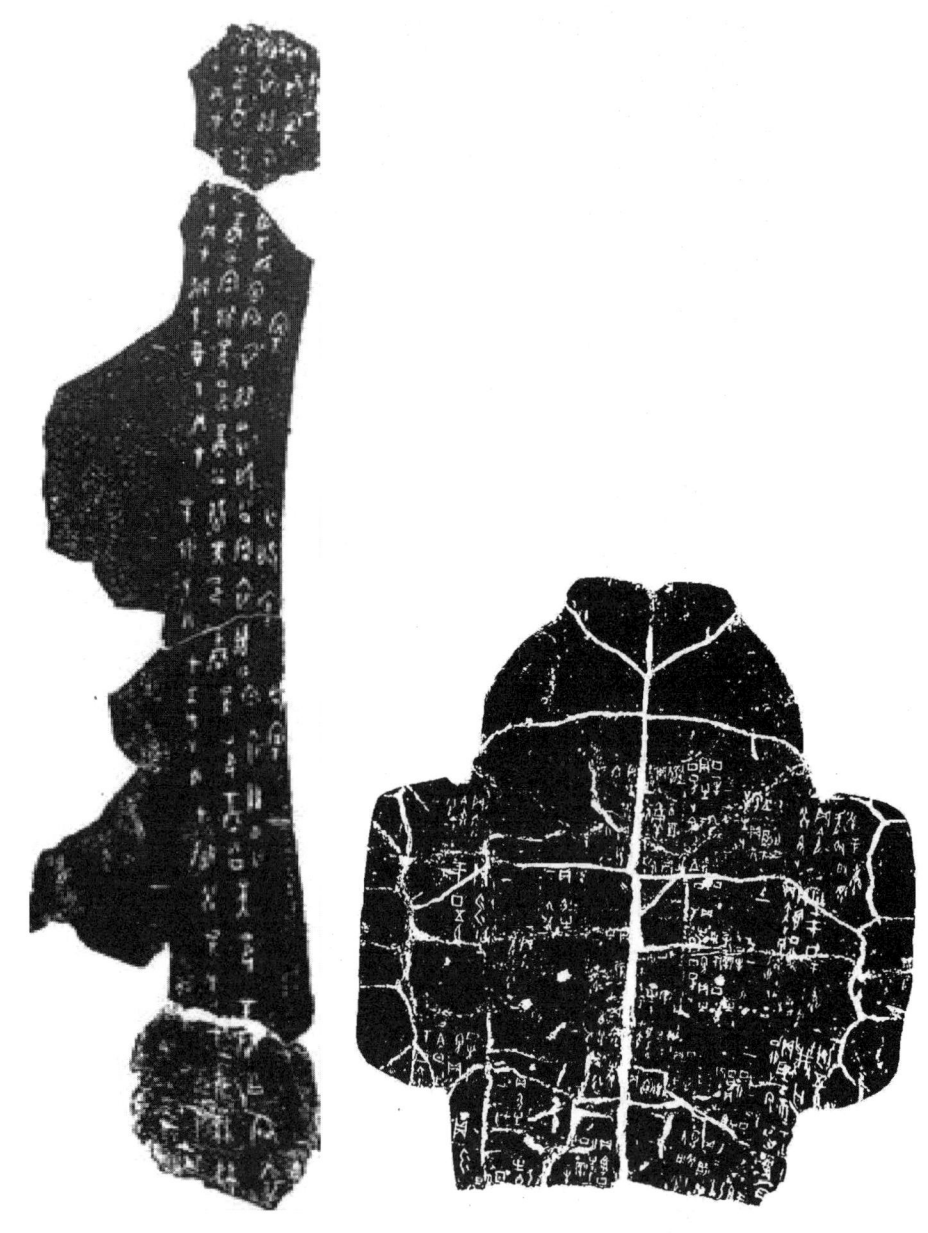

合 36547 + 合 36541
+ 合 36544 + 英 2529（缀合）

合 339

合 339 是著名的大龟四版之一，其时纪为我们提供了一个观察殷历置月状况的例子。

合 339 释文（摘录）：

丙寅卜…五月　丁卯卜…五月　辛未卜…

丁未卜…六月　壬子卜…六月　丁巳卜…六月

丙寅卜…七月　辛未卜…七月

癸丑卜…八月　甲寅卜…八月　乙卯卜…八月　甲子卜…

这组时纪应属同一年份。若甲子落在八月，则自五月丙寅到八月甲子共 119 日。对于 30 日和 29 日相间，这 4 个月有 118 日，多出的 1 日应为调校增加的结果。于是，这年五月至八月的时长日数分配可能出现下述三种情形。

第一，五、六、七月构成 3 个 30 日的大月相连，而八月为 29 日：

五月：丙寅—乙未 30 日　　六月：丙申—乙丑 30 日

七月：丙寅—乙未 30 日　　八月：丙申—甲子 29 日

第二，五月和六月构成两个 30 日的大月相连的情形，七月为 29 日的小月，而八月有 30 日：

五月：丙寅—乙未 30 日　　六月：丙申—乙丑 30 日

七月：丙寅—甲午 29 日　　八月：乙未—甲子 30 日

第三，五、六月中有一个月为 31 日，七、八月为大小月错开。比如：

五月：丙寅—甲午 29 日　　六月：乙未—乙丑 31 日

七月：丙寅—甲午 29 日　　八月：乙未—甲子 30 日

殷历月长日数的设置情况表明，殷人观测月周的误差通常不超过 1 日。

4·3·2　殷历各月的时长尚无定值

甲骨辞文表明，在不同的年份，同名的某月既可能是小月，也可能是大月，显示出殷历时序中各个月份并无固定的日数设置。比如，在 4·3·1 节曾见到合 24440 所记的一月有 30 日，而合 22404 所记的一月却至多 29 日。由于这两个一月肯定不在同一个年份，由此可以推知，殷历各年一月的日数并不确定。

观察下述两版辞例。

合 37970 + 合 37974 + 英 2627（缀合）释文（摘录）：

癸丑…十月。　癸卜…在十月。　癸酉卜…在十月又一。

癸未卜…在十月又一。　癸巳卜…在十月又二。

癸卯卜…在十月又二。　癸丑卜…在十二月。

这版卜旬辞中的历纪表明，此年十一月含且仅含癸酉和癸未两个顺序癸日，可知这个十一月最多 29 日。

合 16751 释文（摘录）：

癸卯卜…十一月。　　［癸丑］　　［癸亥］　　癸酉卜…十一月。
癸未卜…十二月。　　…巳卜…十二月

补入其间缺失的癸日后，这年十一月含有癸卯、癸丑、癸亥和癸酉四个顺序癸日，其月长日数不会少于 31 日。

比对这两版辞例，前者月长 29 日，后者月长 31 日，可知这两个年份的十一月有着不同的月长日数。

进而推知，殷历各月的日数也没有固定的安排。这种情形应当与殷人需要依据对月相变化周期的观测调校月长日数有关，说明殷历尚未形成具有历算性质的月长设置规则。

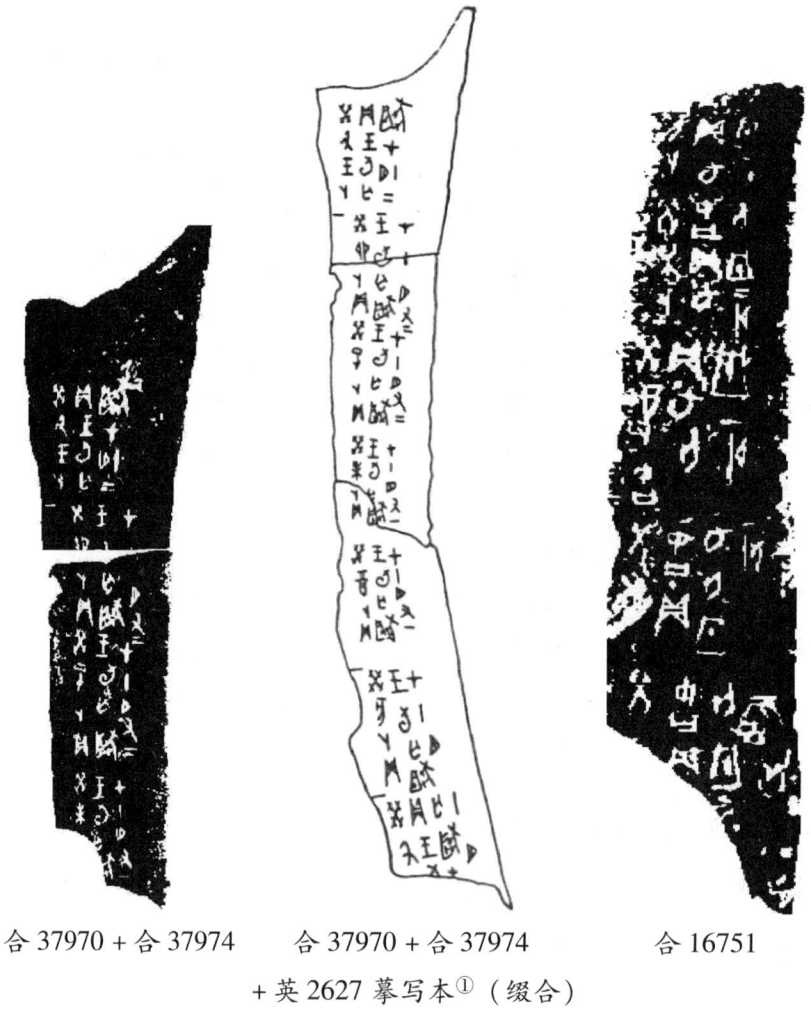

合 37970 + 合 37974　　合 37970 + 合 37974　　　　合 16751
　　　　　　　　　　　+ 英 2627 摹写本①（缀合）

① 该摹写本引自《殷商历法研究》第 292 页。

殷历月长按整数日设置，而月相变化的周期并非整数日，两者之间存在相应的误差，当误差积累到 1 日左右时，就需要依据月相对某个月份的月长日数进行调整校正。若以大月 30 日与小月 29 日相间作为基本设置，可对这种做法与月周之间的误差进行大致的计算。

一个简化的方法是从月周均值约为 29.5306 日中减去 29.5 日，于是平均每个月将少计约 0.0306 日。由 $1 \div 0.0306 = 32.68$，可知大致经过 32 个月之后，历月的日数会较平均月周少计 1 日。通过对月相变化情形的观测，制历人员可以在此前或此后的几个月内发现这一差距，他们只有将随后某一个月的月长日数调增 1 日，才能使历月设置与月相变化周期大体上重归一致。当调增的这 1 日落在 30 日的大月时，会出现 31 日的大月。若将 29 日调为 30 日，就会出现 3 个 30 日的大月相连的现象（目前尚未发现可资佐证的辞例）。若安排成两个 30 日的大月相连，则相当于大约 16 个月之后调增 0.5 日。这种置月状况导致了殷历各月的时长虽有 29 日、30 日、31 日三种取值范围，却没有固定的月长日数。

4·4　殷历年的时长

通过对甲金材料的研究，学者们认为殷历年（包含岁）的时长是在物候授时的基础上按月相和星象变化的周期来确定，或者说，殷历的年长以对月周及回归年时长的观象结果作为设置依据。我们今天已经知道，回归年的平均时长大约是 365.2422 日，既不是整数日，更不能换算为整数月，古代先民要想在兼顾日月运行周期的条件下，制定一套合于月相及星象的阴阳合历的历法，是一件非常不容易的事情。

4·4·1　殷历的年始和年长月数

关于殷历的年始，已知材料中并无具体的内容。尽管缺乏明确的证据，一些学者仍然相信殷人已能测知"秋分"所在之月，并以后续之月作为下一年的年始之月。有的学者则认为殷历年始大致是在夏秋之间，观察辞文"火。今一月。其雨？"（合 12488），若将其中的"火"释为星名，即后世星象家所说的"大火"或心宿二（天蝎座 α 星），其内容便是卜问："火星出现时的当今一月有雨吗？"就商王朝的地域而言，"火"是夏秋之间出现于南方夜空的一颗红色亮星，表明殷历一月设置于夏秋之间。按照这种解释，还可以说明殷人采用了依星象调校历月以置年的做法。

合 12488　　　　合 12488 局部 1　　　合 12488 局部 2　　　合 12488 局部 3

12488 局部 1 释文：火。今一月。其雨？

合 12488 局部 2 释文：己巳卜。争（贞人名）。火。今一月。其雨？

合 12488 局部 3 释文：火。今一［月］。不其雨？

上述三例为同版卜辞，是就一件事情反复占卜的辞例。

殷历的年长以回归年的时长为背景由各年的月数决定，属于阴阳合历的设置方式。根据已有的辞文历纪，目前还不能归纳总结出具有历算性质的置年规则。或者说，殷历的年长月数安排即使涉及历算，也显得粗疏，需要及时地用观象结果来加以调整。在年份足够多的情况下，这种置年方式能够消减系统误差，平均年长必然趋近于回归年的时长。即使殷人尚不具备足够的计算能力，未能实施较准确的置年历算，殷历也能满足农事安排和社会生活的需要。

从辞文中"生某月"的刻记指"下个月"来看，存在预设历月的情形，表明殷人已能依据经验的积累和简单的计算预先置排各年的历月。

合 7780　　　　　　合 6949　　　　　　合 6949 局部 2 和局部 1

第4章 甲骨文中的殷历时序

合 7780 释文：

(1) **戊寅卜。**殻（贞人名）**贞。生七月，王入于商**（地名）？

(2) **辛巳卜。**殻贞。**王于生七月入…**

(3) **甲申卜。**殻贞。**王于八月入于商？**

卜辞（1）和（2）中的"生七月"是指六月的下一个月。这样，辞（1）的戊寅和辞（2）的辛巳都落在六月。辞（3）的"八月"不记作"生八月"，故甲申应在八月。由甲申回溯至戊寅有 67 日，回溯于辛巳也有 64 日，不论七月是不是重月（参看 4·4·2 节），时序都是相容的。

殷历多以十二月和十三月作为年终之月。在已有的历月记录中，尚未发现足以确定殷历年长终止于十一月的例证。辞文中契作"十二月"的数以百计，契作"十三月"的有几十处，另有两例契作"十四月"，显得非常特殊。

合 6949 局部 1 释文：**贞。今十二月。我步？**

合 6949 局部 2 释文：**贞。于生一月。步？**

上述两条对贞卜辞契于十二月，内容是卜问"我"是在现今的十二月出行？还是在下个月，即一月出行？"生一月"指接下去的一月，可知前一年终止于十二月。

合 26517　　　　合 26617　　　　合 35529

合 26517（摘录）释文：

癸酉卜…在十二月。 癸未卜…在十二月。 癸巳卜…在正月。
癸卯卜…在正月。 …丑卜…在正月。

合 26617（摘录）释文：

癸巳…十二月。 癸卯卜…十二月。 癸丑卜…十二月。
癸亥卜…月。 癸酉卜…在正月。 癸未卜…在正月。

合 35529（摘录）释文：

癸卯卜…在十二月。 癸丑卜…在正月。

上面三版辞文中的"正月"即"一月"，从历月记录的续接关系，可知殷历这几年都终止于十二月。

合 26582

第 4 章 甲骨文中的殷历时序

合 26582（摘录）释文：

癸巳…三月。　癸亥卜…十三月。　癸酉卜…十三月。

癸未卜…月。　癸巳卜…月。　癸卯卜…一月。　癸丑卜…三月。

根据这版卜旬辞中的历月记录，从前一年的十三月癸亥顺序排到次年一月癸卯，可以判定前一年终止于十三月。类似辞例还见于合 11546，拓本截图及摘录的释文参看 4·3·1 节。

合 14127　　　合 14127 局部 2 和局部 1　　合 21897　　合 22847

合 14127 局部 1 和局部 2 释文：**今十三月。　其于生一月。**

由这两条历纪辞文可知，前一年终止于十三月，并预排了次年的一月。

合 21897 释文：**终十月三。缶十四月。**

合 22847 释文：**在十四月。**

前者记有"终十月三"，若十三月是原定的年终之月，则十四月是调校的结果。字符"缶"在其他刻辞中常用作人名、方国名或部族名，而在该辞中可能有"附加"的含义。

十四月的设置，很可能属于在已经预设了十三月的情况下，依据星象对历月设置予以调校的结果，作为补救措施，显示出殷历置年的精度还比较粗疏。即便如此，也透露出殷人已有预置历年的能力。

目前所知，殷墟甲骨文中刻记十四月的辞例只有合 21897 与合 22847 中的两处，由于在晚殷和西周甚至春秋早期的青铜器（小子䔾簋、郘公鼎、叔矢方鼎）铭文中历月为十四月的情形仍有发现，可知殷历时序中确有安排十四月的做法，而且这样的历制可能在某些地区继续沿用了数百年之久。

4·4·2　殷历中的重月

殷历出现十三月的年份，可视为是在年长 12 个月的基础上，将需要增设的月置于年末的结果。那么，是否存在置于年中的情形呢？学者们在一些辞例中发现的重月现象，肯定了这种情形的存在。所谓重月，是指在某个月名下设置了两个月周时长的做法，叫作"重某月"。由于只是近于翻倍地增加某月日数而不改变月名，使得设有重月的年份虽然终止于十二月，其实际时长却包含了13个月周。由于在已有刻辞中既未见"闰月"之说，又缺乏十三月和重月来自历算置闰的证据，因而即使殷人能够凭借经验和简单的计算预设十三月或重月，也有别于后世历法中的年终置闰和年中置闰，故不宜以闰月相称。殷历存在重月的判断，得自于对相关历纪的计算与分析，下面是一些辞例。

合 26569　　　　　　　合 16657

26569 释文（摘录）：

癸未卜…　癸巳卜…　癸卯卜…　癸丑卜…十月。［癸亥］

［癸酉］［癸未］癸巳卜…十月。　癸卯卜…

如果这版卜旬辞是同年所刻，可知这年十月至少含有癸丑、癸亥、癸酉、癸未、癸巳五个顺序癸日，涵盖日数在 41 日至 59 日之间，应是重十月。

合 16657 释文（摘录）：

癸酉卜…　癸未卜…三月。　癸巳卜…三月。　癸［卯］

卜…　癸丑卜…三月。　癸亥卜…三月。

根据这版卜旬辞的历纪，这年三月至少含有从癸未到癸亥五个顺序癸日，应是重三月。

殷历存在重三月的记录还见于合 41704 + 41723（缀合），也是至少含有从癸未到癸亥五个顺序癸日，释文和摹写本见本书 5·3·1 节。

再看下面的辞例：

合 10111　　　　　　　　合 36482

合 10111 释文（摘录）：

…九月。 …九月。 丁酉卜…九月。 癸亥卜…九月。 甲子卜…九月。 己巳卜…九月。

自丁酉至己巳，该年九月已有 33 日，加上丁酉之前卜日干支残损但仍落在九月的日数，可以认为这年存在重九月。

合 36482 释文（摘录）：甲午王卜…在九月…惟十祀。

合 37856 释文（摘录）：甲午卜…在十月…惟十祀。

合 41757 第 3 辞释文（摘录）：甲午王卜…十月二。惟十祀。彡（róng，祭名）。

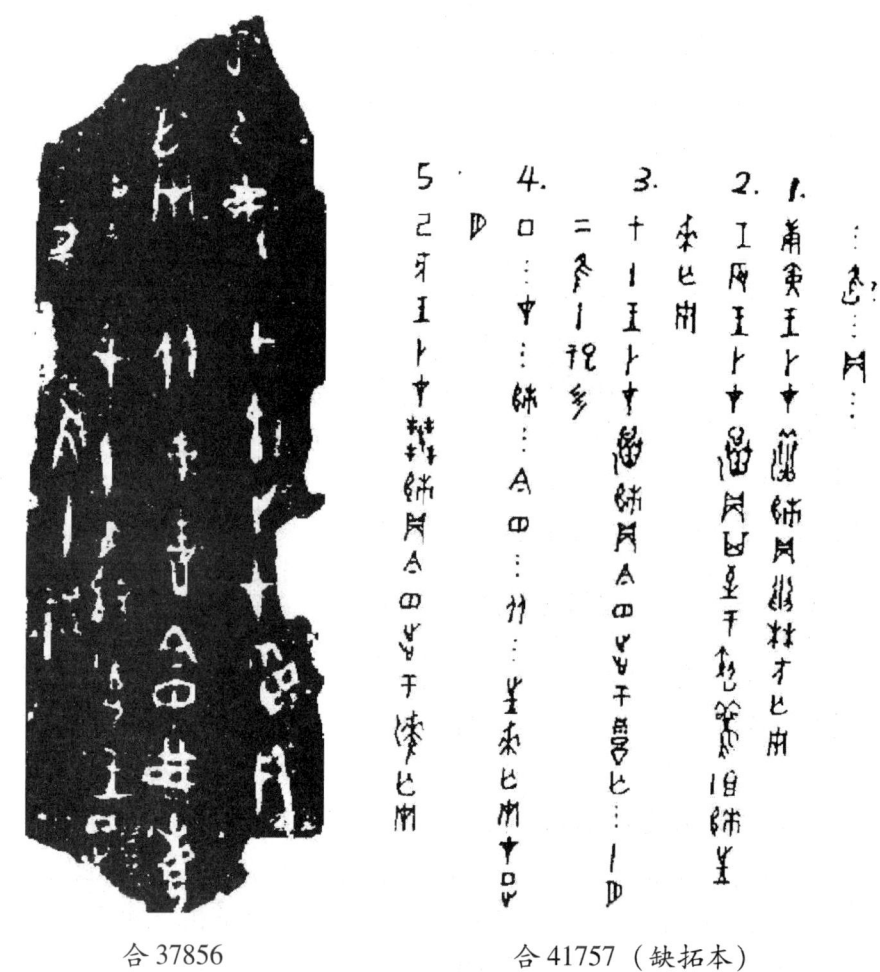

合 37856   合 41757（缺拓本）

学者们认为，上述三辞契于帝辛（纣）时期，是同年之辞。可知这年九月、十月和十二月举行占卜时，卜日都是甲午。从殷历的角度考察这组历纪，由九月甲午到十月甲午，已有 61 日，若非九月始于甲午而十月止于甲午，呈 30 日与

31 日的两月相连，则存在重九月或者重十月。另一方面，从九月甲午到十二月甲午，这 4 个月至少包含了 121 日。与小月 29 日和大月 30 日相间安排时 4 个月共 118 日相比较，如果排除存在重月的可能，便显示出在这段时间之内月长日数至少被调增了 3 日。考虑到殷历月长设置的调校是大约 32 个月之后才需要调增 1 日，结合殷人观测月周所能达到的精度，其误差一般不超过 1 日，晚殷帝辛时期竟然会出现如此混乱的月长设置，简直是不可能的事情。由此看来，对于置历经验已有相当积累的殷商晚期来说，帝辛十祀所在年应有重月的设置。

在目前已有的辞文中，表明殷历存在重月的材料近十例，这些重月出现于不同年份三月至十月的范围，未见出现于十一月至次年二月的辞例。

鉴于殷历月长有 29 日、30 日、31 日三种取值，重月的月长日数有可能在 58 日~62 日的范围之内。如果从殷人连续两个月观测月相变化情形的能力或可能达到的精度来考虑，出现 29 日与 29 日相重，或者 30 日与 31 日相重，以及 31 日与 31 日相重的可能性并不大，因而重月的月长日数范围应当以 59 日或 60 日较为合理。

刻辞历记中十二月的数量远比十三月多，显示出殷历的年长以终止于十二月为基本设置。现在已经知道，回归年平均时长约 365.2422 日。若不含重月，按小月 29 日与大月 30 日相间安排的方式，终止于十二月时，年长为 354 日，每年会产生大约偏少 11 天的误差。从观测星象以置年的角度来看，需要采取每过两到三年便增设 1 个月周时长的办法，才能冲减这种误差。这是殷历设置十三月或重月的原因。按照这样的置年方式，只要年数足够多，就可以有效地消减系统误差，殷历的平均年长必然接近回归年的时长。

4·5 殷商时期有可能采用的置历方式

殷历按月相变化的周期用整数日来置月，又依据星象变化的周期按回归年的时长用整数月来置年，属于阴阳合历的类型。那么，这种历制是怎样建立起来的呢？

一些学者认为殷历的设置方式处于观象授时阶段，即依据对月相、星象的观察所积累的经验来设置时序，虽优于物候授时，仍尚未采用历算的方法。这一判断与殷商时期尚未形成和使用时刻的概念，人们的星象测量能力有限，数据资料欠丰，处理数据时尚不具有完成分数计算的能力大体上是适配的。

然而，在观象授时的情况下，人们依靠经验的积累预估时序，难免出现明显的误差，调校处理会比较频繁，难于做到预先颁布相对稳定的历序。如果殷人只能预先规定统一的干支日序，而置月和置年要依靠对月相和星象的即时观察来决定，这种做法会对月历和年历得以有效覆盖的时长范围带来明显的限制，似难满足殷商时期社会生活日趋丰富的需求。甲骨文和殷商金文中存在大量的历纪，其内容表明殷历的时序排列已趋于规范，时长计算也有具体的规则，而且能够预置历月及历年，足见殷历在商王统治的区域内呈现出较为稳定的应用状态。可以认为，尽管未见"历""闰""朔"之类的确切记录，也没有发现运用了时刻概念的具体证据，殷人在观象授时的基础上，已经具有由经验归纳并辅以简单计算而形成的置历能力，使商王能够向全国各地预颁统一的足敷使用的历序。颁行统一的历制，要求各地按所颁的历序纪时，既是生产生活的需要，又是王权的体现，因而设置和调校历序是殷商王室十分重视的一项工作，这是殷历得以形成并能够长期施行的基本保证。

按传世文献的记载和相关研判，西周历制中已有闰月之设，而以历算置历为基本特征的四分历创制于战国时期，一些诸侯国的历算家们采用了十九年七闰的闰周，发明了求取历元的推步计算[①]，并据以排布未来若干年的历序。

有的学者猜测，包括推步计算在内的这类置历方法的应用可以从战国追溯到西周，甚至还可以追溯到殷商时期。不过，就甲金文献中已有的历纪材料来看，虽然殷历时序已相对稳定，但仍显粗疏，即便假定各轮干支日序可以长期续接，殷人预为编制的殷历能够有效覆盖的年数也不会太多。于是，依照月相和星象完成置月和置年的调校然后颁布新历，应当是殷商时期常有的事情。换句话说，由于殷人观测星象变化周期及变化规律的精度不够高，能满足历算要求的数据积累也不够充分，尤其是在缺乏时刻概念的应用及计算能力较为有限的条件下，即使以朔日或新月初见之日既合于某种星象又适逢甲子，从而被选定为岁首或正月始日（参看4·3·1节的合24440），也很难得出殷历的编制已经用到了推步计算的判断。

结合殷人的计算能力尚未达到完成分数计算的程度，也尚未发现殷人施行历算置历的内容或线索，提示殷人还不具备利用积累的历纪资料求算月长日数和年长月数的能力。不过，借助于十数年甚至数十年的观象结果和历序记录，殷人很有可能发现，在设置月长日数时，以29日和30日交替为基础，每过30

[①] 就数学类型而言，可以将中国古代历算家使用的推步计算归结为一次不定方程组的求解，目的是找出某个合适的"历元"（即"上元积年"）以定岁首。用于推步计算的主要参数都涉及时刻概念，包括以甲子为首日的日始时点、月相的合朔时点、回归年的冬至时点，甚至五星运行周期的起算时点等等。若推步计算考虑的因素及所用参数不同，便会得到不同的历元。这就是说，时刻概念的应用可以追溯到战国时期，而根据已有的材料还不能证实殷人在对时间进行划分处理的过程中引入了时刻的概念。

余月调增 1 日，可以大致地使置月合于月相变化的周期。而在设置年长月数时，如果设定年长为 12 个月，大约每隔三年增设十三月或者安排一个重月，则可以大致地使置年合于物候及星象变化的周期。基于这样的经验，商王预颁的历序能够做到在数年，十数年甚至更多一些年数的时间之内没有过于明显的误差。但是随着误差的积累，仍需进行观象调校，然后另颁历序。十四月的设置，便显示出殷历置年较为粗疏的一面。正是既有一些置历经验和简单的计算安排，又需适时地依据月相和星象变化的周期调校历月日数和历年月数的做法，使得殷历呈现出能够稳定运行，却缺乏历算规律的特点。

关于殷历的设置方式，依据已有的材料，认为殷商时期处于从观象授时演进为历算置历的过渡阶段，具有由经验归纳并辅以正整数下相关的四则运算而形成的置历能力，也许比较合理。这样，尽管已有甲金材料中并无"殷历"之说，仍然可以将所见历纪归之于殷历时序。

随着甲金文字材料在收集整理和鉴定释读等方面的进展，殷历的广泛应用已无疑义，但是要想依据这些有限且零散的材料确定殷历的设置方法，乃至恢复殷历历谱仍有不少困难。一方面，由于尚未掌握连贯时间足够长，内容足够丰富的历纪材料，目前还不能明确殷人置历的一些细节，不能保证重构的历谱合于真实的情形。另一方面，商王根据当时的经验和简单计算形成的置历规则所颁布的殷历如果只能覆盖十数年或数十年，而各段历序的衔接取决于观象精度和具体的调校时日与措施，必然使殷商时期的历序呈现为片段的形式。大体上可以认为，目前对殷历的了解还局限于一些片段之内，而对片段之间的衔接安排仍知之有限。这种状况使得学者们在根据已有的殷历时纪材料恢复或者重构具有连贯性和互通性的表谱系列时显得疑难重重。

现有材料显示出殷历所用的干支日序和数字月序已相对稳定，历制规则已基本成型，可以判定这是一套阴阳合历的时序系统。这些材料表明，在数百年的历史时期之中，殷历得到了广泛的应用，可以肯定，殷历的形成与当时农业生产和社会生活的需求是相互适应的。通过对殷历时序的观察，不仅使我们对殷商时期的社会发展状况有所了解，还为我们提供了珍贵的数学知识应用实例，目前可以明确的有干支序列的发明，以及殷历置月和置年安排中必然会用到的正整数下的四则运算。

4·6 延伸阅读：干支组合数是干支两数的最小公倍数

这一节的内容与干支组合相关，作为延伸部分，涉及最小公倍数的求取。不过，目前并没有证据足以证明商代数学家已经建立了与最小公倍数有关的概念。

〔1〕一种求取最小公倍数的方法

记〔A, B〕为正整数 A 和 B 的最小公倍数。关于〔A, B〕，定义如下：

m、n 是正整数，若 $R = mA = nB$，则 R 是 A 和 B 的公倍数，而〔A, B〕是 R 中最小的一个。

当 m 和 n 互质，即 m 和 n 的最大公约数（m, n）= 1 时，

〔A, B〕= mA = nB。

上述定义还可以表述为：

在 A, $2A$, $3A$, …, mA 中，第一个能够被 B 整除的数就是〔A, B〕。或者，在 B, $2B$, $3B$, …, nB 中，第一个能够被 A 整除的数就是〔A, B〕。

按上述定义，可以得到与之等价的结果：

按照干支序列的构成模式，将 A 个天干类元素和 B 个地支类元素依序捉对进行搭配组合，第一轮组合数 S 是 A 和 B 的最小公倍数。

对于天干数 10 和地支数 12 来说，第一轮干支组合数 $S = 60$，也就是说〔10, 12〕= 60。

类似地，4 和 6 的第一轮干支组合数为 $S = 12$，也就是〔4, 6〕= 12。

4 和 5 的第一轮干支组合数为 $S = 20$，也就是〔4, 5〕= 20。

你还可以依循干支组合的方式或规则，用第一轮干支组合数构造出若干特例来说明其结果与上述命题相符，而且举不出反例。

由此可知，对于各不相同的两组元素，依循干支组合模式，在第一轮组合完成之后，可以得到一种求取最小公倍数的方法。

〔2〕干支构成模式下的颜色组合举例

下面的做法自有其趣：

依照干支构成的模式，可以将不同的颜色组合起来，第一轮组合完成之后便可得到相应的图案，它们也许能够帮助我们用具象的形式来表示一些搭配组合的情形。

如图 4—1 所示，若将每片花瓣的表面分成靠近花蕊和远离花蕊的两部分，并分别依序涂上两种类别的颜色。在按干支模式搭配而成的图案中，第一轮组合完成之后，配色不同的花瓣数正好是所用两类颜色种数的最小公倍数。

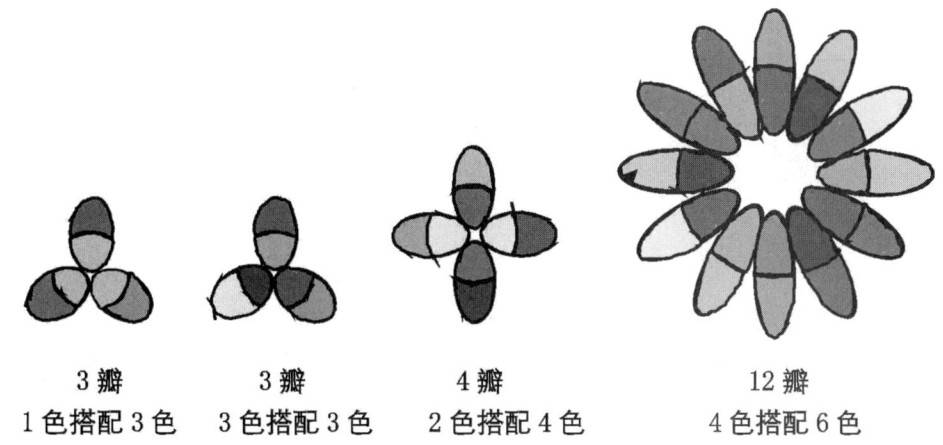

图4—1 干支构成模式下的花朵形图案（一）

观察图4—2中绘出的图案，当所用两类颜色的种数互质时，配色不同的花瓣数所表示的最小公倍数是内圈颜色种数和外圈颜色种数的乘积。

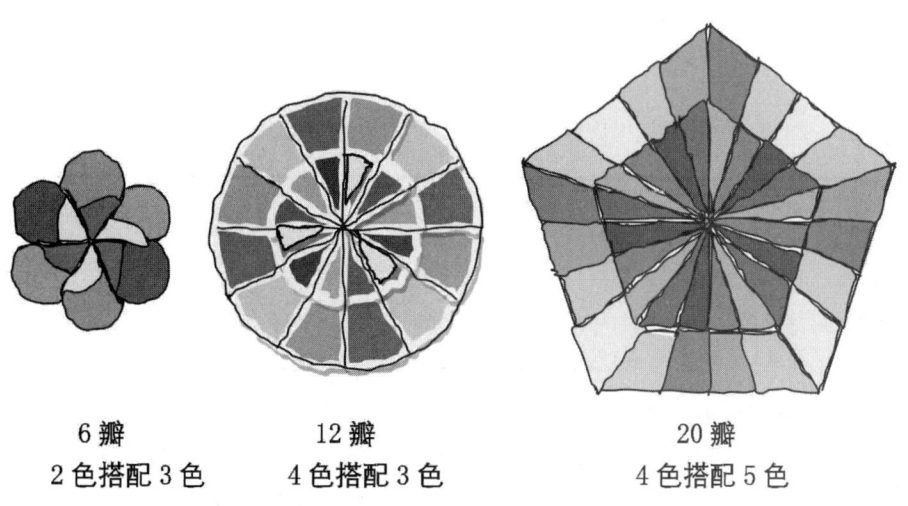

图4—2 干支构成模式下的花朵形图案（二）

（两组图的色彩搭配情况参见书前彩版）

第 5 章 甲骨文中的周祭时序

依据殷商中晚期的甲骨辞文，学者们发现在位商王出于不忘祖先宗绪和取得先祖福祐的目的，经常祭祀先公先王及先妣，而且相关的奉祀安排有一定的规律。一些辞文表明，这类祭祀采用特定的祀仪，依循干支日序从甲至癸地逐旬施行，大体上按 36 旬或 37 旬的时长周而复始地进行布置，呈现出以回归年时长为背景的周期特征，学者们称之为"周祭"。另一方面，周祭安排在社会生活中具有独特的表时功能，不妨叫作"周祭时序"。然而周祭始于何时，以及某位商王举行的各轮周祭是否具有自己的序次或名称，目前尚难定论。

已有的殷商文献中并无"周祭"之说，而且可资窥探周祭规则的辞文既数量有限，又支离散碎，给学者们对周祭的研究带来了不少困难。在这样的条件下，学者们仍然取得了许多成果，诚属不易。

作为专题，借助于对周祭的研究，可以观察到由干支组合序列延展产生的干支纪旬法在殷代祭祀制度的创构和时序安排中具有非常特殊的地位，从而具体地反映了殷商时期数学知识在祭祀活动中的应用状况。

5·1 周祭时序——干支纪旬法

周祭活动有一套日期顺序，周祭祀仪的运行过程演变成一种独特的具有相应规制的时序。周祭时序由整数旬构成，其日序和旬序与殷历的干支日序相通。周祭时序中的各旬都始于甲日终于癸日，一轮干支正好排出 6 个旬次，多轮干支的各个旬次循环相续，可以称之为干支纪旬法。

5·1·1 周祭时序中用祀仪表时的情形

"翌"、"祭"、"飙（zài）"、"叠（xié）"、"彡（róng）"是设置于周祭中的五种祀仪。作为祀名，"祭""飙""叠""彡"的字义较为稳定，而"翌"还用来表示"第二天"或"几天以后"，具体含义需结合辞文才能确定。学者们发现，这五种周祭祀仪按一定的旬序循环往复地施行，其名称除了表示祀仪种类之外，还有表时的功能。

第 5 章　甲骨文中的周祭时序

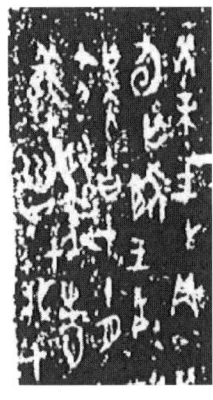

合 35400　　　合 22865　　　合 35700　　　合 23114

合 35400 释文：**癸巳王卜。贞。旬无祸？王占曰。在五月。甲午，翌大甲。**

该辞卜问始于甲午的来旬没有灾祸吗？内容涉及甲午这天将用名为"翌"的祀仪奉祀先王大甲。在周祭安排中，甲名先王必在甲日受祀，在这条卜旬辞中大甲与甲午同干。

合 22865 释文：**丙辰卜。旅**（贞人名）**贞。翌丁巳，叠于仲丁。**

辞中的"翌丁巳"即卜日丙辰的次日，此"翌"表示次日，不是祀仪的名称。该辞内容涉及丁巳这天将举行叫作"叠"的祀仪奉祀先王仲丁。仲丁与丁巳同干。

合 35700 释文：**癸未。王卜。贞。旬无祸？王占曰："大吉。"在十月。甲申，祭阳甲、翃羌甲、叠戋甲。**

甲申这天受祀的甲名先王有阳甲、羌甲和戋甲，祀仪分别是"祭""翃""叠"。

合 23114 释文：**甲戌卜。王贞。翌乙亥，彡于小乙。无祸？在正月。**

"彡"是一种周祭祀仪。商王贞问的内容涉及次日乙亥彡祀先王小乙。小乙与乙亥同干。

合 36511　　　　　　合 36482　　　　　　合 37852

在一轮周祭之内，翌、祭、𥛠、劦、彡五种祀典通常都有相对稳定的顺序位置。对应地，可以在辞文中找到用这些祀仪序时的例子。

合 36511 释文（摘录）：**丁卯王卜。…弘吉。在十月。遘**（gòu，遇到）**大丁翌。**

合 36482 释文（摘录）：**甲午王卜。…在九月。遘上甲𥛠。惟十祀。**

合 37852 释文（摘录）：**[乙] 亥王…在二月。遘祖乙彡。惟九祀。**

其中的"遘"即"遇到"。对于"丁卯…遘大丁翌。"释作"丁卯这天时逢周祭翌祀大丁之日。"其中的"翌"在用作祀仪名的同时，还有序时的意义。类似地，"甲午…遘上甲𥛠。"和"乙亥…遘祖乙彡。"中的"𥛠"和"彡"也有序时的含义。

上述辞文中的"惟十祀"和"惟九祀"肯定是时序记录（"惟"是语气助词），学者们通常认为它们表示时王的殷历年序，但是也有表示时王的周祭轮序的可能。

与周祭祀仪相关的表时词有 "翌日"、 "劦日"、 "彡日"，字面意思是商王举行翌祀、⾁祀，或彡祀之日。由于周祭的某种祀仪会按入祀者的世次顺序连续多日举行，因而，在一轮周祭中可以用它们泛指举行某种祀仪的一段时期。或者说，翌日、⾁日和彡日有分列周祭时段的意义。辞文中当祀仪名与干支日名并列或有关联时，则可明确日期。

在已有辞文中未见"祭日"和"䙴日"的用例，学者们认为，由于祭、䙴、⾁三种祀仪按错日重叠的方式安排，它们所在的时段便统称为"⾁日"。

合 22764　　　　　　合 35601　　　　　　合 36234

合 22764 释文：**丙子卜。贞。翌丁丑。翌日，于大丁。**

合 35601 释文：**戊辰卜。贞。王宾**（典仪名）**大戊。⾁日。无尤？**

合 36234 释文：**癸丑。贞。王宾仲丁奭妣癸。彡日。无尤？**

"翌日""⾁日""彡日"是周祭中的时段名称，同时表明祀仪的种类为翌祀、⾁（含祭和䙴）祀、彡祀。可知上述三辞涉及的周祭事宜分别是：丙子的第二天丁丑翌祀先王大丁、戊辰这天⾁（或祭或䙴）祀先王大戊、癸丑这天彡祀先王仲丁的配偶妣癸。丁丑与"翌日"并列，以及戊辰与"⾁日"关联、癸丑与"彡日"关联，都反映了殷历和周祭两种时序的重复使用。

5·1·2　周祭时序中的"旬"

作为表时词语，甲骨文中的"旬"有两种用法。

一是表示 10 日。例如**"乙卯卜…二旬又一日乙亥…"**（合 903，拓本见 4·2·2 节），自乙卯至乙亥的 21 日记作"二旬又一日"。但以旬表日止于 9 旬，10 旬则记为"百日"，未见契作"十旬"的辞例。

二是用于卜旬辞。下述辞例都在癸日施占，卜问的时段应是从次日起始甲止癸的某一个旬次。

合 5807　　　　　　合 31354

合 5807 释文：

(1) ［癸］亥卜。争（贞人名）贞。旬无祸？王占曰："有祟！"

(2) 旬壬申，中师□。四月。

辞（1）是卜旬辞，"旬无祸？"中的"旬"指来旬，涉及从甲子至癸酉共 10 日的时间段。辞（2）的"旬"指从癸亥逐日数到壬申的第 10 日，属日数记录。

合 31354 释文：

(1) 癸亥…何（贞人名）贞。…无祸？

(2) 癸酉卜。何贞。旬无祸？七月。

(3) 癸未卜。何贞。旬无祸？

(4) 癸巳卜。何贞。旬无祸？七月。

(5) 癸卯卜。何贞。旬无祸？八月。

(6) 癸丑卜。何贞。旬无祸？八月。

从辞文中刻记的"七月"和"八月"，可以肯定这组卜旬辞是连续 6 个癸日

第 5 章 甲骨文中的周祭时序

的卜问记录。"亥""酉""未""巳""卯""丑"显示了各旬的时序。

屯南 2606＋2475（缀合）

合 31381

屯南 2606＋2475（缀合）释文：
(1) 癸酉卜。贞。旬无祸？
(2) 癸未卜。贞。旬无祸？
(3) 癸巳卜。贞。旬无祸？
(4) 癸卯卜。贞。旬无祸？

(5) 癸丑卜。贞。旬无祸？

(6) 癸亥卜。贞。旬无祸？

(7) 癸酉卜。贞。旬无祸？

合 31381 释文：

(1) 癸…贞。旬…

(2) 癸巳卜。狄（贞人名）贞。旬无祸？

(3) 癸卯卜。狄贞。旬无祸？

(4) 癸丑卜。贞。旬无祸？

(5) 癸亥卜。狄贞。旬无祸？

(6) 癸酉卜。狄贞。旬无祸？

(7) 癸未卜。贞。旬无祸？

(8) 癸巳卜。贞。旬无祸？

(9) 癸卯卜。贞。旬无祸？

屯南 2606＋2475（缀合）契有连续 7 旬的卜旬辞。合 31381 记有连续 8 旬的卜旬辞。而合 11546（拓本及释文见 4·3·1 节）尚存卜旬辞二十余条，相关的时间跨度从某年十月癸酉经十三月到次年五月癸亥共计 24 旬，是已有甲骨文中涵盖时段最长的卜旬记录。这些卜旬辞的干支旬序井然，其间跨越的多轮干支应当是逐轮续接的。这种类型的卜旬辞并不明确地涉及周祭活动，但逐旬在癸日行卜的安排显示出很可能与周祭有所关联。

一些贞问"旬无祸？"的卜旬辞则与周祭活动有明确的关联性质，在本书下一节中引用的合 35402、合 35589、合 35644、合 35695、合 35741 等辞都是涉及周祭的卜旬辞。从逐旬占卜都安排在癸日来看，周祭安排依旬实施，学者们认为每旬都始于甲日止于癸日。由此可知，干支序列在殷历中用于序日，在周祭中则被用于序旬。作为数学成果，干支序列的创制于殷历序日之外，还为周祭活动提供了专用的旬序架构。在学者们对晚殷周祭安排的研究中，干支纪日规则成为殷历和周祭两种时序的系联纽带。

周祭时序所用之"旬"已然是干支纪旬法中的纪时单位。虽然周祭使用的干支纪旬法并不专门标示旬序，也不记录旬数，但是依据相关的干支记录，可以知道一轮干支中各旬的顺序。在录有可对应的历月时，确切的旬序续接会更长。不过，在辞文较为零散的情况下，难免会因干支轮数不明而给相关时段内周祭旬序续接状况的确定带来相应的困难。

5.2 周祭入祀者的考定

见于甲骨文的奉祀活动十分复杂，基于不同的目的，殷人会对受祀对象、所用祀仪、受祀时间、祭品选用、奉祀地点等作出具体的安排。然而对于周祭事宜，辞文所记只涉及入祀者、祀仪和时序。可能由于目的明确，祭品与地点有相对固定的规制，因而通常不做记录。

关于入祀者，一般认为入祀周祭的先公先王及先妣原则上以甲金材料的相关记录为准；入祀者名称的日干与受祀之日的日干相同；入祀者按其世序的先后受祀；某王入祀之妣在该王之后按世序受祀。各家对帝辛时期入祀者的考定或有不同，有截至康丁和截至帝乙诸说。同一王世的入祀者偶有局部的变动。

关于入祀典仪，学者们都认为周祭祀仪有翌、祭、䄒、劦、彡五种，五种祀仪举行之前设有各自贡奉典册的"工典"仪。学者们还认为周祭祀仪按固定的顺序循环施行，一般没有跳缺或失序。

关于时序安排，一轮周祭应当始于某种祀仪，但学者们对用哪种祀仪为周祭之首有不同看法，或以翌祀为首，或以祭祀为首（包含䄒祀和劦祀，按祭→䄒→劦的顺序错日置列），或以彡祀为首。学者们还认为一轮周祭通常用时36旬或37旬，在旬数设置，以及祀仪衔接和旬次安排等方面存在局部调整，但各家推考的衔接及调整方式或有不同。

由于文献材料不够充分且分布散碎，因而周祭安排的重构是一件困难诸多的工作。从发现端绪开始，随着文献材料的逐渐增加，学者们重构周祭的工作取得了不少成果，当然，有的内容难免具有推测判断的性质，相关看法尚有待证实。

5.2.1 入祀周祭的先公先王及旬序

周祭受祀者是去世的部分先公先王和先妣，根据一些辞例的记录，可以探知入祀者及其排序。遇到材料不全的情形，通常是参照《史记·殷本纪》的记载做出推判。学者们发现在翌、祭、䄒、劦、彡五种祀仪中，受祀者及其排序都是一致的，因而可以脱开祀仪按旬序推排受祀者。先将学者们对入祀周祭的先公先王的考定及受祀旬序和对应日干酌要介绍如下：

合 35406 释文：

甲戌，翌上甲。　　乙亥，翌匚乙。　　丙子，翌匚丙。

…匚丁。　　壬午，翌示壬。　　癸未，翌示癸。　　…翌大丁。

甲午，翌…　　…翌大庚。

此辞涉及周祭安排，其中的甲戌至癸未诸日同旬。学者们认为周祭受祀者的世次始于上甲,并将上甲、三匚和二示6位先公排在第1旬受祀,受祀之日与入祀者的名号同干。这种安排不仅适用于翌祀,也适用于其他祀仪。见于辞文的商族先祖还有"夒"(合10076)和"**高祖亥**"(合32087),但是已有材料中并无他们入祀周祭的例证。关于三匚,辞文中的排序是报乙→报丙→报丁,学者们认为《史记·殷本纪》报丁→报乙→报丙的世次有误。

合 35406　　　　　　　　　合 22723

合 22723 释文:

(1) 乙巳卜。尹(贞人名)贞。王宾大乙。彡。无尤?在十二月。

(2) 丁未卜。尹贞。王宾(典仪名)大丁。彡。无尤?

(3) 甲寅卜。尹贞。王宾大甲。彡。无尤?

(4) 庚申卜。尹贞。王宾大庚。彡。无尤?

(5) 丁丑卜。尹贞。王宾中丁。彡。无尤?

(6) 乙酉卜。尹贞。王宾祖乙。彡。无尤?

（7）辛卯卜。尹贞。王宾祖辛。彡。无尤？
（8）丁酉卜。尹贞。王宾祖丁。彡。无尤？在二月。
（9）丁巳卜。尹贞。王宾父丁。彡。无尤？在三月。

这是一组周祭卜辞。由辞（1）"王宾大乙。彡。"知大乙（成汤）入祀周祭。按照《史记·殷本纪》的相关世次，大乙应在示癸之后受祀，学者们推定大乙受祀于第2旬的乙日。

参照辞（1）的乙巳，因辞（2）丁未与之同旬，知大丁受祀于第2旬的丁日。

由辞（3）甲寅在辞（1）乙巳所在旬的次旬，可知大甲受祀于第3旬的甲日。

由辞（4）庚申与辞（3）甲寅同旬，可知大庚受祀于第3旬的庚日。

由辞（5）丁丑与辞（3）甲寅间隔1旬，可知中丁受祀于第5旬的丁日。

由辞（6）乙酉与辞（5）丁丑的旬序相连，可知祖乙受祀于第6旬的乙日。

由辞（7）辛卯与辞（6）乙酉同旬，可知祖辛受祀于第6旬的辛日。

由辞（8）丁酉与辞（7）辛卯的旬序相连，可知祖丁受祀于第7旬的丁日。

辞（9）中的父丁即武丁，因祀日丁巳与辞（8）丁酉间隔1旬，故武丁受祀于第9旬的丁日。在《史记·殷本纪》中武丁为祖庚之父，辞（9）中的受祀者为父丁，因而学者们认为这是一版祖庚时期的卜辞。就祖庚在位时的周祭来说，武丁应当是最后一位入祀的先王。

合 35549

合 35561

合 35549 释文：**丙辰卜。贞。王宾外丙。叠日。无尤？**

该辞表明，外丙在丙日受有 叠（含祭和䄃）祀，一般认为外丙入祀周祭。

合 35561 释文：

（1）庚子卜。贞。王宾大庚…

（2）丙申卜。贞。…外丙。祭…

该辞虽残，由于记有"祭"祀，可判定属于周祭卜辞。因辞（1）庚子与辞（2）丙申同旬，故大庚与外丙同旬受祀，可知外丙受祀于第 3 旬的丙日。

合 35402 释文：

（1）癸酉卜。贞。王旬无祸？在十月。甲戌。翌日。大甲。

（2）癸未卜。贞。王旬无祸？在十月。甲申。翌日。小甲。

因辞（1）甲戌与辞（2）甲申的旬序相连，可知小甲受祀于第 4 旬的甲日。

合 35402　　　　　　　　合 22822

至此，从大乙到小甲，重构的周祭世次为大乙→大丁→大甲→外丙→大庚→小甲。而在《史记·殷本纪》中，相关世次为大乙→大丁→外丙→中壬→大甲→沃丁→大庚→小甲。两相比对，差异有二，一是大甲和外丙的世次不同，二是周祭受祀者当中没有中壬和沃丁。由于在已有材料中未见中壬和沃丁入祀的依据，因而学者们并不将中壬和沃丁排入周祭。

合 22822 释文：

（1）丁酉卜。行（贞人名）贞。翌戊戌。翌于大戊。无害？在四月。

（2）丙午卜。行贞。翌丁未。翌于中丁。无害？在四月。

辞（1）戊戌与辞（2）丁未的旬序相连，由中丁第 5 旬受祀，可以推知大戊受祀于第 4 旬的戊日。

合 35618 释文：

（1）戊辰…王宾（典仪名）[大戊，酓] 日。无…

（2）己巳卜。贞。王宾雍己。酓日。无尤？

由辞（2）可知雍己入祀周祭。参照《史记·殷本纪》小甲→雍己→大戊→中丁的世次，又知小甲和大戊受祀于第4旬，中丁受祀于第5旬，可以判定雍己受祀于第4旬的己日。并且可将辞（1）补为"**戊辰…王宾［大戊，叠］日。无…**"

合 35618

合 35636

合 35589 释文：

（1）**癸酉王卜。贞。旬无祸？在六月。甲戌，彡小甲。王占曰："吉。"**

（2）**癸未王卜。贞。旬无祸？王占曰："吉。"在…月。**

（3）**癸巳王卜。贞。旬无祸？王占曰："吉。"在六月。甲午，彡戋甲。**

因辞（1）甲戌与辞（3）甲午间隔1旬，由小甲第4旬受祀，知戋甲（即《史记·殷本纪》中的河亶甲）受祀于第6旬的甲日。

合 35589

合 35644

合 35636 释文：

(1) 壬午卜。贞。王宾（典仪名）外壬。翌日。无尤？

(2) …贞…戋甲。[翌]日。无尤？

辞（2）中的卜日残失，按《史记·殷本纪》中丁→外壬→戋甲的世次，结合中丁受祀于第5旬的丁日，戋甲受祀于第6旬的甲日，得以推定外壬于第5旬的壬日受祀。

合35644 释文：

(1) 癸酉王卜。贞。旬无祸？王占曰："大吉。"在九月。甲戌，翌戋甲。

(2) 癸未王卜。贞。旬无祸？王占曰："大吉。"在九月。甲申，翌羌甲。

辞（2）甲申在辞（1）甲戌的次旬，可知羌甲在戋甲的次旬受祀，即羌甲受祀于第7旬的甲日。

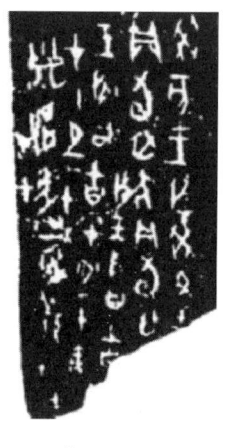

合35695

合35726

合35695 释文：

(1) 癸丑王…贞。旬无…王占曰："吉。"在十一月。甲寅，翌羌甲。

(2) 癸亥王卜。贞。旬无祸？王占曰："吉。"在十二月。甲子，翌阳甲。

辞（2）甲子在辞（1）甲寅的次旬，知阳甲在羌甲的次旬受祀，即阳甲受祀于第8旬的甲日。

合35726 释文：

(1) 庚辰卜。贞。王宾南庚。叠…尤？

(2) 甲申卜。贞。王宾阳甲。叠日。无尤？

(3) 庚寅卜。贞。王宾盘庚。叠日。无尤？

因辞（2）甲申在辞（1）庚辰的次旬，知阳甲在南庚的次旬受祀，即南庚于第 7 旬的庚日受祀。由辞（2）甲申与辞（3）庚寅同旬，知盘庚受祀于第 8 旬的庚日。

合 23077 释文：

（1）**庚申**…贞。王…南庚…无…

（2）**辛未**…贞。王…小辛…

这组卜辞多有残缺，如果视为一组与周祭相关的卜辞，由于辞（2）辛未在辞（1）庚申的次旬，知小辛于第 8 旬的辛日入祀周祭。

合 23077

合 23110

合 23110 释文：

（1）**庚辰**…贞。翌…巳。其…小辛。**肜**。无…

（2）…卜。王…乙酉…小乙…无害？

该辞虽多有残缺，因记有"**肜**"，故属于周祭卜辞，且明确了小辛入祀周祭。由辞（2）乙酉在辞（1）庚辰的次旬，知小乙于第 9 旬的乙日入祀周祭。上述推排与《史记·殷本纪》盘庚→小辛→小乙的世次是相容的。

合 35741

合 35876

合 35741 释文：

（1）癸未王卜。贞。旬无祸？王占曰："吉。"在二月。甲申，翌阳甲。

（2）癸巳王卜。贞。旬无祸？王占曰："吉。"在二月。

（3）癸卯王卜。贞。旬无祸？在二月。甲辰，翌祖甲。

因辞（1）甲申与辞（3）甲辰间隔 1 旬，由阳甲在第 8 旬受祀，知祖甲受祀于第 10 旬的甲日。

合 35876 释文：

（1）庚寅卜。贞。王宾（典仪名）祖庚。叠…

（2）甲午卜。贞。王宾祖甲。叠。无尤？

辞（2）甲午在辞（1）庚寅的次旬，由于祖甲在第 10 旬受祀，故祖庚受祀于第 9 旬的庚日。

合 35866

合 36290

合 35866 释文：

（1）己巳卜。贞。王宾祖己。戠。无尤？

（2）庚午卜。贞。王宾祖庚。戠。无尤？

辞（1）己巳与辞（2）庚午同旬，知祖己和祖庚同旬受祀，即祖己于第 9 旬的己日受祀。在《史记·殷本纪》中并不列入祖己，有学者猜测可能武丁曾立祖己为太子，但后来并未即位。

合 36290 释文：辛巳卜。贞。王宾康丁奭妣辛…无尤？

此辞表明康丁的配偶妣辛入祀周祭，因而康丁也应该入祀周祭。

合 35889 释文：

（1）甲申卜。贞。王宾祖甲。祭。无尤？

(2)［丁］亥卜。贞。王宾康祖丁。祭。无尤?

先王康丁在卜辞中又契作康祖丁。辞（1）甲申和辞（2）丁亥同旬,知康丁于第 10 旬的丁日受祀。《史记·殷本纪》在康丁之前记有廪辛,但已有材料中未见廪辛入祀周祭的内容,故学者们都不将廪辛列入周祭。对于康丁以后的入祀者,由于已有材料中在时序安排的关联性方面缺乏具体依据,有的学者便将周祭的入祀者截止于康丁。

合 35889　　　　　　　　　　　合 36025

合 36025 释文：乙丑卜。贞。王宾武乙。翌日。无尤?

合 36128 释文：丁丑卜。贞。王宾文武［丁］。翌日。无尤?

上述两条卜辞表明,武乙和文武丁都受有翌祀。依《史记·殷本纪》的世次,他们的在位时间依次排在康丁和帝乙之间。一些学者认为他们应入祀周祭,并推测武乙和文武丁分别在第 11 旬的乙日和丁日受祀。这样,帝乙时期入祀周祭的先王当止于文武丁。

就帝辛时期的周祭安排而言,虽然在卜辞中没有找到与帝乙入祀周祭有关的信息,然而学者们从帝辛时期的金文中发现了帝乙入祀周祭的依据。

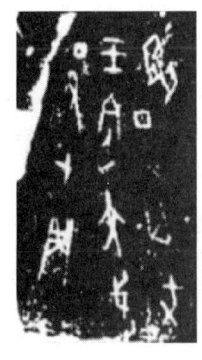  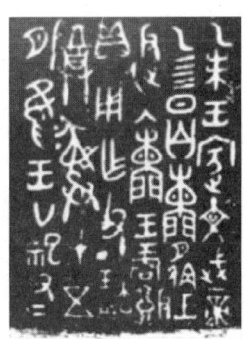

合 36128　　四祀邲其卣铭文（商 帝辛）　坂方鼎铭文（商 帝辛）

四祀邲其卣铭文释文：乙巳。王曰："尊文武帝乙宜。"在□大厅。遘乙。翌日丙午□。丁未□。己酉王在□。邲其赐贝。在四月。惟王四祀，翌日。

"遘乙。"是指与"四祀，翌日。"相关的乙名先王，然而不能确认乙巳这天受到翌祀的先王就是帝乙。乙巳和次日丙午以及丁未、己酉诸日应当都落在帝辛四祀的翌日时段。

坂方鼎铭文释文：乙未。王宾文武帝乙。彡日。…在五月。惟王二十祀又二。

根据这款铭文，"帝乙"受有彡祀已经没有问题。可知帝辛即位后，对过世的父王帝乙作了入祀于周祭的安排，一些学者推测帝乙于第12旬的乙日受祀。

至此，按学者们推考的结果，到了帝辛时期，至少有6公28王共计34人入祀周祭。

学者们发现，对于翌、祭、𥛱、肜、彡五种祀仪，入祀者在每一种祀仪中所占的旬次和日干都是相同的。随着王世的推移，入祀者会逐渐增多，祀仪所用的旬数会有变化。若不考虑特殊安排，祖甲在位时入祀者止于祖庚，每种祀仪所占旬数都是9个。康丁在位时入祀者止于祖甲，每种祀仪所占旬数都是10个。帝乙在位时入祀者止于文武丁，每种祀仪所占旬数都是11个。到帝辛在位时，入祀者止于帝乙，每种祀仪所占旬数达到了12个。

5·2·2 入祀周祭的先妣及旬序

在考定了入祀周祭的先公先王之后，学者们研究了先妣入祀周祭的情况。入祀规则为先妣在其所配先公先王的祀日之后，且按王世先后依次受祀。《易·小过》"过其祖，遇其妣"之说与之或有关联。不少学者认为入祀先妣始自示壬奭（配偶）妣庚，止于文武丁奭妣癸。

按先公先王入祀周祭的旬次，可以将入祀先妣的受祀旬序和日干酌要介绍如下：

合 36184

合 36196

合 36184 释文：

(1) **庚申卜。贞。王宾**（典仪名）**示壬奭**（配偶）**妣庚。翌。无尤？**

(2) **甲子卜。贞。王宾示癸奭妣甲。翌。无尤？**

这是一组周祭卜辞。学者们认为示壬奭妣庚在第 2 旬的庚日受祀。因辞 (2) 甲子在辞 (1) 庚申的次旬，故示癸奭妣甲在第 3 旬的甲日受祀。

合 36196 释文：

(1) **丙申卜。贞。王宾大乙奭妣丙…无尤？**

(2) **戊戌卜。贞。王宾大丁奭妣戊。翌日。无尤？**

(3) **…大甲…妣辛…无…**

这是一组周祭卜辞。前节推判大乙和大丁都在第 2 旬受祀，而辞 (1) 丙申和辞 (2) 戊戌同旬，学者们认为大乙奭妣丙和大丁奭妣戊分别在第 3 旬的丙日和戊日受祀。辞 (3) 残缺不全，但从"**辛巳卜。贞。王宾大甲奭妣辛。翌日。无尤？**"（合 36208）及"**辛卯卜。贞。王宾大甲奭妣辛。翌。无尤？**"（合 36209）等辞来看，大甲奭妣辛入祀周祭应当没有问题，结合先妣入祀次序，可将辞 (3) 补为"[**辛丑卜。贞。王宾**]**大甲**[**奭**]**妣辛。**[**翌日。**]**无**[**尤？**]"学者们认为，大甲奭妣辛受祀于第 3 旬的辛日。

合 36208　　　　合 36209　　　　合 23314

合 23314 释文：

(1) **壬寅卜。行**（贞人名）**贞。王宾大庚奭妣壬。叀。无尤？**

(2) **壬寅卜。行贞。王宾□。无尤？**

（3）壬子卜。行贞。王宾大戊奭妣壬。肜。无尤？

由辞（3）壬子在辞（1）和辞（2）壬寅的次旬，可知大戊奭（配偶）妣壬在大庚奭妣壬的次旬受祀。

合 36226

合 36226 释文：

（1）辛亥卜。贞。王宾大甲奭妣辛。肜日。无尤？

（2）壬子卜。贞。王宾大庚［奭妣］壬…

（3）壬申卜。贞。…宾大戊奭妣壬。肜日。无尤？

（4）癸未卜。贞。王宾中丁奭妣癸。肜日。无…

辞（1）大甲奭妣辛受祀于第 3 旬，辞（2）中补入［奭妣］以后，由辞（1）辛亥和辞（2）壬子同旬，知大庚奭妣壬受祀于第 3 旬的壬日。故合 23314 辞文中的大戊奭妣壬受祀于第 4 旬的壬日。然而从辞（2）壬子到辞（3）壬申间隔 1 旬，表明大戊奭妣壬在第 5 旬受祀，依照先妣在所配先王之后，且按世序入祀的规则，这样安排会影响后续的排序，因而大戊奭妣壬应该是在第 4 旬的壬日受祀。有鉴于此，有的学者认为，若非误记，这版卜辞所记的这轮周祭中，可能由于某种需要，对旬次安排做了调整，将本应在第 4 旬受祀的大戊奭妣壬调整到第 5 旬受祀。

辞（3）壬申和辞（4）癸未的旬次相连，注意到正常情况下大戊奭妣壬在第 4 旬受祀，可知中丁奭妣癸在第 5 旬的癸日受祀。

第 5 章 甲骨文中的周祭时序

合 36232

合 22816

合 36232 释文：己卯卜。贞。王宾中丁奭妣己。翌。无尤？

学者们认为中丁奭妣己入祀周祭，并将其排在第 5 句的己日受祀。

合 22816 释文：

(1) 己丑卜。行（贞人名）贞。王宾雍己。彡。无尤？

(2) …卜。行贞。王宾（典仪名）妣甲。无尤？

(3) 甲辰卜。行贞。王宾妣甲。彡。无尤？

(4) …卜。行贞。王宾□。无尤？在…

(5) 甲寅卜。行贞。王宾祖辛奭妣甲。彡。无尤？

由前面重构的先王受祀次序，知雍己在第 4 旬受祀，从辞（1）的己丑到辞（5）的甲寅，其间间隔了第 5 和第 6 两旬，据此定出祖辛奭妣甲受祀于第 7 旬的甲日。

辞（2）记有妣甲，如果卜日为甲午，便落在第 5 旬。因大戊奭妣壬于第 4 旬壬日受祀，中丁奭妣己于第 5 旬己日受祀，故第 5 旬甲日的受祀者妣甲可能是大戊奭或雍己奭。辞（3）记有妣甲，卜日甲辰在第 6 旬。因中丁奭妣癸于第 5 旬癸日受祀，祖乙奭妣己于第 6 旬己日受祀，故第 6 旬甲日的受祀者妣甲可能是中丁奭或外壬奭。由于辞（2）和（3）的受祀者都不确定，学者们并不将这两辞中的妣甲列为周祭受祀者。辞（4）的卜日和受祀者不明，不再置论。

合 36262

合 23330

合 36262 释文：

(1) 己丑卜。贞。王宾四祖丁奭妣己。彡日。无尤？

(2) 贞。王宾□。无尤？

(3) 庚戌卜。贞。王宾小乙奭妣庚。彡。无尤？

四祖丁即祖丁，祖丁在第 7 旬受祀，四祖丁奭妣己受祀于第 7 旬的己日。

因辞（1）己丑与辞（3）庚戌间隔 1 旬，故小乙奭妣庚于第 9 旬的庚日受祀。

第5章 甲骨文中的周祭时序

合 23330 释文：

（1）癸酉卜。尹（贞人名）贞。王宾中丁奭妣癸。翌日。无尤？

（2）己丑卜。尹贞。王宾祖丁奭妣己。翌日。无尤？

（3）庚戌卜。尹贞。王宾小乙奭妣庚。翌日。无尤？

辞（1）癸酉、辞（2）己丑、辞（3）庚戌依次间隔1旬。由小乙奭妣庚受祀于第9旬、祖丁奭妣己受祀于第7旬，可知中丁奭妣癸在第5旬的癸日受祀。

合 23314　　　　　　　　　　合 36252

合 23314 释文：己巳卜。行（贞人名）贞。王宾祖乙奭妣己。彡…

学者们认为，祖乙奭妣己入祀周祭，并排入第6旬的己日受祀。

合 36252 释文：

（1）[甲戌]卜。贞。王宾祖辛奭妣甲。彡日。无…

（2）庚辰卜。贞。王宾四祖丁奭[妣庚]。彡…

（3）庚子卜。贞。王宾小乙奭妣庚。[彡]日。无尤？

该辞字迹漫漶不清，释文引自学者们的识读。

祖辛于第6旬受祀，祖辛奭妣甲应在第7旬的甲日受祀。

辞（2）所记祖丁（即四祖丁）于第7旬受祀，由卜日庚辰，缺失的先妣名应为妣庚，即祖丁奭妣庚在第7旬的庚日受祀。与庚辰同旬的甲日为甲戌，可知辞（1）残失的卜日为甲戌。

从辞（2）庚辰到辞（3）庚子，中间间隔1旬，知小乙奭妣庚于第9旬的庚日受祀。

甲骨文数字与时序——殷商时期数学知识应用状况之观察

合 36255　　　　　　　　　　　　　合 36268

合 36255 释文：

（1）庚寅卜。贞。王宾祖乙奭妣庚。叠日。

（2）辛酉卜。贞。王宾武丁奭妣辛。叠…

祖乙受祀于第 6 旬，祖乙奭妣庚被排在第 6 旬的庚日受祀。从辞（1）庚寅到辞（2）辛酉，中间间隔了第 7 和第 8 两旬，可知武丁奭妣辛在第 9 旬的辛日受祀。

合 36268 释文：

（1）辛巳卜。贞。王宾武丁奭妣辛。翊。无尤？

（2）癸未卜。贞。王宾武丁奭妣癸。翊。无尤？

（3）戊子卜。贞。王宾武丁奭［妣戊。翊］。无尤？

可知武丁有三位配偶入祀周祭。因辞（1）辛巳和辞（2）癸未同旬，故武丁奭妣辛和武丁奭妣癸同在第 9 旬受祀。又因辞（3）戊子在辞（2）癸未的次旬，故武丁奭妣戊在第 10 旬受祀。

合 36281 释文：

（1）戊午卜。贞。王宾祖甲奭妣戊。翊。无…

（2）辛酉卜。贞。王宾康［丁］奭妣辛。翊。无尤？

前节推判祖甲在第 10 旬受祀，若祖甲奭妣戊也受祀于第 10 旬，会出现武丁

第5章 甲骨文中的周祭时序

和祖甲名号都是妣戊的两个先妣同日受祀的情形,于是祖甲奭妣戊被排在第11旬的戊日受祀。因辞(1)戊午和辞(2)辛酉同旬,故康丁奭妣辛受祀于第11旬的辛日。

合 36281

䣈簋(商 帝乙)

在已有的甲骨文中尚未发现与武乙的配偶入祀周祭相关的内容,不过,帝乙时期的青铜器䣈簋铸有铭文,其中记有:

戊辰…在十月一。惟王二十祀𠭯日,遘于妣戊武乙奭。…

可知武乙奭妣戊受有𠭯(或祭或𠭯)祀,一些学者据以认为武乙奭妣戊入祀周祭,并将其排在第12旬的戊日受祀。

关于文武丁的配偶,在已有材料中未见与周祭相关的记录,认为文武丁有名叫妣癸的配偶,并认为文武丁奭妣癸入祀周祭,且受祀于第12旬的癸日,出自一些学者的推测判断。

这样,截至帝辛时期,分属2公15王,共有22位先妣入祀周祭。一般认为,能够受祀于周祭的先妣基本上都是直系先王的配偶,而且她们生前在王室内享有特殊的地位。

除了上面列举的辞例,在不同时期的卜辞中还有一些可以相互印证的内容,这种情形使学者们相信,殷商中晚期的社会生活中曾经存在着被称为周祭的具有严格规则的祭祀制度。

通过对卜辞相关内容的整理,学者们对商代先公、先王和先妣受祀于周祭的旬序和日序安排展开了研究,取得不少成果,但是由于已有材料来自不同的王世,有的时期归属还有待确认,相关时序也因缺乏足够长的连贯记录而支离散碎，使得一些推测或判断只有在获得了确凿的证据以后才能做出定论。

另一方面，有的辞文显示出周祭安排存在局部的改变或调整。例如，前面介绍的合36226，所载大戊奭妣壬在第5旬而不是在第4旬受祀，若非误刻，便可能是存在局部调整的反映。下面再观察两例周祭安排中可能存在临时调整的卜辞。

合36256释文：**庚子卜。贞。王宾祖辛奭妣庚。彡日。…尤？**

一些学者认为，该辞表明祖辛奭妣庚入祀周祭，但在祖辛受祀的第6旬的辛日之后已无庚日可供安排，只能排在第7旬受祀。可是排在第7旬庚日的话，不仅会在祖丁奭妣己的后面受祀，有违世次，而且会形成与祖丁奭妣庚同日受祀的情形。有鉴于此，诸多学者都没有将祖辛奭妣庚排入他们推定的周祭序列。若此辞并非误刻，可能是在某次周祭中对祖辛奭妣庚例外地安排了彡祀，表明周祭安排会有局部的变动。

合36256　　　　　　　　合23325

合23325释文：**庚辰卜。…贞。王宾羌甲奭妣庚。劦。无尤？**

该辞表明羌甲奭妣庚应该入祀周祭。但在已有的周祭卜辞中没有发现与羌甲奭妣庚入祀周祭有关联的其他材料，学者们通常并不将羌甲奭妣庚排入周祭。一种可能的情况是羌甲奭妣庚早先曾入祀周祭，比如说，似乎在祖丁时期的周祭中曾经有其受祀的安排，但是此后由于某种尚不清楚的原因，羌甲奭妣庚被移出周祭，后来的辞文中便没有了相关的记录。果如是，显示出周祭安排会有局部的变动。

第 5 章 甲骨文中的周祭时序

将目前学者们较为认可的结果汇集起来,可以列出止于帝辛时期的周祭世序表。对于翌、祭、䄲、劦、彡五种祀仪,每一种祀仪原则上都按该表所列的世序逐旬举行。

帝辛时期的周祭世序表[①]

	甲日	乙日	丙日	丁日	戊日	己日	庚日	辛日	壬日	癸日
第1旬	上甲	匚乙	匚丙	匚丁					示壬	示癸
第2旬		大乙		大丁			示壬奭妣庚			
第3旬	大甲 示癸奭 妣甲		外丙 大乙奭 妣丙		大丁奭 妣戊		大庚	大甲奭 妣辛	大庚奭 妣壬	
第4旬	小甲				大戊	雍己			大戊奭 妣壬	
第5旬				中丁		中丁奭 妣己			外壬	中丁奭 妣癸
第6旬	戋甲	祖乙				祖乙奭 妣己	祖乙奭 妣庚	祖辛		
第7旬	羌甲 祖辛奭 妣甲			祖丁		祖丁奭 妣己	南庚 祖丁奭 妣庚			
第8旬	阳甲						盘庚	小辛		
第9旬		小乙		武丁		祖己	祖庚 小乙奭 妣庚	武丁奭 妣辛		武丁奭 妣癸
第10旬	祖甲			康丁	武丁奭 妣戊					
第11旬		武乙		文武丁	祖甲奭 妣戊			康丁奭 妣辛		
第12旬			帝乙		武乙奭 妣戊					文武丁奭 妣癸

[①] 参看《百年来甲骨文天文历法研究》第 295—296 页。

5·3 重新构建的周祭

翌、祭、䄞、劦、彡五种祀仪依序举行一轮的安排反映了周祭的组成。这种安排紧密地附着于干支日序和干支旬序，形成了一种独立的时序系统。依据入祀先公先王和先妣的受祀排序，以及一些记有相关时序的甲金辞文，学者们展开了恢复或重新构建周祭的工作。当然，由于现有材料少而散碎，缺乏足够的连贯记录，使得这种重构只能以遵循严格的祭祀规则为前提才得以进行，很难考虑可能存在的局部变动，因而在一定程度上具有理想化的性质。或者说，重新构建的周祭可以反映晚商时期王室祭祀先公先王和先妣的基本情况，但是不能保证能够再现实际的安排。有了入祀世序，以重新构建的祀仪运行和用时排置为基础，一些学者在周祭祀谱的推排方面做了许多工作。

5·3·1 五种祀仪运行状况的重构

除了恢复先公先王和先妣的入祀世序，还需重构五种祀仪的运行状况。

参考"**于即酒。父丁。翌日、劦日、彡日。王乃宾**（典仪名）。**癸亥**…"（合32714），不妨按翌→劦（含祭和䄞）→彡的顺序分述于后。

〔1〕翌祀运行状况的重构

下述卜辞提供了一些推排翌祀运行状况的线索。

合 32714

合 35402

合 35402 释文：

(1) 癸丑卜。贞。王旬无祸？在…甲寅。酒。翌［上甲］。

(2) 癸亥卜。□（贞人名）贞。王旬无祸？甲［子］…

(3) 癸酉卜。贞。王旬无祸？在十月。甲戌，翌日，大甲。

(4) 癸未卜。贞。王旬无祸？在十月。甲申，翌日，小甲。

按前节的入祀世序，辞（1）可补入［上甲］。辞（1）到辞（4）显示出从第 1 旬到第 4 旬，对甲名先公先王举行翌祀的安排。进而可以依照日干相同的规则，明确非甲名入祀者在这 4 旬中接受翌祀的具体日期。在契记翌祀的同版卜辞中，通常并不记录其余四种周祭祀仪。

合 35646 正　　　　　　合 35646 反

合 35646 释文（摘录）：

(1) 癸未王卜。贞。王旬无祸？王占曰："吉。"在十一月。甲申，（翌日，小甲。）

(2) 癸卯王卜。贞。王旬无祸？王占曰："吉。"在十月又二。甲辰，翌日，戋甲。

辞（1）中的"（翌日，小甲。）"契在合 35646 反面对应的位置。因辞（1）甲申与辞（2）甲辰间隔 1 旬，由小甲于第 4 旬受翌祀，知戋甲于第 6 旬受翌祀。进而可以补入在第 5 旬和第 6 旬中对非甲名入祀者举行翌祀的安排。

参看 5·2·1 节中引用的辞文，由合 35644、合 35695、合 35741 三版卜辞，可得从羌甲到祖甲（第 7 旬到第 10 旬）的入祀者接受翌祀的安排。学者们还依据合 36025 的"武乙。翌日。"与合 36128 的"文武［丁］。翌日。"将翌祀武乙和翌祀文武丁的时间分别排在第 11 旬的乙日和丁日。尽管缺乏直接依据，学者们推定帝乙在第 12 旬的乙日接受翌祀。

从翌上甲到翌文武丁奭妣癸，翌祀用时 12 旬。可将"翌日"理解为举行翌祀的时段。

〔2〕祭、䀏、劦三种祀仪运行状况的重构

学者们发现祭、䀏、劦三种祀仪呈现交错重叠的安排方式，具体观察如下：

合 35530 释文：

(1) 癸未…贞。旬…王占…在十二月。［甲申，䀏］上甲。工…

(2) 癸巳王卜。贞。旬无祸？王占曰："吉。"在十月又二。甲午，劦日，上甲。祭大甲。

(3) 癸卯王卜。贞。旬无祸？王占曰："吉。"在十月又二。甲辰，䀏大甲、祭小甲。

(4) 癸丑王卜。贞。旬无祸？王占曰："吉。"在正月。甲寅，劦大甲、䀏小甲。

(5) …亥王卜。贞。…祸？王占…在正月。甲［子，祭］戋甲、劦［小甲］。

由辞（2）可知在同一天劦祀上甲和祭祀大甲。

将辞（3）、辞（4）和辞（5）的内容与下面一版卜辞中的辞（1）、辞（2）和辞（3）相对照，可将辞（5）的"甲…戋甲、劦…"补填为"甲［子，祭］戋甲、劦［小甲］。"

关于辞（1），由下面重构的运行表，可将"…上甲。"补填为"［甲申，飙] 上甲。"该辞中的"工…"应指这天举行的🈂工典。

合 35530　　　合 41704+41723（缀合）摹写本①　　　合 35885

---

① 该摹写本转引自《商代周祭制度》第 56 页。按照这版卜辞的摹本，由辞（2）到辞（7），所载三月至少含有 5 个顺序癸日，存在重三月。不过，对于辞（6），该书认为"原辞月份为三月，可能是契刻有误"。此猜测意在这年没有重三月（于是该三月含且仅含 4 个顺序癸日，月长至少有 31 日），然后在没有重三月的情况下据以推排出可能是文武丁时期王八祀的周祭祀谱（参看《商代周祭制度》第 245—246 页）。

合 41704 + 41723（缀合）释文：

（1）癸酉王卜。贞。旬无祸？王占曰："弘吉。"在二月。甲戌，祭小甲、衫大甲。惟王八祀。

（2）癸未王卜。贞。旬无祸？王占曰："吉。"在三月。如，甲申，衫小甲、叠大甲。

（3）癸巳王卜。贞。旬无祸？王占曰："吉。"在三月。甲午，祭戋甲、叠小甲。

（4）癸卯王卜。贞。旬无祸？王占曰："吉。"在三月。甲辰，祭羌甲、衫戋甲。

（5）癸丑王卜。贞。旬无祸？王占曰："吉。"在三月。甲寅，祭阳甲、衫羌甲、叠戋甲。

（6）癸亥王卜。贞。旬无祸？王占曰："吉。"在三月。甲子，衫阳甲、叠羌甲。

（7）［癸酉］王卜。…旬无祸？…月。甲戌，［祭］祖甲、叠阳甲。

合 41704 + 41723（缀合）所载的 7 条周祭卜辞旬序相连，长达 7 旬的记录齐聚了 6 位甲名受祀者。由下述合 35885 的辞（2），可以将辞（7）的"…祖甲"补填为"［祭］祖甲"。

合 35885 释文：

（1）癸巳王…曰："大吉。"…

（2）癸卯王卜。贞。旬无祸？在二月。王占曰："吉。"甲辰，祭祖甲、叠阳甲。

（3）癸丑王卜。贞。旬无祸？在二月。甲寅，衫祖甲。

（4）癸亥王卜。贞。旬无祸？在二月。王占曰："大吉。"甲子，叠祖甲。

上述三版周祭卜辞反映出来的祭、衫、叠三种祀仪的运行状况有如下表所示。表中没有列出非甲名受祀者，也没有列出受祀的先妣，他们的受祀情形可按周祭世序表列出。

第5章 甲骨文中的周祭时序

祭、翌、劦错开重叠的运行状况

	祭	翌	劦
第1旬	上甲		
第2旬		上甲	
第3旬	大甲		上甲
第4旬	小甲	大甲	
第5旬		小甲	大甲
第6旬	戋甲		小甲
第7旬	羌甲	戋甲	
第8旬	阳甲	羌甲	戋甲
第9旬		阳甲	羌甲
第10旬	祖甲		阳甲
第11旬		祖甲	
第12旬			祖甲

显然,按前面推排的世次,加入受祀的非甲名先公先王,以及加入受祀先妣之后,这种将祭、翌、劦错开重叠的祀仪安排方式,使它们的用时比翌祀的12旬要多出2旬。或者说,对于劦祀,劦上甲在第3旬,劦祖甲在第12旬,因而劦祀武乙、文武丁、祖甲奭妣戊和康丁奭妣辛将排在第13旬。而劦祀帝乙、武乙奭妣戊和文武丁奭妣癸将排在第14旬。

可将辞文中的"劦日"理解为表示一轮周祭中举行祭、翌、劦三种祀仪的时段。

〔3〕彡祀运行状况的重构

根据甲骨文中与周祭有关的卜辞内容,可以推排重构彡祀的运行状况。观察下述辞例:

合35422释文:

(1) 癸卯王卜。…旬无祸?王…曰:"吉。"在五…甲辰,工典其酒。

(2) 癸丑王卜。贞。旬无祸?王占曰:"吉。"在六月。甲寅,彡日,上甲。

(3) [癸]亥王卜。贞。旬无祸?王占曰:"吉。"在六月。甲子,彡夕,大乙。

辞（1）中的"工典"应指甲辰旬举行的"彡工典"，接着在甲寅旬的甲寅日彡祀上甲。按前面推排的入祀世序，上甲在彡祀的第 1 旬受祀。辞（3）的卜日应是癸亥，卜问甲子旬"没有灾祸吗？"该辞内容涉及大乙（汤）在甲子这天晚上受彡夕之祭，学者们认为与次日乙丑彡祀大乙的周祭安排相关联，从而间接地得知大乙在第 2 旬的乙日受彡祀。

合 35422　　　　　　　　　合 35589

合 35589 释文：

（1）癸丑王卜。贞。旬无祸？王占曰："吉。"在五月。

（2）癸亥王卜。贞。旬无祸？王占曰："吉。"五月。甲子，彡[大甲。]

（3）癸酉王卜。贞。旬无祸？在六月。甲戌，彡小甲。王占曰："吉。"

（4）癸未王卜。贞。旬无祸？王占曰："吉。"在…月。…

（5）癸巳王卜。贞。旬无祸？王占曰："吉。"在六月。甲午，彡戋甲。

（6）癸卯王卜。贞。旬无祸？王占曰："吉。"在七月。甲辰，彡羌甲。

这是一版连续6旬的周祭彡祀卜旬辞。按前面推排的入祀世序，辞（3）所记的彡小甲在彡祀第4旬，可知辞（2）在彡祀第3旬受祀的是大甲。辞（4）所涉的甲申旬为对非甲名受祀者举行的彡祀第5旬。接下去，在彡祀第6旬和第7旬分别彡祀戋甲和彡祀羌甲。

合 35758

合 35756

合 35758 释文：

（1）癸未…贞。王…甲申…羌［甲］。

（2）癸巳卜。□（贞人名）贞。王旬无祸？在五月。甲午，彡日，阳甲。

（3）癸卯卜。□贞。王旬无祸？在六月。

由辞（2）甲午彡祀阳甲，知上一旬的甲申彡祀羌甲，于是推得阳甲在彡祀第8旬受祀。甲午和彡日并举，知该甲午落在周祭彡祀时段。就殷历而言，这个甲午落在某年的五月。

合 35756 释文:

(1) 癸卯…贞。旬…王占曰…六月。甲辰,彡阳甲。

(2) 癸丑王卜。贞。旬无祸?王占曰:"吉。"在七月。

(3) …亥王卜。贞。旬无祸?王占曰:"吉。"在七月。甲子,彡祖甲。

辞(3)所卜的甲子旬与甲辰旬间隔 1 旬,因而祖甲在彡祀第 10 旬受祀。

彡祀的运行状况与翌祀大体一致。加上非甲名的入祀先公先王,以及加上受祀的先妣,彡祀用时 12 旬。辞文中的"彡日"可以理解为一轮周祭中举行彡祀的时段。

学者们发现,在同版周祭辞文中,通常只记翌祀或者只记彡祀,表明周祭中的翌祀和彡祀是单独举行的,与祭、𩰚、䅽三种祀仪常同版列记且按错开重叠的方式安排有明显差异。

〔4〕工典仪的置排

根据下面的辞例,学者们发现,在举行某种周祭祀仪之前,要安排贡奉典册的工典仪。

合 35399

合 37840

合 35399 释文：

(1) 癸卯王卜。贞。旬无祸？在九月。甲辰，工典其幼。其翌。

(2) 癸丑王卜。贞。旬无祸？在九月。甲寅，翌上甲。

由甲寅在甲辰的次旬，可知在翌祀上甲的前旬甲日设有翌祀的工典仪，简称翌工典。

合 37840 释文：

(1) 癸酉王卜。贞。旬无祸？王占曰："吉。"在十月又一。甲戌，妹，工典。其□。惟王三祀。

(2) 癸未王卜。贞。旬无祸？王占曰："吉。"在［十］月又二。甲申□。酒。祭上甲。

辞（2）甲申在辞（1）甲戌的次旬，即祭上甲的前旬甲日设有祭祀的工典仪，简称祭工典。

合 35412

合 35422

合 35412 释文：

(1) 癸巳王卜。贞。旬无祸？在十二月。甲午□。祭上甲。

（2）……王卜。贞。旬……在正月。甲辰，[酒] 上甲。工典其叠。

甲午祭祀上甲之后，在次旬的甲辰这天应酒祀上甲，同天还要举行叠工典。

目前尚未找到直接记录酒祀工典仪的辞文，然而学者们都相信酒工典是存在的。

合 35422 释文：

(1) 癸卯王卜。……旬无祸？王……曰："吉。"在五……甲辰，工典其酒。

(2) 癸丑王卜。贞。旬无祸？王占曰："吉。"在六月。甲寅，彡日，上甲。

辞（2）甲寅在辞（1）甲辰的次旬，即在彡上甲的前旬甲日设有彡祀的工典仪，简称彡工典。

合 35756

合 35407

合 35756 释文：

(1) …亥王卜。贞。旬无祸？王占曰："吉。"在七月。甲子，彡祖甲。

(2) 癸［酉］…贞。旬无祸？王占曰："吉。"在七月。

(3) 癸未王卜。贞。旬无祸？王占曰："吉。"在八月。甲申，工典其幼。

(4) 癸巳王卜。贞。旬无祸？王占曰："吉。"在八月。甲午，翌上甲。

彡祀和翌祀记于同版的情形十分少见。从辞（4）甲午翌上甲，知辞（3）的"工典"是翌祀的工典仪。由辞（4）甲午在辞（3）甲申的次旬，知翌工典的次旬接着安排翌上甲。由辞（1）甲子彡祖甲，到辞（3）甲申安排翌工典，中间间隔甲戌旬。辞（2）的卜日应是癸酉，所涉甲戌旬未记受祀者。对于甲戌旬的安排，至少存在两种可能的解释。一种是认为前一轮周祭止于彡祀所在的甲子旬，新一轮周祭则始于翌工典所在的甲申旬，而甲戌旬不举行任何祀仪，并称之为休息旬。另一种解释是彡祀并不终止于甲子旬，尽管这版辞文中未做记录，但武乙、文武丁等非甲名的受祀者可以在甲戌旬受祀，甚至可以延伸到甲申旬，以叠加到翌工典所在旬的形式受祀。这两种解释为周祭的重构提供了不同的思路。

已有材料表明，工典仪通常安排在祀上甲前一旬的甲日，旬序相连。但存在一些例外，目前已知有间隔一旬的情形。

合 35407 释文：

(1) ［癸］酉卜。贞。王旬…祸？在十月又二。［甲］戌，工典其…其□。

(2) ［癸］巳卜。贞。王旬…祸？在十月…酒。□。祭上甲。

辞（1）的卜日应为癸酉，举行工典仪的日期应是甲戌。辞（2）的卜日应为癸巳，由"祭上甲"，知上甲于甲午受祭祀，且辞（1）中的工典仪是祭工典。从辞（1）甲戌到辞（2）甲午，间隔了甲申旬，表明祭工典与祭上甲的旬序可以不相续接，其安排也存在增设 1 旬的变动。这种情形为一些学者在推排周祭祀谱时，对某轮周祭所用旬数进行调整（例如将 36 旬的时长调为 37 旬）提供了参考依据。再看一例：

合 37867

合 37867 释文：

（1）癸巳卜。泳（贞人名）贞。王旬无祸？在六月。甲午，工典其幼。

（2）癸丑卜。泳贞。王旬无祸？在六月。甲寅，酒。翌上甲。王二十祀。

辞（1）中的工典仪应当是翌工典。从辞（1）甲午到辞（2）甲寅间隔了甲辰旬，表明翌工典与翌上甲的旬序可以不相续接，其安排存在增设 1 旬的变动。

〔5〕五种祀仪的顺序

翌、祭、䄟、劦、彡这五种祀仪连带各自的工典仪都是按干支旬序举行的，接下来需要考定它们在周祭用时安排中的续接顺序。

一轮周祭的用时分成"翌日""劦日"和"彡日"三个时段，其中劦日时段包含了祭祀和䄟祀的用时。合 32714 所录"于即酒。父丁。翌日、劦日、彡日。王乃宾。癸亥⋯"应当与排序相合，可知五种祀仪的顺序是翌→祭→䄟→劦→彡。合 35756 所录内容显示了彡祀之后安排的是翌祀，从而形成了循环往复的时间架构。

可是已有材料中未见周祭之说，也没有明示各轮周祭的序次或名称，更无明示周祭首日的内容，似乎一轮周祭可以始于翌日、劦日和彡日中的任何一种时段。就周祭的首日或首旬而言，这种状况使学者们对一轮周祭始于何种祀仪提出了不同的意见。目前，不少学者认为一轮周祭始于翌工典所在的甲日。

掌握了五种祀仪依干支旬序循环运行的基本规律，按设定的周祭始旬，学者们重构了一轮周祭大体上的用时状况，进而展开了周祭祀谱的推排。

5·3·2 周祭用时的重构

若以某种祀仪为周祭之首,前一轮周祭结束之后,新的一轮周祭便从这种祀仪的工典仪开始,逐旬展开。这种周而复始的安排,可能与殷历循环使用干支序列连续纪日的做法有关。研究周祭的学者大都认为一轮周祭的时长主要有 36 旬和 37 旬两种,并认为一轮周祭的用时安排极有可能以回归年的时长做背景。基于这样的认识,每轮周祭祀典的用时安排与回归年时长相近,通常是学者们在研究周祭的过程中受到格外重视的因素。

由于学者们对入祀者世次的推排和祀仪之间的衔接处理存在局部差异,以及对殷历时序尚无统一的认识,因而关于周祭用时的重构,会得到不同的结果。为了避免一轮周祭的用时过于偏离回归年的时长,学者们根据已有材料中的线索,加上自己的推测或判断,提出了几种附带调整措施的方案。从一些成果来看,可以将帝辛时期一轮周祭的用时安排大致地分成两种类型。

第一种:以 12 旬的世次推排为基础,各祀仪连贯安排,加上工典仪的用时,便可得到一轮周祭用时的旬数,进而排出受祀者和所受祀仪的旬次及日期。原则上,一轮周祭用时的旬数计算如下:

翌日 12 旬 + 𢍺(含祭和䄉)日 14 旬 + 彡日 12 旬 + 工典 3 旬 = 41 旬

具体安排时,将武乙、文武丁、帝乙、武乙奭妣戊、文武丁奭妣癸的入祀旬次做了调整处理,通常做法是重叠于续接祀仪的工典仪所在的旬次,从而与回归年时长相协调。各家调整处理的依据和做法虽有不同,但一轮周祭所用时长减掉重叠旬数之后,大体上以 36 旬或 37 旬为主,也有用时 38 旬的情形。

第二种:将入祀者截止于某位先王。例如,认为武乙、文武丁、帝乙、武乙奭妣戊、文武丁奭妣癸入祀周祭的证据不够充分,不能肯定他们是周祭活动中的受祀者。于是入祀先王截止于康丁(康丁以后各王的周祭安排都是如此)。这样,各祀仪以 10 旬的世次推排为基础,加上工典仪使用的 3 旬和一轮周祭终止时设置 1 个休息旬,合计 36 旬。一轮周祭用时的旬数计算如下:

翌日 10 旬 + 𢍺(含祭和䄉)日 12 旬 + 彡日 10 旬 + 工典 3 旬 + 休息 1 旬 = 36 旬

依祀谱复排的情形,有时需增设 1 个旬次,即得 37 旬的时长。

至迟从祖庚时期开始,在位商王为了避祸祈福,用翌、祭、䄉、𢍺、彡五种祀仪,对享有特殊地位的先公、先王和先妣,按相对稳定的规则施行周而复始的奉祀,得到了一些辞例的印证,并非牵强附会之说。但依靠仅有的材料,学者们只能构建出周祭用时的轮廓。事实上,在重构过程中不可避免地需要插入一些推测或判断,更兼无法纳入可能存在的局部调整,因而要想完整如实地恢复周祭用时安排的原貌眼下还是一件很困难的事情。

换一个角度来观察，随着王世的递延，受祀者的构成必然处于动态之中。按照学者们归纳出来的受祀规律，祖庚时期的世次复排顶多止于祖己，用时不超过9旬。当康丁在位时，世次复排的用时最多10旬。而对于文武丁和帝乙，他们在位时的世次复排用时会变为不超过11旬。显然，12旬的用时只能出现在帝辛在位时期的世次复排。如果周祭用时以回归年时长为背景，各王的周祭安排便会有不同的调整和衔接方式。尽管理论上可以针对具体的在位商王重构当世的周祭用时。但因用于世次推排和祀仪运行状况的材料分散于各个王世，所以还不能完全依据某个王世的材料重构该王世的周祭安排。

再换一个观察的角度，任何一个商王都希望社稷永续，世次递延的结果必使周祭入祀者渐次递增。如果商朝不是终止于帝辛（纣），周祭就会继续举行下去，但是不能断定后续商王会将入祀者截止于某个先王或先妣而不再增加。在这种情况下，既要将不断增加的受祀者纳入周祭，又要使一轮周祭的用时接近于回归年的时长，若在位商王不采取有效的调整措施，便很难设想这是一种具有可持续性的重要制度。当然，商朝事实上终止于帝辛，因而学者们依据已有材料展开关于晚商周祭用时的重构研究，仍然是一件备受关注的工作。

从5种祀仪和入祀者在干支旬序确定的时间序列中的运行来看，程序化和制度化的安排是周祭的基本特征。可以肯定，周祭的形成与施行对殷商时期的社会生活具有重大的影响。

5·3·3 周祭祀谱的推排举例

晚商文献中出现了录有"惟王某祀"或"惟某祀"的辞文，具有显然的时纪意义，可统一记为"某祀"。所谓周祭祀谱便是依循这类时纪推排的由周祭旬序和殷历月序构成的谱系。学者们推排周祭祀谱的主要目的，是希望通过周祭时序的复原，在周祭旬序与殷历月序之间建立对应关系，为殷商历史研究提供一种可能存在的，或可供参考的关于时间的相对坐标。

就学者们取得的已有成果来看，周祭祀谱的推排依赖于相关的前置条件。首先，对殷历架构要有基本的设定，包括：干支日序必须连续不断；历月按29日的小月和30日的大月交替设置，一般不考虑31日的大月以及两个30日的大月相连的情形；年长以12个月为基础，可根据推排情况安排重月或十三月，但不能确定年长日数。其次，对周祭架构也要有基本设定，包括：由甲至癸的周祭各旬必须依序连续递延不能有重叠或跳断；入祀者和祀仪按重构的程序运行，不考虑局部调整；一轮周祭的时长原则上是36旬或37旬，具体布置按推排情况确定。所得周祭祀谱涵盖的殷历年数及周祭轮数的多少，取决于各家引用的证据材料。学者们推排的周祭祀谱已有好几种，兹举两例如下。

〔1〕一种文武丁时期周祭祀谱的推排

在判定引用辞文所属的王世之后，用于推排的证据材料，主要有同一王世辞文中的祀序、殷历月名、干支日名、祀仪名称和受祀者的名号等内容。合37840所载卜辞录有这些要素，作为同版刻辞，被用作推排一段祀谱的起点。

合 37840　　　　　　　　　合 37838

合 37840 释文（摘录）：

（1）癸酉王卜。…在十月又一。甲戌，妹，工典。…惟王三祀。

（2）癸未王卜。…在［十］月又二。甲申□。…祭上甲。

有的学者认为此辞属于文武丁时期，祀序为三祀，因涉及"工典"和"祭上甲"，是一版文武丁时期的周祭卜辞。按周祭旬次，甲戌旬之后即甲申旬，殷人分别在对应于十一月的尾旬安排甲戌祭工典，以及在对应于十二月的第1旬安排甲申祭上甲。显然，十一月和十二月的交接之日落在甲戌旬或甲申旬之中。虽然不知十二月的首日落在哪一天，但是这个甲戌旬或甲申旬可以作为王三祀周祭祀谱推排的基础之旬。这里的"旬"是周祭时序中的纪时单位，并非某个殷历月的前 10 日（上旬）、中 10 日（中旬）或后 10 日（下旬）。再看下述辞文：

  合 37838 释文（摘录）：**癸巳王卜。…在六月。甲午彡羌甲。惟王三祀。**
  有的学者认为此辞属于文武丁时期，祀序为三祀，内容涉及彡祀。根据殷历干支日序和周祭干支旬序，以及考定的周祭世序，按每月对应于 3 个周祭旬次，从三祀十二月甲申祭上甲，逆推至甲午彡羌甲，这个彡日时段的甲午旬位于六月的第 2 旬，从而得到一种具有基础意义的周祭祀谱片段。
  这类按周祭旬次构成的推排，涉及周祭首日的设定和对"某祀"的解释。
  学者们将周祭的首日设为某种工典仪所在的甲日。殷历每年的首日是正月的始日，年始之日可以落在周祭祀谱中对应于正月的第 1 个旬次及逆推 9 日，一共 19 日的范围之内。周祭首日一定在甲日，而殷历年的首日不一定在甲日，它们在祀谱中各有不同的表时含义。
  若将祀序的"某祀"释为殷历"某年"，则各祀（年）始于正月（即一月），而某王祀序相同的工典仪所在的甲日都可以用作周祭首日。以下述文武丁三祀祀谱的推排为例，用四月甲申彡工典、八月甲申翌工典、十一月甲戌祭工典中的任何一个作为周祭首日，都与三祀（年）的时纪相容。当然，这种"某祀"即殷历"某年"的解释，使我们不能将某王举行周祭的轮序称为"某祀"。这就是说，在已有材料中尚未发现各王周祭活动的轮序记录。
  个别学者则将"祀"释为一轮周祭的用时，认为"某祀"即时王举行周祭的轮序，而非殷历的王年年序。这样，虽然殷历年长和周祭祀长都以回归年的时长为背景，但各有自己具有表时意义的名称。按照这种解释，仍以文武丁三祀周祭祀谱的推排为例，便只能将文武丁三祀的周祭首日定为四月甲申彡工典。如若改为以八月甲申翌工典为周祭首日，则需要将六月甲午彡羌甲排在殷历的次年，否则六月甲午彡羌甲就应该属于文武丁举行周祭的第二祀。
  就已有材料的逻辑结构而言，关于某祀周祭祀谱的推排至少有两种思路。一是以"祀"为"年"，祀谱从殷历一月起排，但首日是周祭某个旬次的甲日，并不一定是新年的第 1 天，该"祀"则跨越了两轮周祭的时段。学者们基本上都采用这种思路。二是认为"祀"乃一轮周祭的用时，祀谱从周祭首旬起排，跨越两个殷历年的时段。虽然有个别学者认为"某祀"指时王举行周祭的轮序，但是学者们一般并不依此思路推排祀谱。周祭安排有一定的规则，各祀仪处于依序循环的状态，用这两种思路原则上都可以推排出相应的周祭祀谱，毋庸讳言，只是很难说哪一种结果更接近历史真实。下面列举的周祭祀谱按以"祀"

第 5 章　甲骨文中的周祭时序

为"年"的思路推排,谱中没有列入受祀的非甲名的先公先王和入祀的先妣。

一种文武丁三祀周祭祀谱的推排[①]

三祀一月	二月	三月	四月	五月	六月	七月	八月	九月	十月	十一月	十二月
甲寅 甲子 甲戌	甲申 甲午 甲辰	甲寅 甲子 甲戌	甲申 甲午 甲辰	甲寅 甲子 甲戌	甲申 甲午 甲辰	甲寅 甲子 甲戌	甲申 甲午 甲辰	甲寅 甲子 甲戌	甲申 甲午 甲辰	甲寅 甲子 甲戌	甲申 甲午 甲辰
祭小甲	祭戋甲 祭羌甲 祭阳甲	祭祖甲	彡工典 彡上甲	彡大甲 彡小甲	彡戋甲 彡羌甲 彡阳甲	彡祖甲	翌工典 翌上甲	翌大甲 翌小甲	翌戋甲 翌羌甲 翌阳甲	翌祖甲 祭工典 祭上甲	祭大甲

对于文武丁三祀(年),按每月对应于 3 个周祭旬次,从六月甲午彡羌甲逆推到一月甲寅祭小甲,再从十二月甲申祭上甲顺推到十二月甲辰祭大甲,便复排了从殷历一月到十二月的祀谱。可知该年没有重月或十三月,年长日数为 354 日,若这年遇到某月需调增 1 日,则年长为 355 日。无论以四月甲申彡工典或八月甲申翌工典,或者十一月甲戌祭工典为周祭首日,殷历此祀(年)跨越了两轮周祭,其时长由前一轮周祭的后段和后一轮周祭的前段组成。相应地,一轮周祭跨越了两个年头,此轮周祭的时长可通过复排这两年的祀谱来获知。

依据一些被认为属于文武丁时期记有某祀及相关时序的周祭材料,一些学者推排了文武丁时期三祀前后一些年份的周祭祀谱,得到了几种略有不同的结果,兹将二祀(年)周祭祀谱的一种推排结果简介如下。观察下述辞文:

合 37836(拓本见 5·4·1 节)释文:**癸未王卜。贞。酒。彡日。自上甲至于多后,衣。无害自祸?在四月,惟王二祀。**

一些学者认为这条卜辞属于文武丁时期,据以推考文武丁二祀的周祭安排。卜日癸未在二祀四月,卜问内容序属周祭彡日时段,涉及甲申彡上甲及对后续诸王举行彡祀的事宜。由三祀十二月甲申祭上甲回溯到二祀四月,在此间每个历月都对应于 3 个旬次而没有重月或十三月的情况下,发现与王二祀四月对应的第 1 旬为癸未卜问的甲申旬,故甲申这天应彡祀上甲。注意到三祀四月彡祀上甲是在甲午旬,比甲申旬晚 1 旬,可知在二祀到三祀这两个年头内,所含这轮周祭的用时为 37 旬。一种解释是此间对应于七月的甲戌翌工典与对应于八月的甲午翌上甲之间间隔了 1 旬(即间隔了对应于二祀八月的甲申旬)。

[①] 参看《商代周祭制度》第 230 页,该书称之为"第一祭祀系统的祀谱"。

一种文武丁二祀周祭祀谱的推排①

二祀 一月	二月	三月	四月	五月	六月	七月	八月	九月	十月	十一月	十二月
甲 寅	甲 子	甲 戌	甲 申	甲 午	甲 辰	甲 寅	甲 子	甲 戌	甲 申	甲 午	甲 辰
祭 戋 甲	祭 羌 甲	祭 阳 甲	祭 阳 甲	彡 工 典	彡 上 甲	彡 大 甲	彡 小 甲	彡 戋 甲	彡 羌 甲	彡 阳 甲	翌 祖 甲	翌 工 典	翌 上 甲	翌 大 甲	翌 小 甲	翌 戋 甲	翌 羌 甲	翌 阳 甲	翌 祖 甲	翌 工 典	翌 上 甲	祭 大 甲

文武丁二祀（年）的年终之日，或三祀（年）的年始之日，落在这两年相交的甲辰旬和甲寅旬的范围之内，要确定具体日期，需引据必要的辅助材料。

下述举例，是按以祀为年的思路，用翌工典为周祭首日，推排得到的一种文武丁时期一祀到十祀的周祭祀谱。由于材料有限，目前还不能完整地排出文武丁在位时期的周祭祀谱。一轮周祭用时36旬，有时需在某祀（年）的某个工典仪之后插入1个增设的旬次，五种祀仪循环一周的时长便是37旬。这种推排所得结果的分布情形可归纳如下：

一种文武丁时期一祀到十祀周祭祀谱推排结果的分布情形②

祀（年）序	一祀	二祀	三祀	四祀	五祀	六祀	七祀	八祀	九祀	十祀
周祭旬数	前轮后段略	36	37	37	36	37	36	36	36	37	后轮前段略
翌工典所在日	甲戌	甲戌	甲申	甲午	甲午	甲辰	甲辰	甲辰	甲寅
翌工典所在月	七月	七月	八月	八月	八月	九月	九月	九月	十月
重月情况	对应的殷历各年的时长都是12个月，无重月或十三月。

这个结果的主要特点是：

① 各轮周祭所含旬数的分布大体上呈36旬和37旬交替的形态，从文武丁一祀到十祀10年内所含9轮周祭的平均时长大约为364.44日。

② 从文武丁一祀（年）到十祀（年）长达10个殷历年（内含9轮周祭用时）的时间内没有十三月和重月。由于不能核定实际的月长日数，按小月29日和大月30日交叉安排的设定，大致估计此间殷历各年的年长为354日或355日。

③ 周祭首日的翌工典所在旬相对殷历从七月逐渐推移到十月，跨度可达9旬。

---

① 参看《商代周祭制度》第233页，该书称之为"第一祭祀系统的祀谱"。
② 参看《商代周祭制度》第256—259页，该书称之为"第一祭祀系统的祀谱"。

第5章 甲骨文中的周祭时序

〔2〕一种帝辛时期周祭祀谱的推排

类似地，以祀为年，还可以推排其他王世的周祭祀谱。根据已有文献材料，除了文武丁时期的祀谱之外，学者们还对帝辛时期的祀谱进行了推排，得到了几种结果，兹将其中祀序为八祀（年）、九祀（年）和十祀（年）的一种祀谱推排结果简介如下。观察下述辞例：

合 37855

合 37852

合 37855 释文（摘录）：**癸丑…贞…在正月，遘小甲彡夕。惟九祀。**

学者们认为这条周祭卜辞属于帝辛时期，可用于推排帝辛九祀（年）的周祭祀谱。此辞表明，小甲在癸丑这天的晚上受彡夕之祀，学者们认为，小甲应在次日甲寅受有彡祀。于是，由该辞得到的时纪为帝辛九祀正月甲寅彡小甲。

合 37852 释文（摘录）：**〔乙〕亥王…在二月，遘祖乙彡。惟九祀。**

因祖乙于乙日受祀，可知卜日为乙亥。而乙亥所在周祭旬次是甲戌旬，与祖乙同旬受祀的甲名先王是戋甲。学者们认为这条周祭卜辞属于帝辛时期，故时纪为帝辛九祀二月甲戌彡戋甲。

合 36482（拓本见 5·4·1 节）释文（摘录）：**甲午王卜。贞…在九月，**

211

遘上甲𠂤。惟十祀。

学者们认为这条周祭卜辞属于帝辛时期，故帝辛十祀（年）九月有甲午。若甲午𠂤上甲落在十祀九月的第1个周祭旬次，再假定十祀八月有3个旬次相对应。参看本书5·3·1节中所述"祭、𠂤、叠错开重叠的运行状况"，由九月甲午𠂤上甲，推知甲申祭上甲落在十祀八月的第3旬。于是，由该辞得到的时纪为帝辛十祀八月第3旬的甲申祭上甲。

有了上述三组时纪，按每月对应于3个周祭旬次，由帝辛十祀八月甲申旬逆推20个月到九祀正月，可知九祀正月的尾旬为甲寅旬。但是若依周祭36旬一轮的时长，彡小甲将落在九祀二月首旬甲子旬，只有将对应于九祀的这轮周祭的时长调为37旬，才能得到帝辛九祀正月尾旬甲寅彡小甲的结果。不妨令九祀祭工典与祭上甲之间间隔1旬，也就是将九祀八月的甲戌旬视为增设的周祭旬次。这种做法与九祀二月第2旬甲戌彡戋甲是适配的，而且甲午𠂤上甲落在十祀九月第1旬的假定也与之相容，于是上述推排遂被采纳。

合37856（拓本见4·4·2节）释文（摘录）：**甲午卜…在十月…惟十祀。**

学者们认为这条周祭卜辞属于帝辛时期，故帝辛十祀（年）十月有甲午。依循前面所述，帝辛十祀九月第1个周祭旬次为甲午旬，由于十祀十月有甲午，表明十祀存在重九月或者重十月。对于重九月，可以排出十祀十月第1个旬次为甲午旬。如果是重十月，则十祀重十月第4旬为甲午旬。本书4·4·2节曾指出帝辛十祀存在殷历重九月或者重十月，与这个结果是相容的。

合41757（摹本见4·4·2节）释文（摘录）：**甲午王卜…十月二。惟十祀。彡。**

学者们认为这条周祭卜辞属于帝辛时期，故帝辛十祀（年）十二月有甲午。该辞中的"彡"指周祭中的彡祀时段，推排表明，卜日甲午彡上甲，进而得知甲寅彡大甲。由这条卜辞中的时纪，可以将帝辛十祀的祀谱推排到十二月第3旬甲寅彡大甲。

合37849（拓本见3·2·4节）释文：**癸丑卜。贞。今岁受禾？弘吉。在八月。惟王八祀。**

卜日癸丑在甲辰旬，学者们认为这是帝辛时期的祈丰卜辞，时纪表明帝辛八祀（年）八月有甲辰。因九祀二月第2个旬次为甲戌旬，故九祀一月末旬是甲寅旬。若假定每月对应3个旬次，由九祀一月第3旬甲寅逆推到八祀八月，该八月却无甲辰旬。一种可能的解决方法是在八祀八月至九祀一月期间有1个重月或者十三月，而且其间有一个月只有两个旬次相对应，这样，八祀八月的第 1 个旬次即为甲辰旬。下面的推排按八祀有重十月，九祀一月对应的旬次只有甲辰和甲寅两个旬次做出，其中八祀八月第 1 旬甲辰以前的推排过程从略。

一种帝辛时期八祀、九祀和十祀的周祭祀谱①

八祀一月	二月	三月	四月	五月	六月	七月	八月	九月	重十月	十一月	十二月
甲申 甲午	甲辰 甲寅 甲子	甲戌 甲申 甲午	甲辰 甲寅 甲子	甲戌 甲申 甲午	甲辰 甲寅 甲子	甲戌 甲申 甲午	甲辰 甲寅 甲子	甲戌 甲申 甲午	甲辰 甲寅 甲子 甲戌 甲申 甲午	甲辰 甲寅 甲子	甲戌 甲申 甲午
彡大甲	彡小甲 　 彡戋甲	彡羌甲 彡阳甲	彡祖甲 　 翌工典	翌上甲	翌大甲 翌小甲	翌戋甲 翌羌甲 翌阳甲	翌祖甲 祭工典	祭上甲 　 祭大甲	祭小甲 　 祭戋甲 祭羌甲 祭阳甲	祭祖甲	彡工典 彡上甲

九祀一月	二月	三月	四月	五月	六月	七月	八月	九月	十月	十一月	十二月
甲辰 甲寅	甲子 甲戌 甲申	甲午 甲辰 甲寅	甲子 甲戌 甲申	甲午 甲辰 甲寅	甲子 甲戌 甲申	甲午 甲辰 甲寅	甲子 甲戌 甲申	甲午 甲辰 甲寅	甲子 甲戌 甲申	甲午 甲辰 甲寅	甲子 甲戌 甲申
彡大甲 彡小甲	彡戋甲 彡羌甲	彡阳甲 　 彡祖甲	翌工典 翌上甲	翌大甲 翌小甲	翌戋甲 翌羌甲	翌阳甲 　 翌祖甲	祭工典 　 祭上甲	祭大甲 祭小甲	祭戋甲 祭羌甲	祭阳甲 　 祭祖甲	彡工典

十祀一月	二月	三月	四月	五月	六月	七月	八月	重九月	十月	十一月	十二月
甲午 甲辰 甲寅	甲子 甲戌 甲申	甲午 甲辰 甲寅	甲子 甲戌 甲申	甲午 甲辰 甲寅	甲子 甲戌 甲申	甲午 甲辰 甲寅	甲子 甲戌 甲申	甲午 甲辰 甲寅 甲子 甲戌 甲申	甲午 甲辰 甲寅	甲子 甲戌 甲申	甲午 甲辰 甲寅
彡上甲 　 彡大甲	彡小甲 　 彡戋甲	彡羌甲 彡阳甲	彡祖甲 　 翌工典	翌上甲 　 翌大甲	翌小甲 　 翌戋甲	翌羌甲 翌阳甲	翌祖甲 祭工典 祭上甲	劦上甲 祭大甲 祭小甲 　 祭戋甲 祭羌甲	祭阳甲 　 祭祖甲	彡工典	彡上甲 　 彡大甲

下面列举的一种周祭祀谱涵盖了帝辛时期一祀（年）到十祀（年）共 10 年的时间段。在推排四祀的祀谱时用到了帝辛时期的四祀邲其卣铭文中的材料（拓本及摘录的释文见 5・2・1 节），还在推排二祀和六祀的祀谱时用到了帝辛时期的二祀邲其卣和六祀邲其卣铭文中的材料（拓本及摘录的释文见 5・4・2 节），又在推排帝辛三祀周祭祀谱时用到了合 37848 的时纪（参看 5・4・1 节），因而这种周祭祀谱的片段属于帝辛时期。所得结果的分布情形可归纳如下：

① 参看《商代周祭制度》第 275—285 页，该书称之为“第二祭祀系统的祀谱”。

一种帝辛时期一祀到十祀周祭祀谱推排结果的分布情形①

祀（年）序	一祀	二祀	三祀	四祀	五祀	六祀	七祀	八祀	九祀	十祀
周祭旬数	前轮后段略	36	36	36	37	37	37	37	37	后轮前段略
翌工典所在日	甲申	甲申	甲申	甲申	甲午	甲辰	甲寅	甲子	甲戌	甲申
翌工典所在月	四月	四月	四月	三月	四月	四月	四月	四月	四月	四月
重月情况		重十月			重六月		重十月			重九月

这个结果的主要特点是：

① 各轮周祭所含旬数的分布不均衡，从帝辛一祀（年）到十祀（年）10 个殷历年内所含 9 轮周祭的平均时长约为 366.67 日。

② 在从帝辛一祀（年）到十祀（年）10 个殷历年内设置了 4 个重月，若按小月 29 日和大月 30 日交叉安排的设定，则此间的平均年长大约 365.80 日。如果考虑殷历月长日数大约每过 32 个月需要调增 1 日，此间的平均年长会略有增加而接近 366 日。

③ 周祭首日的翌工典所在旬游移于殷历三月和四月之间，幅度约为 4 旬。

综合观察上面所举两王祀谱的片段，不难发现：36 旬和 37 旬两种周祭时长没有严格的交替安排，且具体安排缺乏规律，五种祀仪运行一周的平均时长在 360 日到 370 日之间，但不能认为周祭的平均时长为 365 日。周祭安排与殷历的对应关系并不稳定，10 祀（年）之内，周祭首旬相对殷历的移动幅度少则 4 旬，多达 9 旬，说明周祭虽按殷历的干支旬序运行，但与殷历并没有关联。或者说，作为时序，周祭和殷历是相对独立的两个体系。从历制的角度来看，即使殷人有意使周祭时长接近回归年的时长，也只能勉强地比拟于太阳历。而殷历属于阴阳合历的类型，亦可作出周祭时序有别于殷历时序的判断。

推排周祭祀谱的过程也是局部地复现殷历的过程。对于前面所排帝辛时期周祭祀谱的片段，由于存在重月，使殷历大约 10 年的平均年长不少于 365.80 日，与现在已知的回归年的平均时长（约 365.24 日）相比较，这个结果有可能在某种程度上反映了殷历的精度水平。另一方面，对于前面所排文武丁时期周祭祀谱的片段，复现出来的殷历竟然在 10 年之中没有设置重月或十三月，使得此间的平均年长近于 354 日。10 年下来，殷历与星象及物候之间会产生大约 100

---

① 参看《商代周祭制度》第 284—289 页，该书称之为"第二祭祀系统的祀谱"。

日的差距，在农耕生产与历制之间的联系已经相当密切的情况下，这简直是一件不可能发生的事情。尽管《左传·襄公二十七年》记有鲁历曾经发生"再失闰"（近于五年不闰）的情形，但是殷历再粗疏，其误差也不至于达到相当于十年不闰的程度。

其他学者基于自己对所据材料的理解，以及各人的前置设定与判断，就祀谱推排得出了不同的结果（不再分别列举），展现了不同的特点。这些祀谱中一个普遍存在的问题是殷历在长达10年甚至10余年之久的时期内没有设置重月或十三月。在殷人的社会生活中，殷历与农事安排密切相关，从本书第4章对殷历的观察来看，殷人的置历能力与当时农业生产的发展水平是适配的，如果殷历对农事安排的指导还不如观物候而知农时的原始做法，便会失去存在的基础。由于殷历的这种混乱状况出自祀谱的推排结果，可以认为，在周祭运行状况的恢复重建，以及在周祭时序和殷历时序的相互印证及勘验等方面，还有待深入的研究。

由于相关材料过于散碎，加上存在局部调整，给周祭祀谱的推排带来很大的困难，即使所得祀谱可以较好地，或者说可以较合理地反映周祭和殷历的实际运行情况，能够有效覆盖的周祭轮数和殷历年数也会十分有限。这就表明，即便是在比较满意的情况下，关于周祭与殷历间的互勘性研讨也会局限在一些时段之内，很难完整地再现一个王世的时序。在已有的甲金材料中，一些周祭辞例所录时纪无法纳入学者们推排的周祭祀谱，似与这种状况有关。

由日、月、年构成的殷历是专门的时序系统，它与物候和天象有着密切的关联。周祭本身是一种特殊的祭祀活动，发展到殷商中晚期被赋予了时序的意义。殷历与周祭的日序相通，但仍然是各自独立的时序，它们在时序架构的设置上，既有各自的基本规则，又有各自的调校或调整措施。在干支日序保持不变的情况下，殷历会依观象结果对置月和置年进行调校，周祭也因奉祀要求以及有可能兼顾对星象的观测就置旬安排做出局部调整，从而使两者之间的时长换算既不可行也无必要。事实上，在已有材料中并没有观察到殷历和周祭之间有时长换算的迹象。甲金文献中这两种时序的重复记列，是它们相互独立并行使用的表现。

5·4 一种特殊的混合时序

在已有的商代文献材料中既没有"殷历"之说，也没有"周祭"之说，但是观察研究的结果表明，殷商中晚期的确并行地存在着两种描述或记录时间的序列，学者们将与日月视运动及物候相关的时序称为"殷历"，而将与某种特殊的祭祀安排相关的时序称为"周祭"。

殷历时序的纪时单位有日、月、年。刻辞中用干支序日名日,用数字序月名月的辞例非常多。另一方面,尽管用例很少,仍然可以认为殷历按在位王世用数字序年名年。

周祭时序的纪时单位为日、旬,存在用特定祀名名日的辞例,并按干支旬序由甲至癸地安排奉祀事宜。甲金文献中存在用翌日、叠日和彡日依序划分周祭时段的辞例。

辞文中的"王某祀"及"某祀"可以肯定是时序记录,作为纪时单位,大多数学者认为"祀"就是年,但有的学者则认为"祀"是一轮周祭的时长。

并行使用的殷历时序和周祭时序构成了一种特殊的混合时序,流行于殷商中晚期的社会生活。

5·4·1 甲骨文中的混合时序

一些甲骨辞文不仅契有殷历时纪,还契有与周祭时序相关的内容。观察下面的辞例:

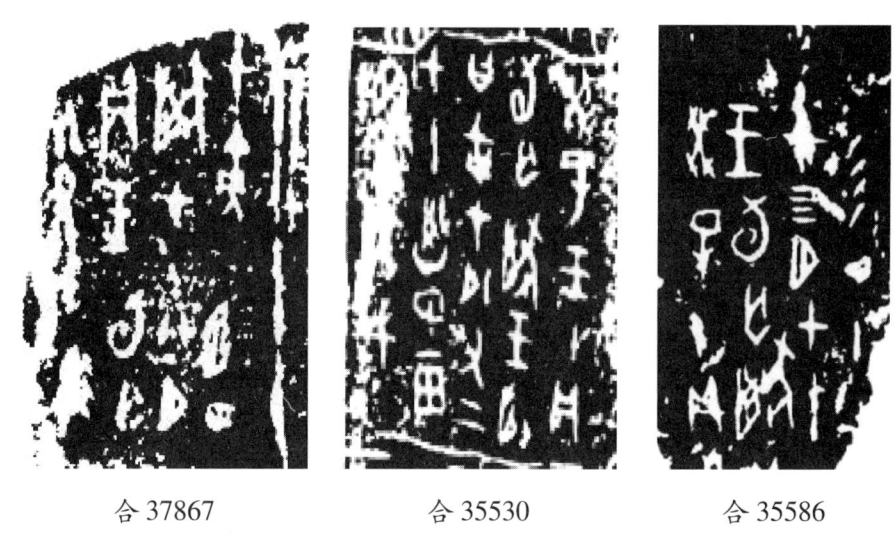

合 37867　　　　　合 35530　　　　　合 35586

合 37867 释文:**癸丑卜。泳**(贞人名)**贞。王旬无祸?在八月。甲寅。翌日,羌甲。**

癸丑、甲寅和八月是殷历时纪。作为周祭卜辞,"旬无祸"中的"旬"指从卜日癸丑次日开始的甲寅旬。"翌日"通常泛指一轮周祭中举行翌祀的日子,按学者们重构的周祭安排,到帝辛在位的时期,翌日的表时范围为 12 旬。甲寅和翌日并列,便明确了翌祀羌甲之日。若此辞不记甲寅,也可以由卜日癸丑和受祀者名号中的天干"甲",得知羌甲在甲寅日受翌祀。由于该卜辞涉及周祭,由癸丑或甲寅,可以确定相应的旬序。从与日和旬有关的内容,可以观察到周祭时序的特殊用法。该辞混合使用了殷历和周祭两种时序。由于多轮干支序列之间只是重复续接,没有进位关系,在不能确知干支轮数的情况下,会对旬序的推排或日数的计算带来相应的困难。

合 35530 释文:**癸巳王卜。贞。旬无祸?王占曰:"吉。"在十月又二。甲午。叠日,上甲。祭大甲。**

癸巳、甲午和十二月是殷历时纪。周祭旬次为甲午旬。"叠日"通常泛指一轮周祭中举行祭、䄅、叠祀的时段,按学者们重构的周祭安排,帝辛时期叠日的表时范围可以多至 14 旬。辞中"**叠日,上甲。**"表明上甲受有祀。而"**甲午。叠日,上甲。祭大甲。**"并列,便明确了叠祀上甲和祭祀大甲都在叠祀时段的甲午这天。该辞混合使用了殷历和周祭两种时序。

合 35586 释文:**癸巳卜。贞。王旬无祸?在四月。甲午,彡日,小甲。**

癸巳、甲午和四月出自殷历。周祭旬次为甲午旬。"彡日"通常泛指一轮周祭中举行彡祀的日子,按学者们重构的周祭安排,帝辛时期彡日的表时范围为 12 旬。彡日和甲午并列,便明确了彡祀小甲之日。该辞混合使用了殷历和周祭两种时序。

观察上述三条辞例中翌日、叠日和彡日的表时范围,相当于将一轮周祭分成了三个时段。到了帝辛时期,一个时段所含旬数在 12 到 14 旬左右,对于一轮周祭用时 36 或 37 旬,时段衔接时可能有 1 到 2 旬的重叠。殷人从殷历年的时长中划分出春秋两个时段,可见周祭和殷历各有自己的时段划分。在西周及后世的时序中,已无周祭时序,而一年被分成春夏秋冬,于是有了四季之分。

合 37849(拓本截图见 3·2·4 节)释文:**癸丑卜。贞。今岁受禾?弘吉。在八月。惟王八祀。**

该辞中的"癸丑""岁""八月"出自殷历。这条卜辞的内容是询问:今年禾谷能获丰收吗?可知不是周祭卜辞。从字面上看,"八祀"是时王第八次举行某种祭祀的意思,有的学者认为是出自周祭祀序的纪时辞,表明混合历纪在殷人的社会生活中已被广泛使用,并不局限于与周祭有关的场合。另一方面,由于"岁"与"祀"同辞,它们在表时含义上似有共通之处,因而不少学者认为这里的"祀"相当于殷历的"岁"或"年"。

合 37836 释文:**癸未。王卜。贞。酒。彡日。自上甲至于多毓。衣。无害?自祸?在四月。惟王二祀。**

在这条周祭卜辞中,"癸未""四月"属殷历时纪。周祭旬次为甲申旬。"彡日"指举行彡祀的时段,属周祭时序。"二祀"则有殷历时序或周祭时序两种理解。

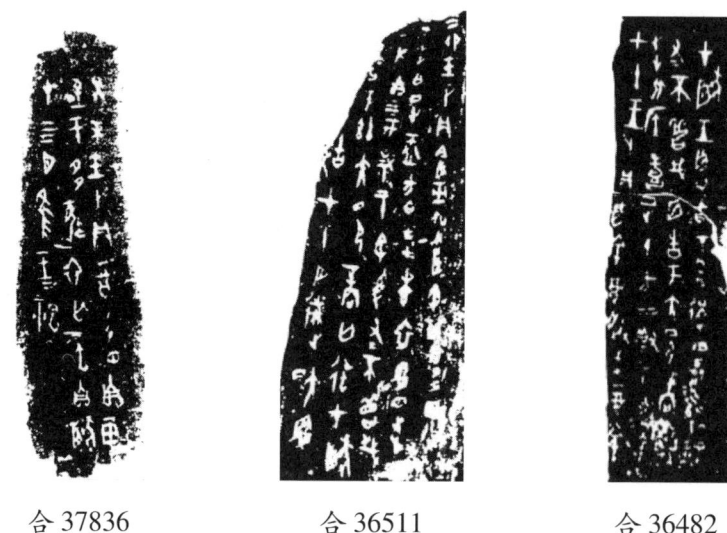

合37836　　　　　合36511　　　　　合36482

合36511释文(摘录):**丁卯。王卜。贞。今占巫九…多伯征盂方**(方国名)**…在十月。遘大丁翌。**

该辞的内容与征伐盂方有关,不是周祭卜辞,历纪中强调殷历十月丁卯这天恰遇对先王大丁举行翌祀之日,其中的"翌"有用周祭中的祀名序时的含义。

合36482释文(摘录):**甲午。王卜。贞…侯喜**(人名)**征人方**(方国名)**…在九月。遘上甲夒。惟十祀。**

这条卜辞的内容涉及征伐人方,不是周祭卜辞。时纪为殷历九月甲午恰遇对先王上甲举行夒祀之日,其中的"夒"有用周祭祀名序时的含义。"十祀"通常释为殷历时序,而理解为周祭时序也不无可能。

合37848释文:**辛酉。王田于鸡录**(地名)**。获大□虎。在十月。惟王三祀。肜日。**

这是刻于虎骨上的记事辞,所用肋骨应取自猎获的虎身。"鸡录"是商王田猎之地。猎日殷历十月辛酉适逢举行周祭祀的时段,是混合使用殷历时序和周祭时序的记录。此骨正面嵌有绿松石并雕刻花纹,现藏加拿大皇家安大略博物馆。学者们认为,这是一条帝辛时期的辞文,在构建帝辛祀谱时,被用作推排帝辛三祀周祭祀谱的依据。

第5章 甲骨文中的周祭时序

合 37848　　　合 37848 正面　　　合补①11299　　　合补 11299 正面

合补 11299 释文：**壬午。王田于麦录**（地名）**。获商戠兕。王赐宰丰**（人名）**。寝小□貺。在五月。惟王六祀。彡日。**

这条刻于犀牛骨上的记事辞述及商王于六祀彡祀时段中的壬午这天在麦录田猎获兕，并赏赐宰丰之事。此骨正面雕刻花纹并嵌有绿松石，现藏中国国家博物馆。辞中的"壬午"和"五月"是殷历时纪，"彡日"出自周祭时序。学者们发现，该辞中的时序记录与前面推排的两种周祭祀谱（见 5·3·2 节）都不能相容。对于文武丁六祀的周祭祀谱，五月有彡祀但无壬午。对于帝辛六祀的周祭祀谱，五月有壬午却无彡祀。如果前述两种周祭祀谱的推排无误，表明这块犀牛骨上所契辞文中的时纪并不属于文武丁或帝辛时期。

已有的商代文献中还有一些与已经推排得到的周祭祀谱不相容的时序记录，它们有可能纳入因材料不足而未能推排的其他王世的祀谱。另外一种可能，是它们记录的内容与周祭奉祀过程中曾经发生的局部调整有关，因而与严格规则约束下的祀谱推排不能相容。

上述甲骨文辞例表明，殷历和周祭两种时序混合使用的情形存在于殷人的社会生活之中。这种状况显示出殷历时序和周祭时序是独立运行的，两者之间没有建立整合或换算关系。

---

① "合补"是《甲骨文合集补编》的简称，片号为原书编号。

5・4・2 殷商金文中的混合时序

在殷商晚期的一些青铜器铭文中也有混合使用殷历和周祭两种时序的情形，下面从一些介绍商代青铜器铭文拓本的文献资料中摘引几条辞例：

亚鱼鼎铭文
（商晚期）

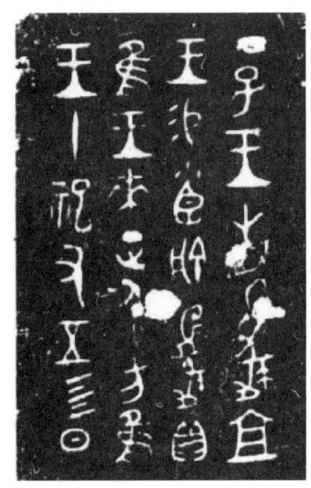
小臣俞尊铭文
（商帝乙）

二祀邲其卣铭文
（商帝辛）

小臣邑斝铭文
（商帝辛）

六祀邲其卣铭文
（商帝辛）

宰椃角铭文
（商帝辛）

第 5 章 甲骨文中的周祭时序

亚鱼鼎铭文释文（摘录）：**壬申…在六月。唯王七祀。翌日。**

小臣俞尊铭文释文（摘录）：**丁巳…惟王十祀又五。彡日。**

二祀邲其卣铭文释文（摘录）：**丙辰…贝五朋。在正月。遘于妣丙彡日，大乙奭。惟王二祀。…**

该铭文记有大乙（汤）奭妣丙在帝辛二祀彡日时段的正月丙辰受彡祀，而合 36196（见 5·2·2 节）的辞文则记有大乙奭妣丙于丙申受翌祀（未记祀序和历月）。学者们认为，大乙奭妣丙在五种祀仪各自所用时段第 3 旬的丙日受祀。

小臣邑斝铭文释文（摘录）：**癸巳…惟王六祀。彡日。在四月。**

六祀邲其卣铭文释文（摘录）：**乙亥…在六月。惟王六祀。翌日。**

宰椃角铭文释文（摘录）：**庚申…在六月。惟王二十祀翌又五。**

该铭文中的"二十祀翌又五"即"二十又五祀翌"。学者们考证得知宰椃角是帝辛时器，历纪中的祀序为二十五祀，在殷历六月庚申之日，时逢周祭的翌祀时段。

根据甲金文献中的时纪材料，学者们对殷历和周祭做了大量研究，提出了各种看法。虽然对于殷历和周祭的诸多未解之谜尚还有待新的考古发现和深入考证才能破解，但是，作为数学成果，干支纪日法和干支纪旬法的发明及应用，在殷商时期的社会生活中有着巨大的影响已经毋庸置疑。

5·5 延伸阅读：西周金文历纪的一些特点

周人灭商以后，终止了商代的祭祀典仪。呈现于西周青铜器铭文中的历纪非常多，但都没有发现类似周祭时序的用例，表明周王对祖先的祭祀安排与殷人的做法不同，更没有演变成如同殷商周祭那样的时序，干支纪旬法的应用随之不显。

学者们的研究表明，西周历制采用阴阳合历，应当是延续使用殷历历制模式的结果，虽然周历用干支纪日法名日序日，但是其干支日序是否承续于殷历，目前尚不清楚。

下面是一些录有西周历纪的辞例，所引拓本及释文出自介绍西周青铜器铭文的文献资料：

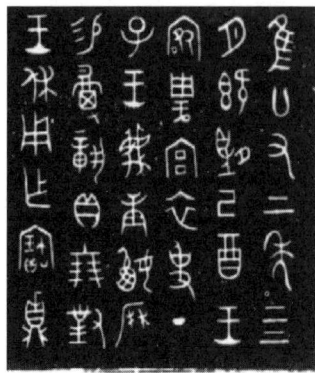

   庚赢鼎铭文   作册旂觥铭文   郑虢仲簋铭文

   （西周 康王）   （西周 昭王）   （西周晚期）

庚赢鼎铭文释文（摘录）：惟二十又二年。四月。既望。己酉。…

作册旂觥铭文释文（摘录）：惟五月…戊子…惟王十又九祀。…

郑虢仲簋铭文释文（摘录）：惟十又一月。既生霸。庚戌。…

虢季子白盘铭文释文（摘录）：惟十又二年。正月。初吉。丁亥。…

颂簋铭文释文（摘录）：惟三年。五月。既死霸。甲戌。…

   虢季子白盘铭文   颂簋铭文

   （西周 宣王）   （西周 宣王）

第 5 章 甲骨文中的周祭时序

西周金文中类似的辞例还有很多，不妨再摘录一些铭文中的历纪：

"惟三年。三月。既生霸。壬寅。"（卫禾 西周 恭王）

"惟王三祀。四月。既生霸。辛酉。"（师遽簋 西周 恭王）

"惟十又五年。五月。既生霸。壬午。"（趞曹鼎 西周 恭王）

"惟王元年。六月。既望。乙亥。"（曶鼎 西周 懿王）

"惟二月。初吉。丁亥。…惟王二祀。"（吴方彝 西周 懿王）

"正月。既望。甲午…惟十又二年。"（大师虘簋 西周 夷王）

"惟十又五年。三月。既［死］霸。丁亥。"（大鼎 西周 夷王）

"惟五年。三月。既死霸。庚寅。"（兮甲盘 西周 宣王）

上述西周金文中的历纪应出自周历。学者们指出，西周历纪中的"祀"就是"年"，与殷商晚期"王几祀"既可能指"王几年"，又可能与时王举行周祭的轮数相关，有着明显的不同。

这些历纪表明，周历用干支纪日，按月相的变化周期置月。周人特别注意月相的形态，其中的"望"便是满月之相。若以新月初见（或此前一二天的朔日）为月始，"生霸"大体上可以联系于月始以后满月以前的月相，而"死霸"则可能与望后到月底的月相有关。"既生霸"和"既死霸"的纪时意义可能对应于一个月中某天的月相，也可能包含了若干天的时间段。

当月亮的视运动位置靠近太阳时，一个月中大致会有两三天不能看见月亮，后人将其中的某一天叫作"朔日"。就观象而言，"朔"只在发生日食的时候才能观察得到，从而确定对应的朔日。当然，前提是西周先民已能大体正确地理解日食的成因。相应地，未见日食之月的朔日需通过计算方可推得。然而从天文学的角度建立朔的概念并推算朔日，还涉及相关坐标系下的时刻标定。由于西周有关材料的匮缺，目前不能明确西周时期人们对日食及其发生规律的了解程度和观测精度，更缺乏西周先民已经能够推算朔所在日期的依据。虽然《逸周书·史记》有"朔望以闻"之说，但在录有西周历纪的已知金石材料中几乎没有关于朔或朔日的确切记录。一般认为《诗·小雅·十月之交》中"十月之交，朔日辛卯，日有食之。"的诗句成于西周幽王时期，因而将日食与朔联系起来，并以朔日确定月终与月始的交接，很可能出现于西周晚期。

不少学者认为西周金文中的"初吉"是选取吉日之词，一般并不释为描述月相的用语。然而从"初吉"在许多辞文中的位置来看，"初"很可能与月相相关，而且有月光初启的含义。这样，也许可以认为"初吉"有"新月初见，此日大吉"之义。很可能殷历和西周早中期的历制都以新月初见之日为历月始日，到西周晚期"朔"的概念形成以后,便采用了以朔日为月始的做法。

2018年10月至2019年3月,湖北荆州博物馆对胡家草场古代墓地进行了发掘,其中的第12号墓属于西汉早期,该墓出土了大批简牍,竹简中题为《岁纪》的部分记有**"九年,七月,以丙申朔。朔日食,更以丁酉。"** 意思是原来所用日历以丙申这天逢朔,由于日食发生在丙申的次日丁酉,因而应更正为以丁酉这天逢朔。这是以日食校定并且更正朔日的珍贵记录。由此可知,古代先民能够推算逢朔之日,并依据对日食的观测消除推算误差的时期必定是在西汉早期以前。

殷商时期,星象观测经验、历纪资料和数学知识的积累,为西周和春秋战国时期历算能力的形成创造了条件。周人灭商以后,便在殷历的基础上创制了西周的历法。《周易·系辞》有 **"…揲之以四以象四时…五岁再闰。"** 《尚书·尧典》还有 **"期三百有六旬有六日,以闰月定四时成岁。"** 如果这两句话中的数据和用词出自西周历法,便显示了周历的一些特征:属于阴阳合历,采用历算置闰,闰周为5岁(年)2闰,这5岁(年)的平均岁(年)长日数为366日,形成了春夏秋冬四个季节的概念,"年"和"岁"有相同的表时含义。此外,"有""又"相通,"三百有六旬有六日"的日数表达方式与殷墟甲骨文中的日数记录方式相同。

西周历制很可能如同殷历那样,采取30日的大月和29日的小月相间为基本的置月方式,平年设置12个月,于是5年2闰一共有62个月。由于经过30多个月之后需将月长日数调增1日,5年间至少需要调增1日,可得这5年的平均年长 $(29.5 \times 62 + 1) \div 5 = 366$ 日。若用现今知道的月均约29.5306日进行计算,5年的平均年长为 $29.5306 \times 62 \div 5 = 366.2$ 日。比较这两个计算结果,显示出由于星象观测及历算能力的提高,使得西周先民能够借助于5年2闰的闰周设置,得知在这5年之中平均年长的日数为366日。不过,具体的闰月设置规则,以及依月相调置月长日数的规则,目前并不清楚。

可以肯定,商代有春和秋的时段描述,西周以春夏秋冬为四时,春秋时期则有二至(冬至、夏至)二分(春分、秋分),一年之中的时段划分逐渐地趋于明确。在此期间,物候描述,天文观测,以及涉历计算之间的关联日益紧密,经历了相互融合不可分离的发展过程。

到了战国时期,一些诸侯国的置历能力不断增强,传世文献中记述诸侯国自制的历法有六种,史称"古六历",名称分别为黄帝历、颛顼历、夏历、殷历、周历和鲁历。汉武帝改历之前,袭用了秦代的颛顼历。祖冲之指出:**"古之六术,并同四分。…古术之作,皆在汉初周末。"** 其中的"六术"即古六历。古六历的平均年长日数为 365.25 日，达到了四分之一日的精度，都属于"四分历"的类型。这六种历术的主要差异在于取用了不同的天文参数，从而计算得到了不同的历元。战国时期的历算家在他们创制的历术中引入了 19 年 7 闰的闰周，设置了二十四节气，还发明了用推步计算求取历元确定年首以安排历序的置历方法，这些成就都是在殷历和西周历法打下的基础上逐步地取得的。

历制的演进表明，从殷商到战国，在这大约一千年的历史时期中，中国古代先民在天文观测、算法创制、数学计算，以及历序编制等方面都取得了长足的进展。尽管已知文献中在公元前 720 年 2 月 22 日以前的干支历日记录是否出自连续不断且无叠置的干支序列，目前尚还有待证实（参看 4·2·1 节），仍然可以认为，在这个过程中，干支序列的创构和干支纪日法的应用为后世历算的形成及发展提供了至关重要的基本数据。

参考文献

李俨：中国古代数学史料。中国科学图书仪器公司，1954。

中国社会科学院历史研究所编辑，郭沫若主编：甲骨文合集。中华书局，1978~1982。

于省吾：甲骨文字释林。中华书局，1979。

许进雄：怀特氏等收藏甲骨文集。加拿大皇家安大略博物馆，1979。

中国社会科学院考古研究所：小屯南地甲骨。中华书局，1980。

张政烺：试释周初青铜器铭文中的易卦。载《考古学报》1980年第4期。

国家计量总局、中国历史博物馆、故宫博物院主编：中国古代度量衡图集。文物出版社，1984。

李学勤、齐文心、艾兰：英国所藏甲骨集。中华书局，1985。

云居：甲骨文中的几个最大数字。胡厚宣主编，《甲骨文与殷商史 第二辑》。上海古籍出版社，1986。

常玉芝：商代周祭制度。中国社会科学出版社，1987。

姚孝遂主编：殷墟甲骨刻辞摹释总集。中华书局，1988。

马承源主编：商周青铜器铭文选。文物出版社，1988。

赵诚：甲骨文简明辞典。中华书局，1988。

常玉芝：殷商历法研究。吉林文史出版社，1998。

吴文俊主编：中国数学史大系第一卷。北京师范大学出版社，1998。

彭邦炯、谢济、马季凡编：甲骨文合集补编。语文出版社，1999。

邹大海：中国数学的兴起与先秦数学。河北科技出版社，2001。

李文林：数学史概论（第二版）。高等教育出版社，2002。

徐中舒主编：甲骨文字典。四川辞书出版社，2003。

白于蓝：殷墟甲骨刻辞摹释总集校订。福建人民出版社，2004。

濮茅左：楚竹书周易研究。上海古籍出版社，2006。

曲安京：中国数理天文学。科学出版社，2008。

马如森：殷墟甲骨学。上海大学出版社，2008。

孟世凯：甲骨学辞典。上海人民出版社，2009。

刘钊、洪飏、张新俊：新甲骨文编。福建人民出版社，2009。

王蕴智：殷商甲骨文研究。科学出版社，2010。

张图云：周易揲算。巴蜀书社，2010。

冯时：百年来甲骨文天文历法研究。中国社会科学出版社，2011。

张图云：商周数算四题。中国科学技术出版社，2014。

王蕴智主编：甲骨文可释字形总表。河南美术出版社，2017。

李志芳、蒋鲁敬：湖北荆州胡家草场西汉墓出土大批简牍。社科院考古所中国考古网，2019。

葛亮：汉字再发现。上海书画出版社，2022。

后 记

作为插队知青，我务农几近8年，随后进厂做了6年木模工。1977年恢复高考，次年我获得了系统学习数理知识的珍贵条件，1982年从贵州工学院工程力学师资班毕业后便成了教师。我的父母都出自书香人家（爷爷张乃恭曾做过孙中山先生的"书手"，在南京中山陵的碑刻中存有爷爷的墨迹），他们的知识兼有中西，使我在接受新式教育的过程中，得以接触略多一些的传统文化，对于感兴趣的内容便留意在心。

几十年来，于本职工作之外，借助于学到的数学和历史知识，了解及探讨西周及殷商时期的数学发展状况成了我为自己安排的一项任务。虽然能力和资料有限，仍然根据收集到的传世文献以及甲骨金石文献中的相关材料，反复地学习和了解学者们的研究成果，再经过耙梳整理、辨解释读、循证立论，逐渐产生了一些想法，觉得在中国古代数学史的研究中，尽管学者们的工作已是硕果累累，似乎还有值得探讨的空间。随着学习与思考的深入，零零散散的摘录、笔记一点点地增多，并尝试着拟写涉及单个课题的文稿。斗转星移，相关文稿慢慢汇聚，有的便淀积成册。

拙作《周易中的数学》（贵州科技出版社，2008年）和《周易揲算》（巴蜀书社，2010年）从数学和数学史的角度，对传世的周易卦象（八卦和六十四卦），以及用周易占筮术施行占筮的起卦算法（周易揲算）做了观察与研讨。这两本小书涉及的历史时期可达西周，由于其中有的研究线索还可以联系于殷商，继而便在《商周数算四题》（中国科学技术出版社，2014年）一书中，于周易卦象和周易揲算之外，对甲骨文和金石文献中显示的殷商时期表数和计数方法及殷历时序做了一些观察与讨论。

后来发现，关于殷商时期数学知识积累及应用状况的观察及研讨，有必要进一步地发掘材料、补充证据、再加斟酌，《商周数算四题》一书中的部分内容还应当予以修改更正，一些未予观察讨论的材料则需要加入。例如：关于周易揲算一般表达式的构建和证明存在瑕疵，应予修正；出现于多位数数字串中的缺位（空缺的数位，等价于相关进位位置处的数值为0），显示出殷人在表数方法中对数0的处理形态，相关内容应引起重视并予以讨论；关于甲骨文数字的表数范围局限于10万以内的正整数的判断，应做出相关的论证；有必要对甲骨文中涉及的计量单位予以关注；基于对周祭时序的观察，贯通其中的干支纪旬法的应用完全可以成为专门设置的课题。如此等等，不一而足。

目的明确之后，相应的学习与思考随即展开，讨论所及，新的文稿逐渐成形。2019年6月，为纪念甲骨文发现120周年及促进研究者之间的交流，河南大学在开封举办了"第十一届'黄河学'高层论坛暨'古文字与出土文献语言研究'国际学术研讨会"，我以拙文《甲骨文数字探讨》有幸与会，得到一些名家学者的鼓励。眼前修改定稿的这本《甲骨文数字与时序》便是最近这些年来的工作小结，以为能够表达自己的想法。

推动上述工作的基本思路，是根据学者们掌握的相关材料，有可能将我们对中国古代传统数学早期状况的观察与研究，从春秋战国和西周时期追溯至殷商。就数学视角而言，综合我收集到的证据材料和研究成果，主要从以下几个方面展开具体的观察及探讨：

观察甲骨辞文中的数字，探讨殷人使用的表数方法和求数计算方式，为后世表数语言、记数文字及传统数学的溯源研究提供一些依据。

观察甲骨辞文中的时序，探讨干支序列在殷历和周祭安排中的应用，进而在关于殷历和周祭运行状况的研究中提供具有参考价值的时纪材料。

观察甲骨金石文献中的筮数，探讨从殷商筮占到西周易占的演进。

这些观察与探讨表明，殷商以降，中国古代传统文化的内容逐渐丰富，其中的表数模式，传统数学采用的筹算方式和专用算法的创制，后世历代延续使用的干支日序和不断完善的阴阳合历规制，占筮术中关于数字的神秘崇拜和创制专用的筮算方法，等等的源头，都可以追溯至殷商时期。

殷商先民取得的与数学知识密切相关的成果肯定还有很多，然而仅就目前所知的成果而言，已经表明，形成于殷商时期的数学逻辑架构在不同的领域，以不同的形式贯穿于后世的发展，对中国古代传统数学以及传统文化的形成有着不容忽视的影响。

今后的研讨必定更加深入，不同的研究思路会得出各自的结果，根据

后　记

新的以及我不曾知道的证据材料则能作出相应的论断。人们对中国古代传统数学早期状况的了解必定会更为丰富，这将是令人期盼的事情。

需要特别注意的是人们关于时间概念和空间概念的认知和构建，在殷商时期已经有了相当丰富的呈现。殷人对时间的认知已从物候的变化节律提升到与月亮以及太阳的运行周期，甚至某些星象的出现特征相联系的程度，极有可能具备了完成简单历算的能力，相关的数学处理方法和历纪资料为后世天文历算的形成打下了基础。殷人对地面和天空方位的辨识与划分，以及关于长度的度量和器物容积的计量，则显示了当时涉及空间概念的认知状况。随着对已有材料的深入研究，加上新的考古证据的发现，我们对殷商时期社会发展状况的了解，将有可能从数学和物理学的角度获取更为宽阔的视野。

应当说明，关于传世的周易揲算的一般表达式，由于我在过去的一些文稿中给出的表出形式不够紧凑，而且证明过程存在瑕疵，趁着这次出版《甲骨文数字与时序》的机会，在"2·4 延伸阅读：源自殷商筮占的周易占筮"一节中介绍了修改后的情况。这项工作表明，按照传世的周易揲算模式，在分二挂一的条件下，函数形式的周易揲算的一般表达式是存在的。当然，相对周易揲算这一特殊命题的一般表达式可能还有其他的数学表出形式。有鉴于此，希望对周易揲算一般表达式的存在性和唯一性同大家展开交流与探考。春秋以降，由周易占筮衍绎而成的易数和易理之学对中国传统文化的影响实在是太大了，可是历代以及现代学者的阐发大多倾向于人文哲理的范畴，涉及数理的研究又很难越过特殊命题这道坎，从数学的角度较深入地观察和探讨周易，也许会成为值得关注的课题。

本书的写作得益于吾妻平素芳及众多亲友长期以来的支持与鼓励，感激之情，无以言表！

本书的出版得到了三秦出版社高峰先生的倾情相助，谨致谢忱！

张图云

2022 年 11 月 20 日于贵阳十二滩畔

E-mail：zhangtuyun@sina.cn